城市国学讲坛

宋 婕 主编

第十辑

社会科学文献出版社
SOCIAL SCIENCES ACADEMIC PRESS (CHINA)

目 录

　　彭林，江苏省无锡人，历史学博士。现为清华大学人文学院历史系教授、博士生导师，清华大学中国经学研究院院长，2018 年入选清华大学首批文科资深教授，浙江大学马一浮书院敦和讲席教授；兼任国际儒学联合会顾问，中华炎黄文化研究会顾问，中国社会科学院古代文明研究中心学术委员会委员。主要从事先秦史及历史文献学、古代学术思想史的教学与研究，学术重心为儒家经典三礼（《周礼》《仪礼》《礼记》）与中国古代礼乐文明的研究。

壹 礼与中国文化精神

彭 林

我们中国人有个成语叫提纲挈领，也有个成语叫纲举目张。一个打鱼的网，上面有很多的格子，那个叫目，纲是网上面的粗的绳子，我们只要把那个纲举起来，所有的目都打开了。我们一件皮毛的衣服，只要提起它的领子，那么所有的毛都顺了。我希望我讲的内容能给大家提供一个提纲挈领了解中国文化的办法。

一、中国文化以人的成长为中心展开

我想就两个主题，一个是礼，一个是乐，来谈中国文化。为什么呢？因为中国文化的主体是儒学，儒家思想的核心是礼乐，如果我们从这样一个角度来看中国文化，就会看得比较清楚，也比较容易理解。

首先我想讲一个可能大家都耳熟能详的名词，叫轴心时代。大家知道德国有一位很著名的哲学家叫作雅思贝尔斯，他曾经提出一个理论：在公元前800年到公元前200年，这6个世纪中间，在北纬30度附近，人类的文明出现了一个井喷期。无论是东方还是西方，都出现了巨星级的人物。在古代印度出现了佛陀，在中国出现了孔子和老子，在古代希腊出现了苏格拉底、柏拉图和亚里士多德这样一批哲人，这三个地方实际上形成了我们人类的三大文明形态。古代希腊人，他们最早睁开了自然的眼睛，应该说他们是人类里面最早关注自然界的这样一个群体；古代印度人，他们虽然生在当下，但是他们的关注点是来世；除了这两个地区之外，我们中国出现了以孔子为代表的一种文明，我们关注当下，关注现实生活中的人，我们人怎样定义自己，我们怎么样能够成为完人。如果大家读四书五经，就会发现这里面讨论的问题都是人何以为人、人怎样成长。

人类社会的发展经历了相当漫长的过程，但如果我们站在宏观的角度来看，人类社会的进化实际上只有两步：第一步，人从动物成长为直立行走的人，这一步，我们用了将近200万年的时间。古人类学家在东非的肯尼亚发现了一件编号为1470的古人类的头骨，它距离现在200万年左右，从那个时候起，我们人类开始进化，一直到距离现在一两万年的时候，我们体质的进化完成。在这个漫长的将近200万年中，人都不是完人，相当一部分像人，又有一部分像猿，所以把他叫猿人。北京周口店有一个猿人洞，里面住着的人距离现在四五十万年，后来在清理这个洞的时候，发现山顶上还有一个洞，里面也有古人类居住，我们把他叫山顶洞人。山顶洞人距离现在一两万年。如果山顶洞人穿上我们的衣服来到大街上，那么我们已经分辨不出来了，因为他的体质的进化已经完成。

然而，体质进化完成的人类还只能是"半人"。在中国人看来，人是万物的灵长，我们有精神家园，有思想世界。第二步，在距今一两万年的时候，我们的思想世界，或者精神家园的进化，才刚刚开始。人是从动物进化来的，而我们那颗心的进化跟体质的进化不同步，它相对滞后，所以我们外表长得像个人，可是那颗心不可避免、或多或少地还残留着动物的野性。这就不难解释，为什么在我们社会上，有许多人衣冠楚楚，但是一张嘴、一举手，就看出这个人不那么像人。所以中国的儒家最早提出来，我们每一个人都要关注自己的思想、心灵的成长。从这个角度来讲，我们现在的很多人还是"半人"，外表像人，而内心世界进化的时间还很短，只有当我们所有的人，都成长为高尚的人、完美的人，那么我们人的进化才算完成了。

所以，大家一定要了解中国文化和西方文化的不同，西方文化是以上帝作为中心展开的，中国文化是以人作为中心展开的，核心的课题就是人怎么样从动物意义上的人，进化到道德意义上的完人，这是我们中国文化所关注的问题。

二、礼是中国文化的核心思想

那么人怎样变成完人呢？儒家给出的方法和途径就是"礼"。钱穆先生认为，"礼"是中国思想的核心。大概在20世纪60年代，一位中文名字叫邓尔麟的学者采访钱穆先生，问中国文化是一个什么样的文化？钱穆先生跟他有一个长篇的谈话，这个谈话后来出了书，叫作《钱穆与七房桥世界》。书中提到，钱先生讲要了解中国文化，必须站得更高来看中国之心，中国的核心思想就是"礼"。如果我们慢慢地去理解，就能体会到，钱先生这话真是高瞻远瞩，真正抓住了中国文化的核心。

我们中国人说的"礼"跟西方人是不太一样的。西方人把"礼"翻译成ritual，这是一个很大的误区，东西方文化，现在在概念、范畴、名词解释上乱象丛生，"礼"也是其中一个。在西方文化里面把"礼"翻译成一种仪式，甚至是一种作秀的、没什么实质内涵的东西，这就大错特错了。我们要明白，中国人讲的"礼"不是握手、拥抱、磕头、下跪，它是以道理为内核的。我们做一件事情，一定要符合它的道理，这样你才不会做错，你的路才不会走错，这个道理的"理"，它很抽象，看不见摸不着，它跟道德几乎是同义词。所以我们儒家很智慧，把这种很抽象的"理"或者是"德"，转换成具有操作性的、有实实在在内容的这么一套体系，这个就是"礼"。

所以《礼记》里面讲："礼也者，理也。"中国文化礼貌的"礼"，跟道理的"理"是同义词，在《左传》里面，这两个字是可以互换的。我批评你非礼也，看上去是一个礼貌的"礼"，实际上我是批评你说的事和做的事不符合道理、不符合道德。西方文化的"礼"大概没有这样一个内核，我们中国文化不同于它，就是我们讲到"礼"，一定要跟道理、道德挂钩，道理、道德无所不在，所以这个"礼"也无所不在，整个中国社会没有一个地方是可以离开"礼"的。比方说，中国古代国家的典章制度，我们就叫"礼"，建立一个好的典章制度，我们叫"制礼作乐"，这些东西被破坏了，我们叫"礼崩乐坏"，所以我们古代讲"礼制"。这不光体现在制度层面，还体现在思想层面。我到最后还会讲到，我们为什么要祭祀，我们为什么要有音乐，我们为什么要读书学习，这些都属于礼的范畴。礼在社会交往方面的体现就更多了，古代一个乡的人一起喝酒、一起射箭、互相拜访等，都要通过礼仪来体现我们的道德。另外，我们所有的学校都有校规，每一个乡都有乡乐，每个家族都有族规，每个家庭都有家训，这些东西都是礼。中国传统社会就是靠这样一些东西维系和谐、维系彼此的尊重。冠礼、婚礼、丧礼、祭礼，这叫人生四个重大礼仪。今天由于时间关系，我也只能点到为止。

在中国文化里面，"礼"充满整个社会。儒家有一部经典叫

《周礼》，里面讲六官：天官、地官、春官、夏官、秋官、冬官。天、地、春、夏、秋、冬，这是宇宙六合，所谈到的问题没有一个不是"礼"。所以梁启超先生讲，中国是靠礼制，靠"礼"来治国的，靠道德、靠合理的典章制度来规范和约束社会的。比方说春天的第一个月叫孟春之月，古人就要求不要砍树，不许把鸟巢里面的鸟蛋一个不剩地拿走。不要去捕捉、猎杀小的虫、飞鸟、怀孕的兽等，因为这不仁道，你要活，它们也要活，我们和它们必须共生共存，才能共荣。这让我想起，西方人主张法治，前些年他们开始意识到法律太硬，有好多地方管不到，所以就提出一个概念叫"软法"，在一些社区、公司要制定一些希望大家能够遵守的规则，不遵守也不一定要受罚，但这是作为一个有道德的人应该做到的。其实在《礼记》那个时代，所谓春天不要伐木、不要覆巢等这些东西都是"软法"，做不到不会惩罚你，但是会教育你。

三、礼的人文精神

下面我们说一下礼所表达的人文精神。我们前面说礼是围绕着人展开的，一个人一生下来，他只是一个动物学意义上的人，当我们学了"礼"之后，我们就会意识到，人要有做人的尊严。我们中国人自小在家里，父母等长辈教育都会说你不一定成得了专家、名人，可是要做一个"人"。老年人批评年轻人时常会说，别不把自己当"人"，你连个人样都没有……这些话听起来道理很简单，但是内容非常深刻。怎么样才能成为一个"人"呢？那就要礼乐兼修。这个礼是要修的，我们人的行为举止要得体，要合乎道德，这就需要学"礼"。我们内心也需要和谐，我们不是圣贤，往往控制不了自己喜怒哀乐的情绪，遇事容易大喜大悲、烦躁暴怒，对自己的健康、对社会的安定都会造成不利影响，怎么解决这个问题呢？我们古人就认为要通过音乐的教育解决，所以我们有礼教，还有乐教。这是中国文化里面非常特殊的一种礼乐兼修或者叫内外双修的教育，可使一个人成为文质彬彬的君子。

"礼"告诉我们，一个人要自律，不要老是靠他律，他律就是不自觉。你的思想老是要跑出去，老是想做坏事，这个时候法律就要来管你，这是他律。中国人通过学习修身，能够自律，在一个人独处的时候，在没有人监督的时候，都能把自己管住，这比法律要高明得多。中国 14 亿人口，如果有一半的国民都能自律，我想这个社会的治安就好得不得了。你还能去影响别人，我们还能自强。要做一个强者，终身为理想、为社会的进步去奋斗。最后还有担当。我们这社会好与不好，不是靠什么救世主，也不是靠神仙、皇帝，而是匹夫有责。这个话但凡是中国人都听过，所谓匹夫，就是指最普通的人。就连匹夫匹妇这最普通的人都有责任，国家是兴还是亡，都靠我们的努力。这些道理，大家去读读《礼记》，都会得到很鲜明、很强烈的印象。

1. 礼使人有了做人的尊严

礼让我们有了做人的尊严。因为在孔子的时代天下大乱，有的人为了成为诸侯，可以把亲生父亲、亲兄弟给杀了，连禽兽都做不出来的事情，人却能做出来。所以孔子非常伤感，他就说"鸟兽不可与同群"，我们人不能沦落到鸟兽这个群体里面去。孔子的学生就讨论这个话题，我们人跟鸟兽有什么不同，有一个说法，认为人有语言能力，能说会道，而鸟兽不会说，儒家不同意，因为鹦鹉也能说话，可是在我们人的眼睛里面，我们根本就不承认它是人，它还是一个飞鸟。大猩猩也能说话，但终究是个兽，可见语言还不足以把我们跟兽区分开来。什么东西才能从根上把我们跟兽区分开来？儒家就认为我们人是按照礼的要求来生活的。所以说，一个人如果只是长得像个人，身上没有礼，虽然能说会道，但这只能证明他那颗心还停留在兽的境界。所以我们历史上有圣人，就是特别有智慧的人，他们站出来，制定了礼来教大家，使我们每个人身上都有礼，要懂得"自别于禽兽"。这就叫文化自觉，我们每做一件事情都要想一想，这和兽有没有区别。有了这个，才让我们有了做人的尊严。中国儒家文化从某种意义上讲，是要让所有的人成为君子，这是儒家文化的目标。

作为一个君子，应该是彻头彻尾、彻里彻外的。《礼记·表记》中说："是故君子服其服，则文以君子之容；有其容，则文以君子之辞；遂其辞，则实以君子之德。是故君子耻服其服而无其容，耻有其容而无其辞，耻有其辞而无其德，耻有其德而无其行。"

我们人跟兽的区别是穿衣服，有的人的衣服，大家一看就像个小混混，像个痞子，所以"君子服其服"，穿一个君子该有的服装。这就是君子了吗？不对，还要有君子之容，一个人的气质、容貌、气象要跟你的衣服相配，有了君子之容，还不够，还要有君子之辞，你说出来的话不是粗俗的、鄙陋的，而是典雅的、有教养的。有了这几点还不够，还有一个根本的因素，我们中国人就要往内心去求，要有君子之德。我的所有这些东西不是装出来的，而是因为内心有了德，我说的话、我的气象、我的所作所为都像个君子。

君子认为什么是最可耻的东西呢？穿了一身君子的衣服，但是这个人嬉皮笑脸、玩世不恭，不可以的，我一定要有君子的容。有了君子的容，一张嘴就露馅了，没文化、粗俗，要有其辞。我们把话说得很漂亮、很得体，但是没有德，这非常可耻。有了德还要最后一个，要有其行，德一定要体现在行动上。西方人把这个礼说成是没有实质内容的，那是他们的事，我们这些东西一定要体现在自己的行为上，体现在对社会的责任上。在我们中国，一个人学了礼仪，那么他就有君子风范，文质彬彬。

《礼记》里面有一篇讲君子有各种各样的容，所谓"足容重，手容恭，目容端，口容止，声容静，头容直，气容肃，立容德，色容庄，坐如尸"（《礼记·玉藻》）。君子一出来，他走路的时候脚步稳重，君子经常在思考问题，他不轻浮、不浮躁，他沉稳，你见了就会对他放心，他有一种道德的力量。他的动作，总是让你觉得非常恭敬，如递一个东西都是双手等。他的眼神是端正的，端就是正，中国人经常讲人要正直，这个正是体现在心里面的，体现在你这个人的外表是正直的，不会站着就想坐着，坐着就想睡着。他一定有这样一些相关的仪态上的表现，由于时间关系，我们这里就不展开来讲。

2.礼的核心是尊重

礼的核心是表达对对方的尊重，我们中国人很早就认识到，我们人这种动物不简单在哪里。因为人是一种群体性的动物。我们离开社会，一个人跑到海岛上去，活不下去，社会越发展，社会分工越细腻，人和人之间的依赖就越紧密，所以我们才说人类命运共同体。人类只有互相合作，才能生存下去，我们没有理由互相恶斗，应该互相尊重。孔子说："三人行，必有我师焉。"我面对他人，从内心感到我应该尊重你，那么我要把我对你的这种尊重，通过我的语言，通过我的肢体动作表达出来，让你感受到我很尊重你，同时我也希望你能够用和我相同的礼表达对我的尊重，这就是互相尊重。这是一个更高层次上的平等。我们这个礼的核心是表达尊重，或者叫尊敬。所以《孝经》里面讲"礼者，敬而已矣"，就是表达尊重，只有这样，社会才是和谐的。"毋不敬"，对自己，对他人，对自己的事业，对自己的祖国，不要有不敬之心。"夫礼者，自卑而尊人。虽负贩者，必有尊也，而况富贵乎？"（《礼记·曲礼》）礼是自卑而尊人，这个卑不是自卑感，是谦卑、低调，我们自己做得再好，都应该保持低调，但是对别人我们要多看人家的长处，要尊重，哪怕对方是个弱势群体，是挑个担子、背个篓子、沿街叫卖的小贩，他也一定有他的人格尊严。现在社会上有些人老说儒家不尊重劳动人民，这简直是胡说八道。这个地方说得很清楚了，哪怕是"负贩者"，他也应该得到我们的尊重。

我们这个社会强调互相尊重，所以中国人经常用一个词叫礼尚往来，现在生活里面通常是用在我送礼物给你，然后你到我这里来，再送一点礼物过来，那么大家都会说这个礼仪，它崇尚的是有来有往。我们从来不主张来而不往，或者是往而不来，这个尊重一定是互相的。这一点，希望大家要牢记。

3.礼仪的四大要素

下面，我简单地再提示一下。我们人跟人交往中的礼仪有哪些要点，你要是记住，你对于礼的理解就不会跑偏了。在2008年奥运会之前，我曾经到一些社区演讲，希望大家都要注重礼仪，注重个人形象，注重民族形象，为了便于大家听懂，我就提炼出了四个字：敬、静、净、雅。第一个是敬，我们看到任何人，都要有一种尊敬的态度。下面我会提到，礼有许许多多的东西都是要帮助你，把内心的敬意给它表达出来。第二就是安静的静，一个有教养的人，他就安定，有定力，他有一种静气，不喧嚣。我们现在到街上去看看，有时候觉得非常失望的就是我们民众的这种教育不够，所以在一些公共交通工具里面，很多人会旁若无人地吵闹，这是对旁人的不尊重。我从北京飞到广州，中间三个小时，我想休息，可是你在飞机舱里面大吵大闹，让我不能休息，你这是对我的不尊重，因为这个空间是大家的，不是你们几个人的。所以我们要经常想，想我有没有扰民，比如晚上12点了，我还在唱歌、弹钢琴、胡闹，都是需要注意的。第三个净是干净，我们中国是一个文明古国，特别重视人的干净，我把自己身上、自己家里搞干净，这是一种严肃的生活态度。我们要去参加一个重大的仪式，甚至要沐浴斋戒，比如在祭天的时候，天子要沐浴斋戒一个礼拜。在唐朝，官员每10天就要洗一次澡，而且规定身上不能有异味，所以那个时候的人，把一个月的上旬、中旬、下旬，叫上浣、中浣、下浣，浣就是洗。甚至一个书法作品，落款某年某月上旬，他不写上旬，他写上浣，显得比较文气。最后一个字是雅，礼的动作言辞一定都是文雅的，让你看完以后，为之心动，觉得这个人真有教养，我想学他。

有一些词，我不知道大家平时使不使用。我们有一句话：一张嘴就露馅。饺子包好了放那里，咬一口才知道是三鲜馅还是韭菜馅，一咬下去就会露馅。你是不是中国人，就看你说话。我们两个人见面，不是一见面就拍拍肩膀、搂搂脖子，我们用"久仰久仰"。仰是什么？一座山那么高我们才要仰望，我们觉得对方了不得，我一直在仰望你，久久地仰望，才叫"久仰久仰"。一见面我们说"幸会"，和你会面是一种荣幸。比如说，会面时问王老师府上如何，问人家年龄要问贵庚、年庚几何，问四五十岁的人要问春秋几何。一春一秋就是一年，鲁国的史书就叫《春秋》。有文化的人回答的时候会说：我虚度五十二。我们一说话就会想到自己努力不够，五十二年我基本上是虚度的。然后对方会说王老师春秋正盛。这种一来一往的沟通，才叫有修养、有文化。

如果说一个人在上海、一个人在广州，空间把他们隔开了，这时候要通过书信问候、沟通思想、表达思念或是感谢等，这个书信就是一种不见面的礼仪。这个地方大家可以看我们中国著名的版本学家傅增湘先生，他也是建筑史的一个权威，给王国维先生写的信。王先生曾经是我们清华国学研究院的四大导师之一。你看看傅增湘先生给他写的信多棒，这个信现在可以当文物。信开头是"静庵先生"，这四个字要比其他的字高，后面又提到王国维先生，都要比中间几行字要高，这是一种尊重。中国的礼仪，一定是表达尊重的。在尊重后面，都有自己内在的道德作为根底。书法也好，行款也好，这在当时都是一种最起码的礼貌，也是一种修养，如果我们大家回去仔细读读，就会觉得非常受用。

四、通向理想社会的阶梯

最后我想说一说，这个"礼"是我们通向理想社会的阶梯。春秋战国时天下大乱，儿子杀父亲，弟弟杀哥哥。司马迁在《史记》里对那个时期感到非常伤感，那个时候社会不像个社会。这个社会还有没有救？我们怎么救这个社会？我们社会往何处去？孔子作为中国文化的一个杰出人物，给大家点亮了一盏灯。他认为我们这个社会原来是一个公有制社会，在尧舜的时候，尧年纪大了，不能当最高领导，那谁来接他的班？不是说我就传给我儿子，或者我传给我喜欢的人，这不可以。后来经过很多人讨论，反反复复考验，最后将位置给了舜。那个时候是天下为公。但是大禹之后的夏商周就不一样了。禹传子，家天下，天下成了他家的，他爱怎么传就怎么传。在私有制诞生以后，这个社会就混乱了。如果整个人类都自私，那么这个社会没有幸福、没有安宁。所以孔子认为，我们社会发展，最终还要从私有制走向公有制。所以在《礼记·礼运》里面有一个《大同篇》，孔子就说："大道之行也，天下为公。"谁来参与政府的领导呢？"选贤与能"，每一个人都要"讲信修睦"。这段话大家都非常熟悉，我就不一一细讲。那么，我们社会要走向一个理想的社会，叫天下为公。这样一个目标提出来之后，我们要通过各种努力，逐步地向这个方向逼近，只要大家努力，这个理想社会总有一天会实现。

孔子认为当时的社会，儿子杀父亲，弟弟杀哥哥，就是丢掉了人的本性。我们人有一个善良的本性，叫仁。宋儒打比方打得非常好，一个核桃，一个花生，哪怕一颗瓜子，它里面都有个仁。仁爱之心就像核桃、花生、瓜子的仁，你没有那个东西，还叫核桃吗？还是花生吗？还是个人吗？所以在《孝经》里面，就提出了博爱这个词。现在有的人说，博爱这个词，是法国大革命提出来，然后传给我们的。对于这些朋友，我也希望他们读读《孝经》，战国时候的书，里面就讲什么叫仁。孔子特别重视仁，讲博爱之谓仁，不是说只爱你的父亲、母亲、弟弟、妹妹、哥哥、姐姐，那个爱太狭隘了。你要博爱，爱天下人的父母，所以我们中国有一本儿童读物叫《弟子规》，里面有句话说得好："凡是人，皆须爱。"这就是博爱。

为什么一定要爱呢？"天同覆，地同载"，我们在同一片天地之间生活，我们的命运是相同的，所以我们都必须爱。我想这个思想，比基督教、佛教、道教、伊斯兰教都不差，他们的相同之处在哪里呢？都有普世的价值，我们主张泛爱，人都要爱。

但"爱"里面有一个从近到远的问题。儒家认为，社会人很多，人跟人的关系错综复杂，理都理不清。但是儒家很智慧，他们把人类的关系进行归纳，发现只有五种最核心的关系：夫妇、父子、君臣、兄弟、朋友。第一种是夫妇关系，是人伦之基，我们所有的关系都从夫妇开始。有的人说，中国儒家歧视妇女什么的，其实，中国特别重视夫妇，把夫妇比作阴阳，比作乾坤，它产生万物。伦理关系第一个就是夫妇，有了夫妇才有父子，有了父子才有兄弟，有了兄弟才有君臣，才有上下级的关系，才有朋友。所以我们中国社会是一个讲伦理的社会，我们讲辈分，我们跟西方文化是不一样的，人家是上帝，我们不是，他一多二分，我们不是。我们强调的是一个人在一个社会里面，社会就像一个网络，每一个人在里面都是一个点，这个点你可以同时是丈夫、父亲、儿子、哥哥、弟弟。

儒家告诉我们，读书最根本的一条是明人伦，要懂得孝敬，要懂得友爱。我们中国讲和平发展，有些西方人不相信，我就觉得很奇怪了。如果这种文化还不叫和平发展，那么我不知道世界上还有什么文化叫和平发展。我们现在到韩国去，我曾经去过他们的明伦堂、成均馆。成均馆这个名词是从中国过去的，从周礼里面过去的。成均馆里面有一个讲学的地方，上面有三个字，就是当时我们中国驻朝鲜的大使朱之蕃写的"明伦堂"。我们要通过礼仪把五种人伦关系都处理好，人与人之间就都能和谐、友爱。所以儒家通过礼仪来帮助我们成为一个合格的社会人、不给社会添乱的人、能给社会做贡献的人，这还不够，还要做优秀的社会人。比一般合格的人做得要好得多的人叫君子。但是这个君子还不是我们读书人的最终的人生理想，我们还要做杰出的社会人，那叫圣贤。

北京孔庙前面有一条街叫成贤街，孔子是圣人，孔子的庙在这里。我们不敢说自己是圣人，但是我们希望能够做一个跟他的那么多弟子，即72个贤人一样的人。所以我们读了儒家的东西要提醒自己：你现在合格吗？你现在优秀吗？你杰出吗？这样自问的人越多，我们理想社会实现得就越快。

这一个图很有意思，马王堆汉墓里面都有这个类似的东西，叫同宗九族五服正服图，我觉得对我们理解"一多不分"是很有意义的。这个图最中间最长的那一行的中间，是己身，即自己，往上四代有父母、祖父母、曾祖父母、高祖父母。然后从自己再往下，有儿子、孙子、曾孙子、玄孙子，所以上下加起来是九族。以前说的株连九族，就是这个。然后九族的图，往旁边还有兄弟、姐妹这一种。其实我们在计划生育之前，那个时候兄弟比较多，这个图我们都看得懂，这个图像一个网络，我们每个人都是中间随随便便的一个点，我刚才说了，可以既是父亲又是弟弟，既是爷爷又是哥哥……我们这个社会，角色是多重的，在每一个节点上，我们都应该做好，这是中国文化的一个特点，四海之内，我们都是兄弟，正因为我们是"一多不分"的，所以礼对我们维系这样一种和谐关系特别重要，我们每一个读书人，在任何情况下，都会想到我们是"天同覆，地同载"的同胞同类的共同体。

L4	L3	L2	L1	CL	CR	R1	R2	R3	R4
				高祖父高祖母 齐衰三月					
			族曾祖姑 出家缌麻 出嫁无服	曾祖父曾祖母 齐衰五月		族曾祖父母 缌麻			
		族祖姑 在室缌麻 出嫁无服	族祖姑 在家小功 出嫁缌麻	祖父祖母 齐衰不仗期		伯叔祖父母 小功	族伯叔祖父母 缌麻		
	族姑 在室缌麻 出嫁无服	堂姑 在室小功 出嫁缌麻	姑 在室期年 出嫁大功	父母 斩衰三年		伯叔父母 期年	堂伯叔父母 小功	族叔父母 缌麻	
族姊妹 在家缌麻 出嫁无服	再从姊妹 在室小功 出嫁缌麻	堂姊妹 在家大功 出嫁小功	姊妹 在室期年 出嫁大功	己身		兄弟期年 兄弟妇小功	堂兄弟小功 堂兄弟妇缌麻	再从兄弟小功 再从兄弟妇缌麻	族兄弟缌麻 族兄弟妇无服
	再从侄女 在室小功 出嫁无服	堂侄女 在室小功 出嫁缌麻	侄女 在室期年 出嫁大功	众子期年 众子妇大功	长子期年 长子妇期年	侄期年 侄妇大功	堂侄小功 堂侄妇缌麻	再从侄缌麻 再从侄妇无服	
		堂侄孙女 在室缌麻 出嫁无服	侄孙女 在室小功 出嫁缌麻	众孙大功 众孙妇缌麻	嫡孙期年 嫡孙妇小功	侄孙小功 侄孙妇缌麻	堂侄孙缌麻 堂侄孙妇无服		
			侄曾孙女 在室缌麻 出嫁无服	曾孙妇 无服	曾孙 缌麻	曾侄孙缌麻 曾侄孙妇无服			
				玄孙妇 无服	玄孙 缌麻				

同宗九族五服正服

所以，人类命运共同体，是我们中国文化提出来的。大家都理解，这样一个共同体的建设，深刻地包含着我们彼此的尊重、彼此的友善、彼此的关怀。这些都离不开礼。梁启超先生讲，西方文化是法治，西方人都是上帝的儿子，人要按照上帝的旨意生活，而人有原罪，一生下来，就管不了自己的欲望，于是人要信教，要去忏悔。忏悔了还是不好，就要处罚，那叫法，这个法是罚人的。中国文化正好相反，在中国文化里面，"人之初，性本善"，人是善的，因此人是可以教育的，对绝大多数人来讲，人是可以教育好的，拿什么教育他呢？就是"礼"。我们整个传统的国家制度、人和人交往的方式等，都是通过礼形成的。我们这种管理方式、交往方式是与人为善的，我们通过这样一个东西来引导大家的文化自尊、文化自觉、文化自强、文化担当等。因此儒家文化讲的是礼制。这些年曾国藩被炒得很热，曾国藩是一个礼制主义者，他清清楚楚地讲，所谓管理，除了礼还有什么呢，不按照礼来管，按什么管，用刀子来威胁大家吗？当然不是。法是一个底线。他说："修身、齐家、治国、平天下，则一秉于礼。"秉就是抓，秉持的秉。修身也好，齐家也好，治国也好，平天下也好，离开了礼都成了空中楼阁。所以西方人说，ritual是一个不好的东西，是一个没有内容的东西。而我们的礼很好，我们的礼有内核、有形式、有具体的规范，这就保证我们的社会始终走的是一条和平的道路，我们的文化，始终是一种高雅的文化。

贰 乐与中国文化特质

彭 林

　　音乐是我们人类普遍的一种文化现象。世界上无论哪个民族，一旦它的文明发展到一定的程度，就一定会出现音乐。音乐的功能是什么，不同的文化解读是不一样的。据我的了解，有相当多的民族，其音乐的功能是娱神，让神感到高兴，或者自娱，或者互娱，是一种娱乐。在中国文化里不是这样的，音乐的功能是教育，所以我们中国有礼教，还有乐教。礼教和乐教这一对概念最早出现在《礼记》。有一篇叫《经解》，里面讲到六经，孔子整理过的六经，都是具有教育功能的，今天我们主要来谈一谈乐教。

　　乐教这个概念体现了儒家文化一个很重要的特质。在20世纪60年代，中国学术界出现了一个关于中国音乐文化发展的讨论，据我所知，音乐史界最重要的人物几乎都被卷进去了。在史学界，像郭沫若先生这样的名家也被卷进去了。当时一致的看法认为，中国音乐的水平是很差的，理由是do、re、mi、fa、sol、la、si七声音阶，我们中国人不会，我们只有宫、商、角、徵、羽五声音阶，七声音阶是从古巴比伦传入的。显然，当时不少人认为我们中国的音乐是在外来文明的影响下，才走上了一个合格的道路。这场讨论的实质，就是我们怎样评价中国古代的音乐文化所达到的一个状态。

一、先秦时期的乐器

在上面所说的20世纪60年代的讨论中，大多数人是贬低或者否定中国音乐文化的，但是也有一些人持反对意见。当时中国音乐家协会主席吕骥先生想用事实反驳这样一种看法。他带了一批人，在全国各地做调研。怎么调研呢？不是要讨论古代吗？那么我们就到各个省出土的文物里面去找有没有乐器，这个乐器还不能找外来的，你找了琵琶、胡琴，人家就说你找的乐器都是外来的，所以一定要找我们最传统的。我到后面会有介绍，同时也找找我们的文献，我们的文献里是怎么记载的。现在我就先介绍先秦文献关于乐的记载。

先秦这个词就是先于秦，我们在新中国成立以前，研究先秦史，没有这个名词，叫秦以前史，现在统一叫先秦，就是夏商周，还包括新石器时代。从文学里面看，中国的音乐生活起源很早，而且水平很高。中国最早的一部文献是《尚书》，《尚书》里面的第一篇《尧典》，就讲尧舜时代，提到"尧舜禅让"，尧年纪老了，将职务传给了舜，舜就开始了他的领导工作。舜开始搞官政建设，要设官，"八音克谐"，"神人以和"。我们今天在《尧典》里面看到，他设置的官员一共有七个。舜对每一个人就职的时候都有一番讲话。这七人里面有一位专门管音乐的官员叫夔，舜要求夔掌管音乐，这里面就提到"八音"。现在我们商店里有卖八音盒的。"八音"这个词我们在《尧典》里面第一次碰到，就是金、石、丝、竹、匏、土、革、木八种材料制作的乐器。从今天音乐学、声乐、乐学的理论来看的三大振荡类型的乐器，我们中国古代都有，比方说鼓、磬等面积比较大的这种叫板振荡乐器，另外像琴、瑟这一类的东西叫弦振荡乐器，还有箫、笛这一类的乐器叫作管振荡乐器。

《尧典》里面有一段话非常经典，经常被人引用。

> 帝曰："夔！命汝典乐，教胄子，直而温，宽而栗，刚而无虐，简而无傲。诗言志，歌永言，声依永，律和声。八音克谐，无相夺伦，神人以和。"（《尚书·尧典》）

舜说：夔呀，我命你掌乐。大家注意，他没有说音乐，他说乐。音乐这个词是我们现在的词，我们学西方的，我们叫中央音乐学院、中国音乐学院。我认为这个已经失去了我们的传统，音跟乐不一样，我后面还要提。这个乐不是拿来娱神的，也不是拿来娱乐的，而是拿来教育的。教谁？教胄子，即当时的贵族子弟，就是天子、诸侯、卿大夫他们的孩子，因为这些人将来都要参与政府的管理，他们要受到良好的教育，而教育的重要内容之一就是乐，乐能使人怎么样？"直而温，宽而栗，刚而无虐，简而无傲"，这几句话的第一个字都是优点，要正直、宽厚、刚毅，还要简洁。但是人有时往往会走到一个极端，比方这个人"刚"过了头就叫"虐"，这个人太宽了，对谁都非常好说话，那也很麻烦。所以这个乐是让你品德完美、正直，但是又不失温和、宽厚，该有原则的时候也要有原则，刚毅但不暴戾，简洁但不傲慢。

这个"乐"给予人的教养，是"诗言志，歌永言，声依永，律和声"。我们在那个时候就创立了一种艺术形式叫"诗、礼、乐、舞"四位一体。中国人的文化生活非常丰富，诗歌，我们有《诗经》，在全世界都是很了不起的，这个《诗经》的生命力在于它是表达志的，志就是心之所向，我立志要做什么事，我人生最大的愿望是什么。"诗言志"，诗就是表达你的志向的东西，我们文以载道，反对无病呻吟的一些文学作品，所以《诗经》一直到后来都是教材。"歌永言"，歌是什么呢？歌就是把你的语言拉长了，永就是长，欧阳修，他的字就是永叔，永就是修长、拉长。所谓歌，就是把你要表达的语言拉长了，比如我们大家都很熟悉的歌词"啊，牡丹"，这个表达很有感染力，所以歌是"永言"，后面的声是按照你的"永"来展开的。后面讲到各种乐器，"律和声"，这地方就讲到十二律的一些问题。

所谓"八音克谐"，就是八种材料的乐器一奏响，有个主题曲，八种乐器，无相夺伦，不是我要压倒你，你要压倒我，互相是和谐的、配合的、呼应的，所以中国文化从这里开始，就是和而不同的，它不是只允许有一种声音，它鼓励有多种声音，在一个主题的调动下，互相是和谐的。这个就很有意思，记载了在尧舜时代，我们的文化生活达到的水平。有好多人不信，认为《尧典》是后代的人写的，这根本不可信。吕骥先生就带了很多人下去调查，现在全世界都承认有一种乐器是我们中国土生土长的，别的国家没有的，这叫埙。我们在陕西临潼一个叫姜寨的地方，找到了一个新石器时代的遗址，发现了这种乐器。这个乐器有两个孔，你用两个手指把两个孔全部摁住，它出来一个音；两个手全部放开，又是一个音；再打开这一个孔和打开那一个孔，音都不同，这是我们现在所见到的年代最早的乐器。

后来我们在甘肃玉门火烧沟，出土了很多的乐器，有的被做成一条鱼的形状，朝上的口子是鱼嘴，朝下的那一点是鱼尾。这种东西我们出土了好几十枚，音孔比姜寨的多，可惜今天仿制不了。

这个是在河南安阳殷墟出土的骨埙。这个已经有5个音孔，在我们右侧的这个地方有3个音孔，两个在上面，一个在下面，在它背面有两个音孔，吹奏七声音阶完全没有问题，经过测音，12个平均律，它已经有11个，这是很惊人的，说明这个时期乐器的制作很发达。

安阳殷墟出土骨制埙

图片来源：吴钊：《追寻逝去的音乐踪迹——图说中国音乐史》，东方出版社，1999。

在安阳殷墟武官村大墓出土的虎纹石磬，非常有名，在我上小学的时候，都上了邮票。磬非常大，有个穿孔，可以吊起来敲，上面是一只老虎，图案非常漂亮，说明商代的贵族有很丰富的音乐生活。

还有个新石器时代的彩绘的陶盆，陶盆的内缘，用竖的条纹把它分割成了三组。每一组有 5 个人，手拉着手，头上有发饰，臀部有尾饰，现在到青海还有一种舞蹈，就是手拉手的，叫锅庄舞。那个时候应该丰衣足食，大家吃饱了都跳跳舞，很有娱乐性。

湖北崇阳也出土了一个青铜鼓。鼓是农民在农田里面种地的时候无意中发现的，是商代非常流行的鼓的一种形式。可见当时的乐器很发达。

现在中国的考古很发达，考古发现不断地刷新我们对中国古代文明的认识。这里我们特别要提到 20 世纪 80 年代在河南舞阳一个名不见经传的地方——贾湖村，发现了新石器时代的重要遗址，就是贾湖遗址，距今约 9000—7000 年，里面一个重要的发现是 20 多支笛子。这些笛子是用仙鹤这一类的鸟的肢骨做成的，制作很精美，我们拿它来吹奏，有些已经有七声音阶。经过测音，有一支笛，每一个音孔的误差都小于 5 个音分。我请教了一些乐器演奏的专家，他们说这不得了。在这之前我们一般认为世界上最早的管乐器、吹奏乐器是在埃及，现在贾湖骨笛要比它早1000多年。

二、先秦时期的乐律

我们再来说一说先秦时期跟乐器有关的乐律，就是说在制作一件乐器的时候，一定要有乐律的知识。刚才我们讲到一支笛子，在上面要钻6个孔、7个孔，孔跟孔之间的距离不是平均的，先在横截面，轻轻地钻一个孔，然后试吹，如果太高了或太低了，就慢慢地往左右移动，这里有一个数理关系，那个时候我们有很多的声律法。

三分损益法。《管子》里有一篇叫《地员》，它就提到弦乐器，琴上面的宫、商、角、徵、羽，音高是怎么定出来的，里面讲到，要拿一根丝，八尺一寸，然后我们怎么样去走。这个叫三分损益法，然后他会把它三等分，然后他把这根丝延长1/3，出来一个音，然后再把这一个长度三等分，再去掉一个音，损就是去掉，益就是增加，他不停地加1/3、损1/3，最后把这五个音求出来。古人用文言文表达这个东西，不是特别专业的人，读起来有点费劲，但是专业人士读起来是没有问题的。

伶伦作十二律。刚才说到了七声音阶，现在又要把它分成十二律，这个乐器才能旋宫转调。那么十二律是怎么分成的？文献上说黄帝之时，用竹子仿照凤和凰的叫声，有了六律、六吕，其中六个律是阳，还有六个吕是阴，搭配成了十二律。我们古代中国人叫十二律。

曾侯乙编钟。有一件考古出土的东西，让我们感到很振奋，这就是湖北随县（今随州）出土的著名的曾侯乙编钟。曾是古代的一个小国，当时的诸侯分为五等：公、侯、伯、子、男。曾国的侯，即曾侯，名字叫乙，他死了以后，随葬品里有一套编钟。这个编钟一共是64件，悬挂在铜和木结构的一个架子上，总重量大概4000多公斤，到现在为止是我们国家重要的一套出土文物，每一个钟都可以敲出两个乐音来，一个叫正鼓音，一个叫侧鼓音。这东西一出来之后，湖北省音乐学院和中央音乐学院就派了专家去，发现这确实是文献里最高的双音钟。这个钟不是圆的，跟西洋的钟不一样（西洋的钟都是圆的，敲任何地方声音是一样的），我们这是合瓦形的，像两片瓦片合起来的，敲它没有那种回声，它最突出来的圆弧的部分和侧面，音质不一样。那是不是凑巧敲出来两个音？不对，它上面有字，它告诉你这是一个什么音，旁边是什么音。上面总共大概有上万字的铭文，是很了不得的。当时湖北音乐学院的专家用这个在地下埋了2000多年的战国时代早期的乐器，演奏了《洪湖水浪打浪》，非常好，没有问题。据说后来还演奏了贝多芬的交响曲，也都没问题。这个测试的结果证明，它音域很宽广，现在我们钢琴有7个八度，它是5个八度，就相当于去掉一个最低音，去掉一个最高音，中间的5个八度还要加上1个大二度。在演奏的时候发现，它还可以旋宫转调，这就证明了十二律在战国时期的实践当中已经得到应用了。我希望大家以后到湖北省博物馆，一定要去参观一下这套编钟，非常雄伟。

还有一件东西，叫均钟，平均的均，这个字其实应该念yun。这件东西是测音的，把它上面的花纹都描下来，这上面有五根弦。一开始以为是五弦琴，后来发现不对。中央音乐学院有一位著名的老先生叫黄翔鹏，他写了一篇考证文章，证明当时在编钟这样的乐器做好之后需要测音，它上面5根弦对应的是编钟的5个八度。这件东西非常漂亮。有一年我为了拍我的教学片，到了湖北省博物馆拍摄，馆方非常支持，把这个东西拿出来，我拿在手上的时候，就感到心都快要跳出来了。上面的漆，画的鸟、人物，都非常精美。所以我们中国在乐理方面的成果也很丰富。

三、先秦时期的乐教

我们讲先秦时期的乐教，不仅乐器做得好，而且掌握了非常丰富的乐理知识，更重要的是我们开始把音乐运用到国民的教育。我们前面说过，中国文化是围绕人怎样成为完人这个中心展开的。只有礼是不够的，还要有乐。当时孔子整理了六经，里面有《诗》《书》《礼》《乐》，然后再是《易》和《春秋》，其中一部经就是《乐》，秦始皇焚书坑儒的时候，乐经失传了。好在我们还有《乐记》这一篇文章，它是《礼记》49篇里的一篇，我特别喜欢，百读不厌。在《乐记》里我们可以看到，儒家对音乐的起源、功用，它和风俗、国家兴亡的关系，都进行了成体系的探讨，并且提出了乐教的概念，其中讲到，音乐的作用是让每一个人修身养性、陶冶心灵。在某种程度上它是比礼还要高一层的东西。礼乐这个乐，要解决的是我们"心"的问题。"礼"是规范你的行为的，如何言谈举止、坐立行走，是否合于礼，这个并不难，但是你的心怎么样，这个问题不容易。因此除了礼教，我们还需要乐教。

1.上古时代的"采风"

《礼记》里面有一篇叫《王记》，说上古时代，君王要定期到天下巡守。诸位都到过天安门，大家看到天安门前面有一对华表，天安门的后面、北面也有一对华表，不过因为那对华表在背面，所以一般的人不太注意，细心的人可以发现，这两对华表顶上蹲着的那个兽有一个细微的区别。外面的兽脸朝外，里面的兽脸朝里。为什么？我们古人最担心的，就是帝王在宫里待着，不理朝政，也不知道天下老百姓过什么日子，所以给他们规定要到天下去视察。结果有的帝王出去一看，民间很有意思，就不想回来了。我们中国人都知道乾隆下江南，到了苏杭一带，乐不思蜀，不想回来了。所以前面那对兽为什么朝外，就是望君归，你是一国之主，你要回来理朝政；这个里面的兽是望君出，你要走出深宫，要走到民间。你到民间了解了真情以后，要回到你的宫廷，要处理国家事务。

古代天子十二年一巡守，用三年时间视察国家的东方，三年时间视察国家的南方，三年时间视察国家的西方，三年时间视察国家的北方，因为顺行十二年为一周天，所以天子也应该是这样，十二年要走一圈。天子所到之处，地方官员要述职，这个词我们到今天还在用，说说你都干了些什么。述职时地方上的官员可能会吹牛，反正你不天天在这里，吹牛得牛、吹马得马。古代的帝王很聪明，在官员述完职以后，还要了解地方上流行的民歌，这个东西造不了假。老百姓如果生活很痛苦，他唱出来的歌一定是痛苦的，比方说夏朝桀的统治很暴虐，所以老百姓唱：时日曷丧。你这个太阳，你怎么还不完蛋，我宁可跟你一块去死。听了之后就知道了，你在地方上的治理很糟糕。那么也可以听到一些非常祥和、欢乐的民歌，说明老百姓很幸福。当时听到好的歌都会把它记下来，然后带回去向全国推广，这叫采风。《诗经》有十五国风，风就是民歌。这个就是最早的采风。

历史的经验告诉我们，音乐不是那么简单的唱唱跳跳，想怎么弄就怎么弄。音乐弄得不好，就把人心弄乱了。其实大家闭上眼睛想想，我们生活里面有许多歌，有一些歌是催你奋发向上的，那个旋律就让你很振奋。我们清华每年过年的时候，有一个新年交响乐的演出，当《拉德斯基进行曲》一奏响的时候，整个场上的人都沸腾起来了。如果是靡靡之音，就会让你很消沉、很颓废，这个影响是很直接的。历史上有一个教训，商朝最后一个王叫作纣，他在生活上极度腐败，政治上昏庸无道，在音乐上喜欢靡靡之音。当时他命乐师师延做这种音乐，结果这个音乐传播之后，人没有斗志，国家也很快灭亡了。师延非常后悔，就投濮水自杀了。所以在儒家看来，音乐跟国家的兴衰存亡都有关系。

2. 德音之谓乐

西周的时候，周公制礼作乐，要用好的音乐教育人，那个时候叫诗书礼乐。王太子、王子、卿大夫的子弟、一国之俊秀，都要学习雅乐。孔子基本上是继承了周公的传统，以诗书礼乐教人。

儒家建立了自己的音乐理论，他们在《乐记》里提出了一个基本的东西，叫作声、音、乐三分，也就是我们今天讲的音乐，古代把它拆分成三个层次。

我们读《庄子》，里面讲到各种声的风，吹到树洞里面会发出不同的声音，狗吠鸡鸣都有声音，音乐当然也是由最基本的声组成的，但这个声它没有美感，没有审美的价值，只要有听觉器官就能感知，在这个层面上我们人跟动物拉不开距离，能拉开距离的是音。比如人的生活里有喜怒哀乐，喜怒哀乐是生于人心的，你高兴到一定的程度，你愤怒到一定的程度，你爱到一定的程度，都会形于声，通过声把它发出来，会吼叫、大笑。这个笑声、叫声，实际上在儒家音乐里面，属于最低的一个层次，就是我们刚才讲的声，那么通过板振荡、弦振荡、管振荡等乐器，通过提升音阶，按照一定的规律、一定的理论，把各种声组织起来，创造出可以演奏、可以唱的歌曲，这叫音，这个音相当于今天的音乐。但是儒家看到这个音里面有好的、有坏的，要是被这种不好的音牵着走，人会颓废，国家也会走向灭亡，就像当年商纣王那样。所以我们在音乐文化面前，不能无所作为。我们要积极地寻找那些能够体现道德教育的音乐，它的思想是健康的，它的风格是典雅的，它的旋律是优美的，要符合这些标准，人听了以后，能够在道德上受到启发，得到提升。这样的音才可以称为乐，这个乐是音里面的精华，所以《乐记》有一句很经典的话，叫"德音之谓乐"。

可是当时的老百姓由于受教育的程度低，往往就喜欢听那种刺激感官的东西。孔子非常伤感、非常厌恶。他说："恶紫之夺朱也，恶郑声之乱雅乐也，恶利口之覆邦家者。"（《论语·阳货》）古人认为有五种颜色是正色，但是紫不是正色，是在红、黄两种颜色之间的颜色，可是这种颜色鲜艳、吸引人，结果这种不正的东西，把正的东西都给压倒了，郑声也是一样，会扰乱雅乐。古代河南安阳一带的音乐比较淫荡，孔子非常忧虑。可见在音乐领域里面实际上是存在着斗争的，存在着争夺关注、争夺文化高地的一场不见硝烟的战争。

儒家深知音乐的妙用，所以中国古代在宗庙祭祀的时候，君臣上下一起听歌颂武王克商的那种史诗级别的乐曲，上下都认同，叫和敬。好的音乐是上下能够统一的，不管地位高低，在乡里当中，男女老少一起听了，关系就更加和顺。所以我们看到，古人在一起饮酒、一起射箭时演奏的音乐都经过精心挑选，有的曲子是讲夫妇和谐，有的是讲子女孝顺父母，有的是讲君臣和谐，用这个教育民众，大家喜闻乐见，在这个过程中，人心就变得和谐了。

3.礼乐兼修

前面我们讲过礼。礼是什么呢？"动于外者"，礼是解决你外在的形象是不是合乎道德规范的；乐是什么呢？"动于内者"，乐是解决你内在的心性是不是和谐的。我们中国人既然讲道德，那道德是什么呢？看不见摸不着。什么叫道德？礼乐皆得。礼和乐的真谛，你都得到了，你就是有德之人。这个"德"和得到的"得"是一样的，只有得到真理、得到真知，你才可能有德性，它不是虚的，而是通过礼和乐改变你的内外，使你成为优秀的人。所以我们讲内外兼修、礼乐兼修，这对于把人的成长作为核心的中国文化来说是何等的重要！所以孔子非常感慨地讲：安上治民，没有比礼更好的；移风易俗，没有比乐更好的。

"大乐与天地同和"，万物一阳一阴，天是阳，地是阴，阴阳交泰，化生万物。乐能够把我们社会上不同身份的人，都聚集在一个和谐的环境里，就像天地协和万物一样。"大礼与天地同节"，天地之间有春夏秋冬，人类社会有五伦关系，都是有节度的。我们每个人的地位不同、身份不同、财富的多寡不同，但如果我们效仿天地阴阳，兼修礼乐，人类社会就会变得更加和谐有序。

　　孙海燕，哲学博士。现任广东省社会科学院哲学与宗教研究所副研究员，曾为台湾大学人文社会高等研究院、美国夏威夷大学中国研究中心访问学者，广东省社会科学院国学研究中心主任。主要研究方向为儒家哲学、中国思想史。在《中国哲学史》《孔子研究》《道德与文明》等学术期刊发表学术论文40余篇，出版学术专著《陆门禅影下的慈湖心学——一种以人物为轴心的儒家心学发展史研究》，点校有《参寥子诗集》等。

儒家孝道的前世今生

孙海燕

各位同学下午好！很高兴有机会与大家分享一下我近年来对儒家孝道的一些思考。

大家知道，孝道这个话题可谓老生常谈，对中国人来说，做人最重要的品行就是要恪守孝道，我们从小都被灌输过要孝顺父母的观念，其实孝道观念在我国古代，又要比今天重要得多。这里我想与大家谈论的，不是儒家孝道的基本内容，以及今人该如何孝顺父母之类的问题，而是侧重从一种人性发展的角度分析孝道观念形成的来龙去脉，探寻孝道对当代社会的意义。要知道，孝道起源于传统的农业社会，而我们身处工业文明的时代，特别是受到以自由、权利等为核心价值的现代西方文化冲击，已失去了传统宗族社会的家庭生存形态，孝道观念也都发生了很大改变。面对人类文明发展的大势，儒家的孝道应该走向何方，它还会有生命力吗？

因此，今天讲座题目中的"前世"是指儒家孝道的历史，这包括个人的孝道生成史，也包括民族文化的孝道生成史，"今生"就是要展望孝道在未来人性发展中的地位和作用。

一、孝道：华夏民族的精神标识

首先，要简单谈一谈儒家孝道在我国传统伦理中的地位。儒家的伦理准则丰富，远不止孝道这一条，仁、义、礼、智、忠、信等都是更具普遍性的伦理要求，但孝道有其不可替代的特殊意义。徐复观先生说："以儒家为正统的中国文化，其最高的理念是仁，而最有社会生活实践意义的却是孝（包括悌）。"[①]虽然孝道并非儒家道德的最高标准，但它与仁、义、礼、智、忠、信等其他德目相比，却是最具实践性的道德规范，指向子女对父母的责任和义务。《论语》中说："孝弟也者，其为仁之本与？"把孝悌标举为最根本的道德标准。"为仁之本"就是践行"仁"德中最基础的东西。注意，这个"本"是最基础的，而不是指最高的。何为儒家最高的道德标准？那就是仁，仁可以说是诸多美德的总称，而仁的最高层次就是"圣"。当然，从形而上的层面，也可说是中庸。对于孝与仁的关系，如果拿一棵树进行比喻，孝就像树的根，是这棵树在成长中首先要生发出来的，那么，仁是这棵树的树干吗？应该说，仁不是树的任何具体部分，若非要比喻的话，就只能抽象一些，它是这棵树内在的生命力。总之，孝不是儒家最高的道德标准，它更像人之为人的一条伦理底线，是诸德的根基。儒家自孔子、孟子等古典儒家开始，就对孝道念兹在兹，反复以孝道来教

---

① 徐复观：《中国思想史论集》，《徐复观全集》第三册，九州出版社，2014，第184页。

育弟子。

除了儒家的弘扬，孝道能够在中国得以深耕厚植，还有以下几大因素。第一，从文化起源看，中国人自古有敬天法祖的宗教文化传统，有着慎终追远的心理。立足于现世救赎的中国人，必须在世间建立自己的权威，这个权威就是天地父母。这是孝道产生的文化基础。第二，从政治层面说，宗法制度是孝道的政治基础。中国自周代实行了分封制和宗法制，周王把亲族子弟和功臣分封到各领地为诸侯，建立众多诸侯国，让他们共同辅佐周王室。在这种政治格局下，臣就是子民，对周王要奉行忠孝之道。后来，虽然封建制度被逐渐废止，但宗族制度得以保存，成为社会基层治理的基本框架。第三，从人性伦理层面说，孝道是人最基本的品质。所谓"百善孝为先"，"不爱其亲而爱他人者，谓之悖德"，父母抚养儿女成人，因此子女孝顺父母是人性自然的感恩之情与回馈行为。一个人连生养自己的父母都不爱，对其他人的爱都是不正常的，这违背人性的自然规律，是虚伪的。第四，从法治层面说，历朝历代都可以说是以孝治天下，把孝道写入法律条款。在我国古代，父权观念是非常重的，一个人不孝顺父母，那是罪莫大焉，此与人人平等下的父母与子女之地位关系有很大差别。第五，从社会保障层面说，古代养老问题主要仰赖子女解决。

在这些因素的合力下，孝道不断内化为中华民族的文化基因，成为中华民族最深的人性渴求之一。从文化比较的视角看，孝道堪称中华民族独特的精神标识。当然，在其他民族的文化和文明传统中，也不是完全没有孝道思想，但像中国儒家如此重视孝道则是世界文化史上罕见的。拿基督教来说，耶稣对门徒讲："那些爱他的家人胜过爱我的人，不配做我的门徒。"如果说基督教也讲孝道，就是把孝道指向了创造世界的上帝。这与儒家要求儿女对父母奉行孝道是很不一样的。

二、孝道在个体中的萌蘖历程

孝道在个体中的萌蘖历程，用通俗的话来说，就是孝道这种伦理观念，在我们每个人的心灵中是如何产生的？其来龙去脉如何？

首先我们要明确一下"孝道"这个概念。孝道作为一种纯粹的道德观念，主要表现为子女对父母长辈应有的一种尊敬心态和赡养义务。这种观念，是在人类心智发展到较高的程度，尤其是具有理性思维能力后才产生的。因此，在其他一些动物身上，如猫、狗、虫、鱼等，是根本不存在孝道思想的。当然，我们经常提到动物界的一些特别现象，例如"乌鸦反哺"（乌鸦幼鸟觅食回来给老鸟喂食）、"羔羊跪乳"（羊羔跪下来喝羊妈妈的奶），认为这是动物也有孝心的表现。事实真是如此吗？生物学家的研究发现，虽然存在有些乌鸦帮助老乌鸦喂食的情况，但世人广为流传的"反哺"的现象是不存在的。因为"反哺"的前提是幼鸟要对父母有"感恩"心理。至于羔羊跪下来吸吮母羊腹部的奶，更是一种生理的现象。可以说，动物界所谓"孝道"行为，实际上是人们联想的产物，是人类把自己期望的美德投射到动物身上，在解读这些生物现象时发生的美丽误会。正如中国文人喜欢把梅、兰、竹、菊这四种植物当作君子高洁情怀的象征，其实这些象征意义都是人类赋予的，都是人类价值观的折射。

心理学研究表明，母腹中的胎儿，心理尚处在一种主客不分的混沌状态，吃喝拉撒都在母亲腹中，当然不会有什么孝道可言。婴儿出生后，具有一定的感知能力，吮吸乳汁的满足感和母亲的形象仍是浑然一体的，母子间的互动，其实是基于物理运动与化学反应的生理欲求。这阶段的婴儿，只有生理性的吃喝拉撒，不会有孝道，如果说这个时候的婴儿也有思维，那么也只是一种直观动作思维。随着孩子认知能力的提高，母亲长期的抚养哺育使孩子对她有了依恋和亲近感，开始是乳头和温暖的腹部，接着是母亲的面容，继而是整个母亲形象。这种生理性互动不断强化，母亲形象与奶水、温暖、舒适、安全等体验在孩子认知中建立了固定联系。这个时候，婴儿不必在吃奶状态或在母亲怀抱中，只是看到母亲就感到安心高兴，反之就焦虑不安。认知心理学家将婴儿出生后1—12个月阶段称为知觉表象阶段。再到1—3岁的婴儿阶段，随着孩子的心智发展，尤其是长时记忆的出现，这种身心满足感逐渐演化为对母亲的感激、爱慕、崇拜、敬仰等正面情感。简单来说，婴儿这时候感知母亲的形象，是通过具体形象思维在实际接触中的知觉表象。此时的母子互动，婴儿已经把母亲当作生理的、化学能量的供应场。母亲即使不喂养孩子，孩子也会因为看到母亲的形象而产生愉悦、满足、安全感，并且会因为自己做了让母亲生气的事而感到内疚、悔恨。这时候母子间新的交流不只停留在直观的表象阶段，再发展下去，母亲即使不在眼前，当孩子脑中浮现出"母亲"这一表象时，同样会产生幸福、温暖和安全感。此时，孩子的认知水平已经发展到了记忆表象阶段，对母亲已初步形成了一种较稳固的情感心理结构，人性中的情感欲求层面也已初步形成。

可以说，亲子情感的出现是人类社会化的第一步。但孩子对母亲的这种自然情感，仍是以对母亲的记忆表象为心理"递质"的，而并非建立在以抽象思维为基础的"孝道"观念上。此时的母亲形象，正如孩子的奶瓶一样，是与自己需要哺育、爱抚等生理欲求的满足紧密联系在一起的。说得难听点，这时的孩子"有奶就是娘"，不会有"儿女应该对父母尽孝"之类的理性自觉，他的认知水平还没达到这种高度，孝道观念也仍然远未产生。如果说这种正面的感情就是"孝"，那么孩子对奶瓶的依恋感激之情也是"孝"了。但是，需要指出的是，对母亲产生了"依恋""感恩"等情感的孩子，虽然仍没有孝道观念，但他的这种情感心理，与刚出生时的一些生物性欲求相比，已实现了一次大的人性跨越。因为处在生理欲求水平的孩子，正如一些爬行类、鸟类动物一样，其生命体征主要表现为对外界各类能量的索取，其心智完全是"生理自我中心"的。然而，当孩子对母亲有了稳定的依恋感后，会在情感上意识到母子是一体相关的，从而企盼母亲能够幸福平安（尽管他对企盼本身仍缺乏自觉意识），以便可以持久地关爱、照顾自己。这时，他原来人性心理结构的"生理自我中心"就被打破了，进而产生一种"情感自我中心"。后者显然是更高一级的心理模式，是对前一种心理层面的超越。这时，母子间的亲情已大体定型了。我们不妨说，当孩子把自己尚需要的食物敬献母亲时，这是他人性中的情感欲求战胜了生理欲求。从生物心理的发展序列看，这种情感欲求基础上的亲子之情，拉开了人类与一般高等动物的心智距离，为将来孝道的出现提供了心理基础。

随着孩子一步步长大成人，他的智力发展到了成熟的抽象思维阶段，由于在此过程中不断接受社会化教育，孩子就会在生理欲求、情感欲求的基础上产生理智欲求，渐渐具备了独立的道德理性，这个时候，就会出现一种"理性自我中心"，并逐渐战胜"情感自我中心"。这就牵扯人性中生理、情感和理性三个层面的复杂关系。我们的很多社会行为，都与此三种层面相关，是它们不同成分和不同比例的综合作用。举例来说，儿女同样有孝顺行为，但孝顺的内在原因可能很不一样。有人盼着将来可以多继承一些财产；有人感念父母的辛苦养育之恩，所以要报答父母；有人则是不讲条件，只是因为对方是自己父母，不管父母对自己是好是坏，照顾父母、孝顺父母都是尽自己做人的本分和义务。再譬如，某地发生地震灾难，有人看到新闻播报上的受灾情况，在强烈同情心的支持下而捐款；有人则出于"一方有难，八方支援"的观念，认为捐款是身为同胞的义务和责任；也有人看到身边人纷纷伸出援助之手，若自己不参与赈灾，别人又会怎么评价自己呢？这种心理，则是为了自己的名声。在一人身上，或者三种心理皆有，或者某一种占据主导，从而有了赈灾捐款的行为。因此，同一种外在行为，有人是情感成分占主导，有人则偏向理性，有人则是生理的或功利的因素更多。一般来说，人类精神层面的程度越高，就越能超越基层的生理欲求。人本心理学家马斯洛指出："尽管就一般规律来说，我们在低级需要满足之后才能转向高级需要的满足，但值得观察的现象是，人们在满足了高级需要，并获得了价值和体验之后，高级需要会变得具有自治能力，不再依赖低级需要的满足。"①相对来说，生理欲求是较为低级的人性需求，情感欲求则是较高一级的人性需求，而理性欲求又是更高一级的人性需求。这种需求产生之后，就会有某种自治能力，不必时时依赖低级的欲求满足。儒家的孝道，正是理性欲求的一种具体表现形式。

一个人若生长在传统中国，受到儒家孝道文化的陶冶、熏染，不但对父母原始的自然情感会得到强化和认同，而且诸如"入则孝，出则弟"之类的伦理观念也会很自然地在他心里扎下根来，乃至认为儿女对父母尽孝是天经地义之事。即使父母不再像当年那样哺育、关爱自己，他也能自觉地恪守孝道，例如给父母钱财、治病、问候等。这个时候，支配其孝道行为的，已不是或主要不是情感上的"交互利他"，不是功利性的"你来我往"式回报，而是一种人类独有的理性自觉，真正的孝道也就出现了。

那么，何为成熟的孝道，它的标准是什么？我想从一个特殊的例子说起。当一个孩子成年后，又生长在传统中国，儒家的孝道观已经深植其心中。有一天，母亲却突然告诉他，自己不是他的亲生母亲，只是他的养母，他的亲生母亲当年因无力养活他而将他遗弃，是自己收养了他。与此同时，养母还告诉这个孩子他生母现在什么地方，因为他生母生病了，失去劳动力，也没其他人照顾她，

---

① 〔美〕A.H.马斯洛：《动机与人格》，许金声、程朝翔译，华夏出版社，1987，第83页。

要求孩子去尽孝道。我们不难想象，孩子刚听到此事时的内心震颤。依照儒家思想，他会同时向养母和生母尽孝，但这两种尽孝的实际内容是有区别的，这种区别，在于其孝道在生母和养母身上所生成的轨迹极为不同。

由于特殊的原因，这个孩子对养母尽孝，所经历的反而是一种正常的人性发展道路，即经由生理欲求不断被满足，例如婴儿时养母对其喂奶、哺育，给予温暖怀抱，然后养子对养母依恋之情的出现，继而是母子间产生情感性的"交互利他"，再接着是受到儒家文化浸润而有了孝道观念，最后是这种孝道观念内化为人性之后而出现理智欲求层面的孝道实践。简单来说，这孩子对养母的孝道生成经历了如下的发展轨迹：生理→感恩心理（情感）→孝道文化（理性）→孝行。

而对生母尽孝，因特殊的成长经历，他失去了常规的孝道进化历程。具体说来，在此孝道产生过程中，对生母的生理、情感这一互动是缺位的，他对生母之尽孝，至少在刚开始时完全是在孝道观念支配下的一种理性行为。与之相关，其对生母的情感也不同于因生理满足而滋生的自然情感，而是在孝道观念作用下衍生的道德情感，这种情感本身来自伦理而非生理，本质上是一种理性情感。但是，从人性发展的角度看，只有当这种理性情感在人性中处于支配地位时才标志着理智欲求的真正成熟。而作为一种道德观念的孝道，正是以人性中理智欲求的成熟为背景的。只有当这个孩子真正发自内心全然接受生母作为其生母的事实，在儒家伦理的支配下，他能真心诚意地敬奉她、照料她，这种孝道才是一种更高的孝道，才是理性层面的孝道。因为在这时，他奉行的孝道已经超越了一切利害关系，也超越了那种天然的亲子情感，孩子不再图谋从生母身上获得什么，也不是因为过去受了生母照顾想要报恩的情况。当然，我们也不排除这种情况，即在此过程中，孩子看到其生母目前的困难处境后生出了恻隐之心，夹杂着觉得生母可怜而需要照顾她的情感因素。但在他的"孝道→孝行"历程中更重要的，还是理性观念的主导，即认为对自己的生母尽孝，乃天经地义的行为，不能有任何的附带条件。

儒家思想史上常出现这种孝道。最著名的是大舜的孝道。大舜的父亲和继母，还有弟弟象，都不爱大舜，甚至想着法子陷害大舜。如果从自然情感而言，大舜的孝行就完全违反了人性于自然情感中生发孝道的自然流程，但大舜却能以德报怨，对其父亲和继母依然孝心不改，还把弟弟安排到地方上做官。照理说，大舜的父母，尤其是父亲，生养了大舜，对大舜有恩情，但大舜父亲和继母居然陷害大舜，这种恩情可算扯平了。而大舜能做到"大孝终身慕父母"，这主要是孝道作为道德理性完全战胜了自然情感的表现。大舜正是超越了自然的生理情感，道德理性的力量才占了上风，从而实践孝道，其行为已经不是在报答父母的生养之恩，而是一种大孝。当然，我们也要客观承认，大舜身上所体现的孝道，仍然是建立在"父母爱自己的儿女是天性，父母对子女的爱总体上远远大于子女对父母的爱"这一宏观的人类学背景之上的。试想，倘若世界上的父母都像大舜父母对待大舜那样对待子女，那么儒家的孝道也就失去了人类学基础，绝无出现的可能了。要指出的是，儒家孝道在个体人性中的形成，固然也反映了人性由生理、情感等欲求向理智欲求的进化。但对个体而言，一个人能够体认并践行孝道，主要还是儒家文化熏陶的结果。儒家的孝道作为一种客观的思想样态，主要依靠民族文化，或者说社会遗传来传递。这种社会遗传，对个体而言，是一种"先验"变"经验"的过程。

再进一步讲，孝道在中国文化中又是如何产生的？在中国历史上产生过什么作用？为什么在其他国家或民族的文明中，即使有孝道思想的萌芽，也未能发展为深厚的孝道文化？或者说，孝道并不是其他民族文明的特性，而中华民族为何会如此地强调孝道呢？这是接下来要分析的问题。

三、孝道在群体中的形成

这里说群体，不是指一个群体的某代人，而是指整个源远流长的中华民族。我们认为，儒家孝道在后世被称为天经地义、万世不易的道德准则，这是一种先验的道德起源论，就如孟子认为人性本善、人有先验的道德本质一样。但孝道作为道德原则的一种，主要是在民族具体的历史实践中形成的，对中华民族而言是经验，而对后世的文化个体而言，则是先验的。就孝道在民族文化中的形成而言，这牵扯华夏先民与自然环境、社会组织、历史事件、政治制度、文化传承等诸多因素的复杂关系。

华夏文明的源头是多元的，但总的来说，黄河中下游地区是中华民族文明起源的核心地带，这是儒家文化起源的核心地带。此地区以河流灌溉的宽阔平原为主体，物产丰富，适合农作物生长，历史上较早形成了精耕细作的农业文明和定居村落。相对而言，草原游牧民族或海洋民族充满流动性或不稳定性，农耕文明则更多地依赖气候、土壤，其生活方式是静定而自足的，在农业文明中，人们只要掌握一些自然规律，做到春耕夏耘、秋收冬藏，配以勤俭、和善等德行，群众生活就有保障，族群就能发展延续。有学者研究说，西方文明起源于西方人见到海洋、高山的惊奇感，他们对大自然充满了冒险和探索的精神。而华夏民族在中原农耕文明下，更多的是感受大自然周而复始、生生不息的规律，因此其人性心理并无强烈的"对立感"，不像商业文明、游牧民族那样致力于"争独立""尚自由""求富强""主扩张"，而是追求"天人相应""物我一体""顺""和"，尤其注重亲族和安分守己，期望子孙绵延而生生不息。换言之，在农业文明占主导的社会中，家庭生活、族群关系是他们极重要的生存经验，只要不是遇上巨大的天灾或政治上的动乱，个人的基本生活就没有太大问题。"家和万事兴"可以说是中国人民在悠久的农耕文明中提炼出的一条最根本的生存智慧。

农耕文明必须依赖稳固的地缘、亲缘关系，这使中华民族率先形成了稳固的家庭结构，这是孝道得以产生的诸多条件中最关键的因素。在个体依赖家庭、族群的这样一种社会生存方式中，父母等长辈除了抚养、照顾年幼的孩子之外，其生存能力和经验也十分重要。古语云："家有一老如有一宝。"这一点在农耕文明的静态社会中特别突出。而今天，社会发展日新月异，尤其是传媒科技的发展，年轻人早已不像古时那样依赖长辈的生存经验，譬如，有些父母还不会用手机，需要孩子反过来教他们。而在传统的农业社会，社会结构十分稳定，长辈的生存能力和社会经验就十分重要了。长辈的生存经验与儿女对父母的感恩之情结合起来，代代相传，在族群中自然形成一种尊敬长辈的习俗和制度。随着社会竞争的加剧，这种亲情的有效性被一再强化（俗话说的"出门亲兄弟，上阵父子兵"），家族也就不断扩大，用以调节家族内部关系的礼仪伦理也就不可避免地形成了。这一重大心理走向，最终演化为敬天敬祖的亲族文化。这是整个中华文明的底色，也是儒家孝道产生的温床。

梁漱溟在《中国文化要义》中说过这样一段话："人类文化史之全部历程，恐怕是这样的：最早一段，受自然（指身体生理心理与身外环境间）限制极大，在各处不期而有些类近，乃至有某些类同随后就个性渐显，各走各路。其间又从接触融合与锐进领导，而现出几条干路。到世界大交通，而融会贯通之势成，今后将渐渐有所谓世界文化出现。"意思是说，在文明产生之前，世界各处人类部落的生存状况都是大同小异的，皆为了生存繁衍之类生物需求与大自然斗争，获取生存的资本，没有什么孝道观念可言。许倬云先生在《中国古代文化的特质》中有段话，说明生存环境对一种文明基调形成的重要性。他说："每个特定地区因应它的特定环境可以做许多选择，等选定了以后就变成文化的基本调子了。这个基调就等于生物的基因，人的群体里面也有基因留下的约定消息，不断地传递下去，形成特定的应对方法，在其他新的条件、新的情况发生以前，就会不断用老的方法应付下去。不但一个人如此，一代一代也是如此，这种延续性即造成智慧的延续。延续本身是一种制约，制约使得文化对那些问题的处理拥有特定的方式。"那么，中华民族在历史发展中一次次展现的家族和亲情的力量，便是孝道产生的温床。

再从社会政治层面的宗法制度看，在夏、商时代，孝道已是社会文化的重要组成部分，只是当时还与宗教神话、巫术礼仪、祖先崇拜等混杂在一起，带有强烈的情感性和功利性。这一点，从后人对先民祭祀的追忆可以看出。《礼记·祭法》所载："有虞氏禘黄帝而郊喾，祖颛顼而宗尧。夏后氏亦禘黄帝而郊鲧，祖颛顼而宗禹。殷人禘喾而郊冥，祖契而宗汤。周人禘喾而郊稷，祖文王而宗武王。"[1]这里的禘、郊、祖、宗，实际上包含了天神与祖先两类。禘和郊的对象是天，而以祖先配享。祖和宗的对象则是有直接血缘关系的先祖。殷人祭祀祖先的目的，无非是想通过取悦死去的先王先公，以避祸求福，因为他们相信死去后已成为鬼神的祖先，与作为至上神的天神之间有着紧密联系，从而左右着对人间的赏罚。虽然每个民族在文明初期都有依赖家庭生活方式的趋向，但像中国这样将家庭与政治、伦理、宗教等多种复杂文化基因如此紧密地捆绑在一起的现象还是罕见的。商代统治者的孝道主要表现为祭祀祖先，这种祭祀固然表达对祖先的怀念，更重要的目的则是通过祖先与鬼神沟通来保佑自己。这种孝道背后更重要的是商人的鬼神观念，祭祖目的在于与鬼神沟通，以祈求王祚永久、五谷丰登、风调雨顺、战争胜利、个体或家族的长久繁荣兴旺等，这实际上是通过祖先的亡灵来贿赂天神，带有强烈的功利色彩。周代的情况有所转变。周代开国的国君在深刻反省殷

---

[1] 《十三经注疏》整理委员会整理，李学勤主编《十三经注疏·礼记正义》，北京大学出版社，1999，第1292页。

商王朝灭亡教训的大背景下，发展了孝道观。"天道无亲"，上天没有因与谁亲疏远近而厚此薄彼，能否符合天道，主要看有没有德行。因此，周代的孝道，由商朝的贿赂发展为报恩和重德，与此同时，周王朝实行分封制，许多诸侯国是皇亲国戚，所以孝道在周代统治制度中还发挥着团结宗亲的作用。

这种孝道，淡化了宗教迷信因素，变成一种重要的政治伦理。如《礼记》所谓："身也者，父母之遗体也。行父母之遗体，敢不敬乎？居处不庄，非孝也。事君不忠，非孝也。莅官不敬，非孝也。朋友不信，非孝也。战陈无勇，非孝也。五者不遂，灾及于亲，敢不敬乎？"[1]这就把孝亲与忠君，乃至立身行事等结合起来。相传曾子记录了孔子语录中关于孝道的说法，编为《孝经》一书，此书成为儒家极重要的经典之一。该书的主题，即认为孝道是天经地义的，个人不仅要孝顺父母，还要忠君爱国，也就是说把孝道思想扩大化，个人的孝道不再局限在家庭，而上升至与国家、民族、天道融为一体。《孝经》的形成与流传，突出体现了孝道观的发展。秦汉之后，孝道更为制度化，并由贵族阶层日益向普罗大众渗透和倾斜。汉代还产生了"以孝治天下"的国策，例如一个人能否做官从政，汉朝采用的一种方法叫察举制，即地方上孝行突出、清正廉洁的人可以因此德行被举荐选拔为官，称为"举孝廉"。从此之后，重视孝道可以说是历代皇权社会的基本国策，整个国家的意识形态都被孝道所笼罩，孝道确实也起到使"民心归厚"的作用。

关于孝道深深扎根于中华民族的精神深处，还不得不提到"轴心时代"的历史选择。"轴心时代"是德国思想家雅斯贝尔斯在《历史的起源与目标》一书中提出的著名概念。所谓"轴心时代"，指的是在公元前800年到公元前200年这一历史时期，出现了人

---

[1] 《十三经注疏》整理委员会整理，李学勤主编《十三经注疏·礼记正义》，第1332—1333页。

类历史上第一次思想大爆炸，奠定了整个人类文明的根基，对人类的文化、经济及政治发展有着决定性影响。影响至今的四大文明——中国的儒道思想、印度的印度教和佛教、以色列的一神教、希腊的哲学理性主义，皆形成于这一历史时期。"轴心时代"之所以意义深远，是因为人类理性所开辟的文化样态往往具有某种优先性，以后若没有翻天覆地的社会变化，这种文化样态便会强劲地延续下去。例如在中国产生了老子、孔子等先秦诸子，他们直面中国的历史困局，开出自己的救世药方。孔子生活在一个王室衰微、礼崩乐坏的时代，文武周公开创的礼乐制度逐渐被废弃了，出现了诸侯割据，相互征伐，乃至"君不君，臣不臣，父不父，子不子"的乱局。针对这一局面，孔子通过反省周文之弊，提出了自己的解决方案。这一解决方式，可用他所谓的"克己复礼"一句话来概括。孔子出现的意义，乃是将文武周公所重视的外在形式的"礼"，与作为内在心性的"仁"紧紧结合起来，并通个人人格的体验与成就，把主要针对贵族阶级的礼，推广为更具普遍性的根本原理，而孝道正是连接仁与礼的核心纽带。孔子的仁学，最突出的一点，是他自觉意识到子女对父母的自然情感，可以作为人性向善的基石和动力。《论语》记载了这样一个故事：孔子有位学生叫宰我，一天他对老师说，子女给父母守丧三年的礼制太苛刻了，在三年中，为人子女者不事农桑，不能从事其他的礼乐活动，也耽误耕作，守丧一年就够了！孔子就反问他，一个人呱呱坠地之后，要吃父母给的食物，穿父母给的衣服，需要父母悉心抚养三年才能行走、言语，你不给父母守丧三年，你的心安吗？如果你心安，你就这样做吧！宰我走后，孔子当着其他学生的面，责骂宰我是个"不仁"的人。

在今天看来，宰我的主张不能说没有道理，服丧是对过世父母的追念，而报答父母生养之恩的时间很难简单划一。服丧究竟以多长时间为宜，也会因时代变化而变化。但孔子之言的高明处在于，他意识到子女与父母之间的恩情可以作为人性建构的开端和动力。

在周公时代，礼乐更多是要求贵族子弟必备的政治素养。孔子则将礼乐"反求诸己"，从自己的情感立足，从而实践孝道伦理。孔子能够从挖掘人类的内心情感来认识礼乐、恢复礼乐，为礼乐找到了内在心理的动力，这一点在当时非常了不起。

从"人要懂得感恩"的思路出发，儒家认为做人不仅要报父母恩，还要报乡党恩、国家恩，甚至天地宇宙的生养之恩。一个人随着自己能力和地位的提升，也产生相应的责任和担当，要从爱护自己父母，扩展到爱护他人的父母，最后连天地间的一草一木也要爱护，这叫"参天地之化育"。这种爱与责任，当然是无穷无尽的，但就其实践过程看，又有轻重厚薄、先急后缓之分。其中，对父母的孝道是爱与责任的萌芽，也是一切善行的基础。与此相关，强调"爱有差等"可说是儒学的特色之一，墨家思想就主张"爱无差等"，主张人与人之间不应有亲疏厚薄之分，要像对待父母一样对待每一个人。这种观念最终因违背了人的自然天性而缺乏实践动力。

孔子之后的孟子，明确提出"亲亲而仁民，仁民而爱物""人人亲其亲，长其长，而天下平"的"孝治"思想。孟子还把"孝"作为性善论的有力论据，认为一个孩子天生有着"见父自然知孝"的良知良能。在我们看来，他这种将"孝"视为天赋人性的观念，无疑是将"性善"先验化了。孟子的这种观念当然值得商榷，因为人类固然有其他生物不具备的一些生理、心理因素，容易萌发孝道等伦理思想，但这并不具有必然性。若没有儒家孝道思想的熏习，个体间的孝道观念和实践是有差别的，对父母报恩的自然情感未必能上升到孝道层面。与父母对子女的亲子情感相比，子女对父母的孝道更多是文明教化的结果，并不是人的自然天性，最多只能说孝道是人天性中的潜能，道德教化可以把这种感恩的人性潜能发掘出来。由于时代知识水平的限制，孟子无法自觉意识到"孝"来自华夏先民的生存经验，是三代以来礼乐文化长期孕育的产物。这种文化通过一种族群的历史经验和生活习性，以孝道的形式传递下来后，成为民族文化心理的一种集体无意识。对此，李泽厚有一段很好的分析，他说："历史本体论则认为，这理性仍然来自经验，但它是由人类极其漫长的历史积累和沉积（即积淀），通过文化而产生出来的人的内在情感—思想的心理形式。所以它对个体来说是先验的，对人类总体则仍由经验积淀而成。其特征则是理性对感性的行为、欲望以及生存的绝对主宰和支配。所以称之为'理性凝聚'。它在开始阶段（如原始人群和今日儿童）都是通由外在强迫即学习、遵循某种伦理秩序、规范而后才逐渐变为内在的意识、观念和情感。从而，这也可说是由伦理（外在的社会规范、要求、秩序、制度）而道德（内在的心理形式、自由意志），由'礼'而'仁'。人性能力由经验而先验，由传统习俗、教育而心理。"[①]孝道正是李泽厚所说的"人的内在情感—思想的心理形式"，这种孝道对个体而言是"先验"的，对每个生长在儒家传统的中国人来说，孝敬父母是人之为人的根本，这没有什么道理或条件可讲。要奉行这种孝道，就要不断充实对父母的感恩之情，克制各种不符合孝道的思想行为，使之成为一种自然而然的人性品德。

四、对孝道的反思

从以上分析可知，孝道作为人性中的道德原则之一，本与华夏民族在历史实践中人性具体进程中的诸多因素，如民族的生存境遇、社会结构、文化心理等密切相关。像中国人这样，特别凸显孝道在价值系统中的基础地位，将父母的慈爱与子女的孝道以及整个民族的政治理念捆绑在一起，在世界文明中是少之又少的。这种孝道，只有在特殊的历史文化背景下，才能被发扬光大。今日中国，

① 李泽厚：《人类学历史本体论》，青岛出版社，2016，第88页。

在西方工业文明的侵蚀下，传统"乡土中国"的消失、宗法家族的解构，乃至家庭的小型化都让今天的中国人无法复原传统的孝道。尤其是"五四"以来，中国重家庭、重亲情、重孝道的心理，实际上已大为弱化，我们应如何发展孝道文化，或者说，应将此文化发展到什么样的程度呢？这必须与变化着的社会现实及世界文明之大势结合起来加以思考。反观当下，西方国家一直缺乏中国这样的孝道传统，子女长大成人后，父母长辈就要求他们独立生活，西方社会追求个人独立，而非崇尚中国的四世同堂、与父母同住等大家庭模式。父母子女间的经济往来，也很遵守契约精神。养老等各方面都靠社会和政府，而不是家庭。在这样的国度，若强行推广儒家的孝道，也势必会成为无源之水，水土不服。这又能给我们什么启示呢？

首先，要自觉反省文化发展中的沙文主义倾向，承认人性发展的多样性。徐复观也说过："人性蕴蓄有无限的多样性。因人性所凭借以自觉的外缘条件之不同，所凭借以发展的外缘条件之不同，于是人性总不会同时作全面的均衡发展，而所成就的常是偏于人性之某一面，这便形成世界文化的各种不同性格。我相信由各种文化的不断接触互往，人类文化能向近于'全'的方面去发展。但不能赞成以一种文化性格作尺度而抹杀其余的文化的武断态度。"[1]我们要看到，任何人都有因父母生养、哺育而有对父母的感恩之心，并有回报父母的自然愿望。从这点来看，孝道有其普遍性与合理性，任何文明都存在开掘、彰显孝道的人性潜能。但也要认识到，潜能终归是潜能，它能否被进一步开显，以及开显到何种程度，则是由该民族生存中具体的历史文化情势等因素决定的。哲学人类学家马克斯·舍勒有句名言："人是一个能够向世界无限开放的X。"理解这句话，对我们衡量孝道文化的发展有重要意义。所谓"无限开放

---

① 李维武编《徐复观文集》第二卷，湖北人民出版社，2002，第33页。

的 X"，是说人性的发展并无既定的路线和目的，而是有着无限的可能。子女对父母的自然情感是人类所共通的，但并不是所有的自然情感都能发展出孝道，孝道也并不是所有文明社会的最基本伦理。我们不能因中国在历史境遇中发展出了精致系统的孝道伦理，就以此为标杆去衡量其他民族文化的优劣。

毫无疑问，任何民族将某种具有自身特点的文化发展出来后，都有将其夸大化乃至普世化的倾向。儒家视孝道为放之四海而皆准的真理，就是最典型例子。但如上所述，中国孝道文化的产生既有人性心理的因素，更有其历史脉络和发展土壤，古代儒家文化充分发展出了孝道思想，是中华民族血脉发展中自然的事情。我们绝不能说最重视孝道的民族，就是最优等的民族，反之则是最劣等的民族。因为其他一些民族，虽然不提倡孝道，但可以基于本民族的发展境遇，各自用一套文化和制度来弥补它或替代它。例如欧美许多国家有完善的社会养老保障体系，可以让父母摆脱养儿防老的观念，父母与子女之间的情感，更多通过其他形式表现出来。鸦片战争后，中西文化发生前所未有的碰撞，一批儒家知识分子无视文化之间的差异性，批评西方人不知孝道为何物，甚至因此以禽兽视之，这就把儒家的孝道视为放之四海而皆准的标准了，这其实也是一种文化中心主义。

当然，西方人对中国人的种种批评，也是如此。20 世纪的西方大哲学家罗素，在 1920 年来过中国，在中国待了大约一年时间，回国后写成《中国问题》一书，既有对中国文化的高度赞赏，也有不少严厉批评，其中包括对孝道与家族制度的不满。他说："孝道和族权或许是孔子伦理中最大的弱点，孔子伦理中与常理相去太远的也就在于此。家族意识会削弱人的公共精神，赋予长者过多的权力会导致旧势力的肆虐。"应该说，罗素对儒家孝道和家庭的批判，就犯了这类错误。他只是看到了事情的一方面，他不知道，孝道和族权固然束缚了人，但也维护了社会秩序，是使中华民族得以生生不息和发展壮大的内在动力。没有孝道和族权，没有社会秩序，偌大一个国家又如何长治久安、绵延生息？要中国人都去改信基督教的上帝吗？

思想家李泽厚说："伦理作为外在规范和秩序，它们是历史的产物。因时空、环境而大有不同，有很明显的相对性。我说过多次，例如原始部落有的杀老、弃老，有的却尊老、敬老，它们都决定于当时当地的经验功利（为节约食物而杀老和保存经验而敬老）。二者虽矛盾对立，但都是为了维护某一时空环境下的群体的生存延续而产生的伦理要求和行为规范，在当时当地都是道德的。"[①]作为一种伦理思想，孝道也遵循这一规律。虽然尊老、敬老是更为普遍的现象，杀老、弃老只是某些原始部落处于落后社会生产力时代的极端情形，但必须得承认，孝道正是人类文化发展史上的产物，因此必然存在不同文化间的差异。

其次，从每种文化的系统性出发，自觉认识到每种文化的利弊。一般来说，每种文化都有相对自足的一面，都是与本民族的心智水平和社会需要联系在一起的。这种文化经历的磨难越多，历史越长，涉及的人数越多，地域越广，往往也越复杂，越成为一个高度自洽的系统。除非外在环境发生巨大变化，或另一种异质的、更具竞争力的文明使本民族面临生死存亡的考验，否则一般都很难去反省这种文化的不足与局限，只会以为自己内在的努力不够，而不会考虑文化自身的发展偏向问题。以儒家文明为主体的中华文明，恰恰具有上述特征，是一个具有高度自洽性的文化系统。如上所述，孝道文化作为儒家文化系统的核心要素，是与中华民族的生存境遇、社会结构、文化心理等紧密结合在一起的，故在其产生后一直根深叶茂，对中华民族的精神凝聚、政治稳定、社会和谐、人生幸福等起到无可估量的积极作用。如果没有外在力量的强势介入，

---

① 李泽厚：《人类学历史本体论》，第89页。

我们以孝道为基点的民族文化，就会按照原有的历史车辙，继续长久地走下去。

然而，在后来的"五四"新文化运动中，儒家孝道却遭到一批文化"启蒙者"前所未有的猛烈批判。这种批判，又与他们对传统家庭的攻击紧密结合在一起，因为传统的家庭、家族正是孝道及其他一切传统伦理的基本载体。更早一点，在太平天国时期，洪秀全创立"拜上帝教"，就反对家庭和家族制度，认为天下人都是兄弟姐妹，猛烈抨击儒家的纲常名教。但这种批判，并不能得到广大儒家士大夫阶层的支持，除了一些信徒外，更难以撼动广袤农村的平民百姓。随着民族危机的日益加深，尤其是甲午战败之后，大批中国学者对民族文化的信心发生动摇，最后转为猛烈的批判，传统的家庭和孝道首当其冲。"维新变法"的领袖康有为、谭嗣同都是儒家知识分子，但他们对传统家族、孝道都持批判态度。新文化运动中的一批代表人物如陈独秀、鲁迅等对传统家庭和孝道批评得更是变本加厉。陈独秀认为，"万恶孝为首"，正是传统礼教要孩子对父母尽孝，致使中国积贫积弱，受尽了列强欺凌。鲁迅有篇著名的文章，题目为《我们现在怎样做父亲》，强调父母与子女之间根本没有什么恩情可言，不过是父母为了满足自己的情欲，才生出了子女。傅斯年说："想知道中国家族的情形，只有画个猪圈。"①受这股思潮的影响，一直到"五四"多年之后，著名新儒学大师熊十力，仍认可家庭是万恶之源的论断。

当然，跳出儒家义理的范围，我们也要看到，从民族人性的发展看，孝道这种德性的膨胀与凸显，也可能使人性中的其他方面相对萎缩，乃至降低其他理智欲求样态出现的可能性。于是一个民族的文化优势，也可能成为人性发展的限制。中国人重孝，强调父母对子女的权威性，要求子女无条件服从父母，特别是将孝道中的父

---

① 傅斯年：《现实政治》，陕西人民出版社，2012，第25页。

子关系与君臣关系比附起来，在现实中也会导致许多负面的东西，会不同程度地压抑子女的幸福感和创造力，如父母之命的婚配习俗等，就造成了许多家庭的不幸，这是无可否认的历史事实，还有君叫臣死臣不得不死、父叫子亡子不得不亡的极端例子，被后人抨击为"愚忠"的例子在历史中比比皆是，虽然古人已经指出当君主执政不清明时，君不君则臣可以不臣，但子女对父母的尽孝是无条件的。我们所熟知的古代诗歌《孔雀东南飞》，记载了一对本来相爱并成亲了的青年男女，因男方父母不满意女方，逼迫二人离散，最终二人唯有双双殉情自尽。元代郭居敬辑录古代24个孝子的故事编成《二十四孝》，成为宣传孝道的通俗读物。这些孝行事迹有些是合乎人性的，有些却是过于极端的行为，例如埋儿奉母、卧冰求鲤、尝粪忧心等，元人把这种极端的、残忍的事例当作孝行的典型来提倡，其实并不妥当，违背了儒家所主张的中庸之道。

再次，要自觉在文化比较中，反思未来的人性建构之路。徐复观说："孝是经过中国历史上许多人的思虑、反省所提出的人生行为的一个重要规范，并且这个规范，是经过长时期的社会生活实践，在中国历史里面，曾经很深刻地作用于生活环境及自然生命之中，所以它和缠小脚、吃鸦片烟不同，它是中国的重大文化现象之一。它的功过，可以说就是中国文化的功过。"[1]在人性发展的诸多可能性中，倘若世界上没有中国文化，尤其是儒家文化之出现，孝道也完全可以不产生，儒家所谓"不爱其亲而爱他人者，谓之悖德"这类理直气壮的陈词，也可能不出现。

话说回来，即使其他各国都不重视孝道，也绝不意味着中国人的孝道就是一种落后文化。孝道思想在华夏文明中产生，是基于生理的、情感的、理性的乃至神圣性的因素，并且在儒家思想系统这样的土壤中发扬光大了，而世界其他文明并没有把这种人类的德

---

[1] 《徐复观全集》第三册，第185页。

行大力弘扬、着重标举，但是并不妨碍他们用另外的形式和脉络来发扬和实践人类之间的感恩之情、报恩之行。对父母的亲敬感恩之情，则必须一以贯之。因为社会虽发生了巨大的变化，但只要父母对孩子的生养与慈爱的天性不变，孩子对父母的感恩之心就不会变，家庭生活的基本格局就不会变，这种孝道的精神就会绵延不绝，孝道作为一种植根于人性的价值选择，仍然具有划时代的精神价值。植根于中华民族历史深处的孝道既然成为一个民族伦理的核心地带，那么我们就要自觉地经之营之，因革损益之，使之继续成为民族精神的基石。

总之，人性是人类在文明发展的复杂历程中建构起来的。作为一种具体的文化样态，孝道在儒家思想中得到充分展现，乃至成为中华民族特有的精神标识。孝道本身虽然并非人性，但它脱胎于特殊的中国历史文化母体，是在人性诸多潜能中发展出来的一种具体观念。此观念形成后，又经过社会文化的传承而内化于人性。儒家的孝道观念形成后，经过政治社会的建构以及文化教育，又内化于个体的人性，融入一代代中国人的心理—文化结构中，成为本民族的精神基因和文化密码。深入分析孝道的形成过程，不仅有助于理解孝道的历史起源与伦理特质，而且对探索人类未来的人性建构有重要价值。

　　李长春，哲学博士。现任中山大学哲学系副教授，中国比较文学学会古典学专业委员会秘书长。研究领域：中国哲学、中国经学史、比较古典学。

肆 信而好古——作为古典教育典范的孔子和《论语》

李长春

各位老师、同学，大家下午好！

今天跟大家交流的题目叫《信而好古——作为古典教育典范的孔子和〈论语〉》。这个题目可能大家听上去有些奇怪，因为别人虽然也讲孔子"信而好古"——这句话的确是孔子说的，但是别人讲孔子一般都不强调这句话。我为什么要把这句话单独提出来做一个阐释？因为我们今天去读《论语》也好，去读其他的古典文本也好，所接受的这种教育实质上都是古典教育，但是对于什么是古典教育，一般人却很难说得清楚。不仅难以说得清楚，而且还存在很大误解。我们先来说说一般人对古典教育的误解。

一、对古典教育的误解

一般人的误解可以从两个方面来说。

一是混淆"古典"和"古代"。把古典教育当作古代教育是一个误解。你们（听众）是不是有的人就这样认为？把古典等同于古代，古代又代表着过去，那么过去就意味着过时，这样很多人心目中就会把古典教育理解为过时的教育。

二是混淆"古典"和"传统"。把古典教育等同于传统教育也是一个误解，为什么？因为传统总是意味着它是某一个民族的传统，总是意味着民族和文化的差别，传统的也就意味着它是民族的、独特的，不是"普世价值"。这种误解把古典教育误认为一种特殊的教育，是某一个国家某一个民族在一个特定的历史文化背景下的特殊教育。这种误解背后隐含的意思是，它不是全世界和全人类的。

我刚才讲的两种误解，前一种把古典教育在时间上特殊化，认为古典教育不适应现代生活，而后一种把古典教育在空间上特殊化，认为它不合乎世界潮流。但是我们在这里首先要澄清的是，古典不等于古代，并不是说古典和古代没有关系——古典首先意味着某种典范，这种典范大都是古人创造的，很少是今人创造的。古典是古代人创造的典范，但它并不是对古人才有典范意义，而是具有超越任何历史时间的永恒意义。古典教育就是这样一种教育形态。

我们今天的古典教育以经典教育为载体。孔子带着他的学生也是在读经典，我带着你们也是在读经典。在这个意义上来讲，我们是在做古典教育。那么这意味着什么？这意味着古典教育远远超越了孔子与我们的时代差异。

古典不等于传统，但是古典却和它所处的文明传统是相互缠绕、相互纠结的。从正面来讲，它们相互生成、相互滋养。从古老的文明传统中生长出来，又不断地回馈、不断地反哺文明传统——这就是古典教育。既然古典教育是遵循某种典范的教育，那么我们就要去寻找典范。这个典范是什么？这个典范在中国和在西方可能会略有差异。西方的古典教育究竟应该是以柏拉图还是以亚里士多德，或者以其他某一个人作为标准不太好说。但是在中国有一个不争的共同的基础，这个基础就是孔子。没有人会认为在孔子之外有比孔子更具典范意义的古典教育家，有比《论语》更具典范意义的古典教育文本。所以在这个意义上讲，孔子和《论语》是古典教育的典范，这是我们进入《论语》的一个前提。虽然有很多人讲过《论语》、讲过孔子，但是他们未必是从这样一个进路出发，而这样一个进路才是《论语》这本书真正要呈现给我们的一个阅读进路，或者说一个可能更接近于《论语》本身呈现出来的自然脉络的阅读进路。

那么我们怎么进入《论语》？你读任何一本书，实际上，在阅读之前都有一个预期：你想从这里边读出一点什么东西来。我们现代人的读法，大概都会讲《论语》里面的某一个思想，讲《论语》里面的某一个篇章，但是你要知道所有这些思想——被称作思想或者被称作哲学的这些东西，都是在孔子和他的弟子的日常对话和交流中，在他们的教和学的活动中呈现的。所以，理解孔子的教育，才是理解所有这些思想的前提和基础。

孔子说自己"信而好古，述而不作"，又说自己"学而不厌，诲人不倦"。"信而好古，述而不作"是讲自己的学术活动，"学而不厌，诲人不倦"是说自己的教学活动。这两者的核心，我认为就是"信而好古"，所以在今天的讲座里，会把"信而好古"做一个分解：什么是"信"？孔子讲的"信"是什么？信后面跟的"而"是什么意思？它有一个什么样的意涵？为什么是"好古"，而不是"好今"？"好古"又意味着什么？这是我们今天要讨论的问题。

二、忠信

1. "信而好古"的"信"

首先，我们来看"信而好古"的"信"。这个"信"当然就是忠信的"信"。"忠信"以往研究讨论得比较少，大多数人没注意到"信而好古"和"忠信"的关系。"信而好古"的"信"字也有解释。比如说朱熹，他把这个"信而好古"的"信"直接解释成相信。这样，"信而好古"就是既信古又好古。但是我们可以质疑，如果不相信又怎么可能"好"？"好"是热爱，如果不相信又怎么可能热爱呢？这也就意味着"好"必然包含着"信"。为什么又要说"信而好"呢？可见，"信"字如果是相信的"信"，就和后面的"好"有重合，也就是说，"信"很可能不是相信。我们是否可以换个思路："信而好古"的"信"能否理解为"忠信"的"信"？

"我是一个忠信的人，而且是一个好古的人。"这样才可以把"信而好"在意义上区分开来。孔子对自己的评价是忠信，这在《论语》中很容易找到证据。

> 子曰："十室之邑，必有忠信如丘者焉，不如丘之好学也。"（《公冶长》）

这句话表达了两层意思。第一层是：一个十户人家的小村子里边都有像我这样忠信的人。第二层是：像我一样忠信的人，未必像我这样好学。这句话意味着什么呢？忠信和好学不是一回事，忠信未必好学。前一句话意味着什么，意味着忠信是一种普遍的美德——一种相对普遍的美德，但不是人人都有的美德。"必有"是说小村子里面一定有这样的人，但并不意味着小村子里都是这样的人，注意区分这两层意思，我会在后面展开。

2.《左传》中的"忠信"

这样一来我们就会看到，孔子对自己的美德的评价是"忠信"。那么"忠信"究竟是怎样一种美德呢？我们首先得考察孔子生活的时代——也就是春秋时代——人们心目中的"忠信"是怎么回事？

　　君子曰："信不由中，质无益也。明恕而行，要之以礼，虽无有质，谁能间之？……而况君子结二国之信，行之以礼，又焉用质？风有采蘩、采蘋，雅有行苇、泂酌，昭忠信也。"（《隐公三年》）

这里说，"信不由中，质无益也。……而况君子结二国之信"，我想这里是说"信"这种美德指的是一种政治德性，指的是国与国之间维系关系所必需的一种德性。又说，"风有采蘩、采蘋，雅有行苇、泂酌，昭忠信也"，也就是《诗经》里面的这些篇目都是"昭忠信"。

　　凡君即位，卿出并聘，践修旧好，要结外援，好事邻国，以卫社稷，忠信卑让之道也。忠，德之正也；信，德之固也；卑让，德之基也。（《文公元年》）
　　君人执信，臣人执共，忠信笃敬，上下同之，天之道也。（《襄公二十二年》）

从《文公元年》这段引文来看，春秋时期，忠信基本上是和德等同起来的，也就是说，忠信是春秋时期的主要的美德。《襄公二十二年》的这则材料说："忠信笃敬，上下同之，天之道也。"也就是说，忠信笃敬作为德性是所有的人上下同之，上是统治者，下是老百姓。不管你是统治者还是老百姓，都需要德性。所以，忠信体现的是天道，这是春秋时期对忠信的认识。

3.《论语》中的"忠信"

但是到了《论语》里，是不是沿袭了春秋时期对忠信的这种认识？我们得做仔细的考察。先看《学而》第四章。

　　曾子曰："吾日三省吾身，为人谋而不忠乎？与朋友交而不信乎？传不习乎？"（《学而》）

这句话也是经常被误解的。怎么被误解？"吾日三省吾身"，现在把它独立出来，很多人说是我每天反省自己三次，其实"三省吾身"不是指反省三次，而是指用"为人谋而不忠乎？与朋友交而不信乎？传不习乎？"这三条标准反省自己。这意味着什么呢？反省自己的第三条标准是传习，就是一般的学习，我们不用把它讲太深。而前两个标准是什么？忠、信。第一句里有忠，第二句里有信，也就是说在《论语》开篇的《学而》第四章就提出了忠信的问题。

我曾经把整个《论语》的第一篇进行系统阐释。其实第一篇各章里边都可以找到它跟忠信的关系。也就是说，《论语》二十篇的第一篇的基底是忠信。关于这个忠信是什么，朱熹解释为"尽己之谓忠，以实之谓信"，这是典型的理学家的解释，不用深究。他说忠信是为学之本，这才是关键。再看《学而》第二章。

　　有子曰："其为人也孝弟，而好犯上者，鲜矣；不好犯上，而好作乱者，未之有也。君子务本，本立而道生。孝弟也者，其为仁之本与！"（《学而》）

孝悌是为仁之本，而忠信是为学之本，然后又说以忠信为传习之本。你看多么对称。我们可以看到忠信在《论语》的开篇，就以为学之本或者是传习之本的地位出现。我们再去看《学而》的第三章。

> 子曰："巧言令色，鲜矣仁！"(《学而》)

"巧言令色"是什么意思？就是不忠信，不忠不信就是巧言令色。这样的人"鲜矣仁"，这是一体中的两个意思，从正和反两面去表达。这样一来，我们可以看到孝悌、忠信在《论语》的思想结构中处于一个基础性的位置。孝悌姑且不论，忠信在孔子的教育思想中究竟应该如何认识？这里我们有必要做一番深入的探讨。

4.孔子教育哲学中的"忠信"

"忠信"既是孔子教育活动的主要内容，也是孔子教育活动的重要目标。为什么这么说？

> 子以四教：文，行，忠，信。(《述而》)

朱子所引程子的解释非常好，他说："教人以学文修行而存忠信也。忠信，本也。"也就是说，忠信是根本，也是目标之一。孔子的教育无论是学文还是修行，都是为了保存忠信这样一个做人的根本品质，这是第一点。

然后，孔子讲"主忠信"，这是道德修养的主要方式和道德实践的主要途径。

> 子曰："君子不重则不威；学则不固。主忠信，无友
> 不如己者，过则勿惮改。"(《学而》)

这些意思都很清楚，但是你未必读懂。为什么呢？

"主忠信"很容易理解，后面"无友不如己者"说的是每个人

都不跟不如自己的人做朋友。有的人就要跟你抬杠了，说你想去跟比你强的人做朋友，但是人家也要找更好的人做朋友，岂不是每个人都找不到朋友？这样理解不对！这句话表达的意思是什么？它的意思是，跟人做朋友，就是为了向人家学习，所以你才要找比你更有学识的人、更有教养的人做朋友。也就是说，"无友不如己者"说的是学，"过则勿惮改"，改过迁善，说的也是学。

　　　子张问崇德辨惑。子曰："主忠信，徙义，崇德也。"（《颜渊》）

　　在解释什么是崇德的时候他分了两步，一步是主忠信，一步是徙义。徙义是改过迁善，说的仍然是学，基本结构就是忠信加学，忠信后面表达的一定是学的意涵。
　　忠信经常和恭敬连用，或者并列，被孔子视作具有普世意义的文化价值和行为准则。为什么说具有普世意义？什么叫普世意义？就是说不但在这个地方有效，而且在另外一个地方也有效。不但在这样一个文化传统里面有效，而且在另外一个文化传统里面也有效，这叫普世。

　　　樊迟问仁。子曰："居处恭，执事敬，与人忠。虽之夷狄，不可弃也。"（《子路》）

　　"居处恭，执事敬"，说的是恭敬。"与人忠"，说的是忠信。恭敬而忠信，"虽之夷狄，不可弃也"。就是说你虽然到国外去了，到了一个完全不同的文化环境里，或者是一个完全不同的政治体制里，譬如中国人到欧美，忠信、恭敬仍然是行得通的，仍然是不能丢弃的，这意味着它是不同的政治社会、不同的文明传统所共同认可的一个道德的根基。

子张问行。子曰："言忠信，行笃敬，虽蛮貊之邦，行矣；言不忠信，行不笃敬，虽州里，行乎哉？立，则见其参于前也；在舆，则见其倚于衡也。夫然后行！"(《卫灵公》)

　　跟前面一样，说的是忠信、恭敬。"虽蛮貊之邦，行矣"，跟前面的"虽之夷狄，不可弃也"说的也是一回事。"言不忠信，行不笃敬，虽州里，行乎哉？"州里就是本地，你生活的地方，虽然没有改变文化环境，没有改变政治体制，虽然在"生于斯，长于斯"的城市里边，但是你言不忠信，行不笃敬，能行得通吗？显然，孔子是在说忠信是一种跨越政治和文化的共同道德基底。

　　什么是"主忠信"？"主忠信"是以忠信为主，意思就是说仅忠信还不够，还要有其他的东西来辅助。忠信这个德性当然非常重要，"无友不如己者"是以友辅仁，交友改过。所有这些学习过程都是对忠信这一主要德性的辅助，主辅结合，改正错误。只有这样做，你才能够成为君子。也就是说成为君子的前提，是拥有忠信这样的美德，而且必须拥有忠信这样的美德，然后再辅之以学习，这样，你的自然美德、内在品质和后天学习结合，这是孔子说的道德成长的一个主要途径。以往很多人读《论语》都不太了解这一点，对忠信的强调不够。而我要强调的是，在孔子那里其实要区分两种人——分辨一个人是不是忠信。学习对忠信的人而言才有意义，也就是说，忠信的人是可以教的。如果你本身言不忠信，行不笃敬，那就是不可能教的。教育对这样的人是没有意义的，所以他才要讲"主忠信"，才要把忠信作为一种基础性的道德，作为一种跨越政治和文化的基础性的道德来强调。

　　忠信和笃敬一起都被孔子看作超越不同习俗、不同文化而具有普世意义的文化价值和行为准则，类似于我们今天讲的全球伦理一类的东西。这样，我们说孔子就找到了一个进行教育的起点和根基，这个起点和根基首先是孔子自己身上所具备的，同时他认为在很多人身上也具备，即"十室之邑，必有忠信如丘者焉"。

三、好学

1. "好学"是孔子对自己的评价，也是对颜回的评价

具备忠信的美德，不见得就是一个君子，还要学习，"信而好古"的"而"字意味着什么？意味着好学。所以，孔子说自己好学。在《论语》里边，他只用好学这个词评价过自己和颜回。

> 哀公问："弟子孰为好学？"孔子对曰："有颜回者好学，不迁怒，不贰过。不幸短命死矣，今也则亡，未闻好学者也。"（《雍也》）

其他人他都没有用好学来评价，这意味着什么？意味着好学在孔子那里是一个极高的评价，除了他自己之外，他只用在一个学生身上，是个极高的评价。你不要觉得今天老师说同学们都挺好学的是一个很一般的评价，很廉价，在孔子那里可不是。你如果认为好学是一个很廉价的评价，那么整个《论语》你都读不懂，你可能都读反了。孔子说学跟忠信不一样，忠信是一种常见的美德，而好学则是一种极为稀有的美德，不见得每一个忠信之人都好学，这一点我们在孔子对颜回的评价里可以看得非常清楚。

2. 程颐、朱熹对颜回好学的解释

程颐、朱熹都对颜回好学有解释。

> 或曰："诗书六艺，七十子非不习而通也，而夫子独称颜子为好学。颜子之所好，果何学欤？"程子曰："学以至乎圣人之道也。""学之道奈何？"曰："天地储精，

得五行之秀者为人。其本也真而静。其未发也五性具焉，曰仁、义、礼、智、信。形既生矣，外物触其形而动于中矣。其中动而七情出焉，曰喜、怒、哀、惧、爱、恶、欲。情既炽而益荡，其性凿矣。故学者约其情使合于中，正其心，养其性而已。然必先明诸心，知所往，然后力行以求至焉。若颜子之非礼勿视、听、言、动，不迁怒贰过者，则其好之笃而学之得其道也。然其未至于圣人者，守之也，非化之也。假之以年，则不日而化矣。今人乃谓圣本生知，非学可至，而所以为学者，不过记诵文辞之间，其亦异乎颜子之学矣。"（《论语集注》）

按照程颐和朱熹的看法，孔子之所以独称颜回好学，那是因为只有颜回之学可以通达圣人之道。什么是颜回之学呢？就是"约其情使合于中，正其心，养其性而已"，或者说"先明诸心，知所往，然后力行以求至焉"。也就是知道该做什么然后努力地去做，简单说就是先正心诚意，通俗地讲是我们普通人说的修身养性。但宋儒的理解是不是准确？我们要来反思。

我们还得回到《论语》文本中进行考察。首先，我们会提出这样一个问题，在《论语》当中，孔子是不是称赞过弟子以外其他的人好学？

《论语》里孔子称赞自己的弟子，只有颜回好学，那么其他的人有没有被孔子称为好学的？我们如果到《论语》里面去翻检的话，这样的例子还真能找得到。

> 子贡问曰："孔文子何以谓之'文'也？"子曰："敏而好学，不耻下问，是以谓之'文'也。"（《公冶长》）

孔文子是卫国的大夫，不是孔子的弟子。孔文子的"文"是谥号，但这个人的声誉并不很好，《左传》记载孔文子跟别人的妻子私通。这样一个德行有问题的人，根本谈不上什么心性修养。我举这个例子是为了说明孔子说一个人好学的时候，并不是一定指这个人在心性上下功夫，也就是说，我们要对程颐和朱熹对好学的解释有一点怀疑。我们现在大家读"四书"，一般都是借助朱子的《四书章句集注》，但是有时候你会发现读《四书章句集注》是理解朱子"四书"的很好门径，但不一定是一个理解"四书"的很好门径，尤其是《论语》。

3.对颜回好学的再认识

子曰："君子食无求饱，居无求安，敏于事而慎于言，就有道而正焉，可谓好学也已。"（《学而》）

什么叫好学？这是孔子的理解。"敏于事"，就是做事非常勤敏。"慎于言"就是少说话，说话要谨慎，该说的时候说，不该说的时候不说，要想好怎么说再说。也就是说，好学是"敏于事"和"慎于言"的统一，但是还不够，还要一点，"就有道而正焉"，"就有道"的意思是要接近有道的君子，用他来匡正自己，也就是要找好的老师、好的朋友，这才叫好学。

朱熹把"敏于事"解释为"勉其所不足"，把"慎于言"解释为"不敢尽其所有余"。不知道有什么依据？把朱子的解释翻译一下："敏于事"就是于力不能及处勉力为之，"慎于言"就是于游刃有余时有所保留。如果我们不满意朱子上述解释，就可以尝试给出一个新的理解，"敏于事"可以理解为对任何事物都要保持敏感和好奇，"慎于言"可以理解为谨慎地发表自己的看法，在对事物作出判断的时候，尤其要谨慎，要慎之又慎。这两者结合起来才是真正意义上的好学。在此解释中，颜回更接近于一种偏重智性的灵魂类型。

4.好学之乐

孔子评价颜回如下。

> 贤哉！回也。一箪食，一瓢饮，在陋巷，人不堪其
> 忧，回也不改其乐。贤哉！回也。(《雍也》)

这段话很有名。一般都说颜回是安贫乐道。这样说也没有什么错，但是稍微有一点片面。我们要拿《论语》里面的话来解释。孔子说："君子食无求饱，居无求安。"说的不就是颜回这样一种状态吗？衣食居处是一个人生活所必需。食无求饱，居无求安，一箪食，一瓢饮，身在陋巷，不改其乐，这样讲并不是完全要否定物质生活，而是要求超越物质追求。如何超越呢？就是以学习带来的心理满足遗忘物质世界的贫乏，换句话说，以心灵满足之乐克服物质贫乏之忧，这是古人所面对的问题。你要知道，人类在过去的几千年里，基本是生活在一种物质的贫乏状态下，而不是富裕状态。只有到了现代社会大工业生产之后，整个人类都进入一种物质充裕的状态。物质充裕，反倒使我们的精神生活极度贫乏。

> 饭疏食，饮水，曲肱而枕之，乐亦在其中矣！不义而
> 富且贵，于我如浮云。(《述而》)

这是孔子自述，也可以用来评价颜回，所以这句话用在孔子身上和用在颜回身上是差不多的。

> 叶公问孔子于子路，子路不对。子曰："女奚不曰：
> 其为人也，发愤忘食，乐以忘忧，不知老之将至云尔。"
> (《述而》)

叶公问子路，孔子是个什么样的人呢？子路说不上来。孔子说，你确实不太了解我，你可以这样回答他，说孔子这个人发愤忘食，乐以忘忧，不知老之将至。"乐以忘忧"是什么意思？就是以学习带来的心灵快乐，忘却物质贫乏之忧。乐和忧在这里是一个对峙，只有在这种对峙中，学的精神意义才能够呈现。这样看来，我们对学可以有更深一步的理解。我们可以看到，在刚才列举的材料里出现了孔子的两个弟子，一个是颜回，一个是子路。对于颜回，我们说评价颜回的话可以用在孔子身上，评价孔子的话可以用在颜回身上，说明颜回和孔子之间有一种生命的共感，有一种共同的感受，有一种共同的生命形态的呈现。而子路不知道怎么描述自己的老师，是因为子路和孔子之间恰好缺乏这种生命的共感。子路缺乏的这种生命的共感究竟是什么？

5.好学的其他方面

在《论语》里，孔子说自从颜回死了之后，"今也则亡，未闻好学者也"。这里是不是说孔子的其他弟子都不好学，上课不好好听，回去不做作业？不是这个意思。他说"未闻好学者也"，是说其他弟子都不如颜回好学。

> 子贡曰："贫而无谄，富而无骄，何如？"子曰："可也。未若贫而乐，富而好礼者也。"（《学而》）

"贫而无谄，富而无骄"，是能够用平常心来面对物质生活的丰盈和欠缺，保存了质朴的自然美德，也就是我们说的忠信。但是孔子说这样还不够，还有更高的层次。这种更高的层次是什么？是"贫而乐，富而好礼者也"。前面我们说，这个乐就是好学。

所以说，对于一种心灵生活的感觉，在是否好学这个问题上，子贡显然比不上颜回，但是子贡也不可谓不好学，在孔子的学生中，子贡也是以智著称的。孔子三个最重要的弟子：颜回、子贡、子路。颜回代表仁，子贡代表智，子路代表勇，这就是仁、智、勇三达德。子贡代表智，说明在孔子的学生中间，他的智性是最高的。也就是说，一般意义上的好学，他肯定是有的。可是孔子并没有用好学来评价他，这是为什么？这是因为他不像颜回那样对心灵生活有一种敏锐的感受力，他缺乏这种东西，所以他能够做到"贫而无谄，富而无骄"，但是他做不到"贫而乐，富而好礼者也"。后者体现的就是我刚才说的这样一种对心灵生活的敏锐感受力。

和子贡不同，子路就对学提出过疑问。

> 子路使子羔为费宰。子曰："贼夫人之子。"子路曰："有民人焉，有社稷焉。何必读书，然后为学？"（《先进》）

费宰就是费邑的最高行政长官，孔子说：你害了这个孩子。子路说：有那么多国家大事需要去处理，你现在还去读书？哪来那么多时间？只有读书才能够算作学吗？"何必读书，然后为学？"这话本身是没错的，可是被子路说出来就有错了。错在哪里呢？错在子路本身是一个太过急切要参与到现实政治中的人。子路最后就是在卫国的政治纷争中被杀的，他是一个太过急切要参与到现实政治中的人，所以他在天性上就缺乏一种对心灵生活的敏锐的感受力。在《论语》中，子路是勇者的代表。他因为过于执着于践行，轻视读书学习，所以谈不上灵魂的快乐，孔子对子路的教育就只是强调读书学习的重要性。

> 子路问成人。子曰："若臧武仲之知，公绰之不欲，卞庄子之勇，冉求之艺，文之以礼乐，亦可以为成人矣。"（《宪问》）

这段话是什么意思？比如说臧武仲的特点是什么？智就是很聪明，不欲就是没有什么太强的欲望，卞庄子很勇敢，冉求多才多艺，所有这些孔子说都不够，他说要"文之以礼乐"，用礼乐去教养，这才叫作学。这话是对子路讲，其实所有这些对其他人的评价，都是对子路的评价。你注意，他不是说那些人怎么样，而是说虽然你子路又聪明又勇敢又有能力，但是如果你不学习礼乐的话，就不能够叫作成人。

> 子曰："由也，女闻六言六蔽矣乎？"对曰："未也。""居！吾语女。好仁不好学，其蔽也愚；好知不好学，其蔽也荡；好信不好学，其蔽也贼；好直不好学，其蔽也绞；好勇不好学，其蔽也乱；好刚不好学，其蔽也狂。"（《阳货》）

孔子还对子路说：仁、知、信、直、勇、刚，都是美好的德性。那么一个人热爱仁、热爱知、热爱信、热爱直、热爱勇、热爱刚，有什么不对？没有不对。但是如果不好学，注意，这里的好学已经不仅仅是简单的读书学习了，而是说对心灵生活的敏锐感受力，如果不去培养这种东西的话，即使你所好的是仁、知等美好的德性，那么也会造成社会的混乱，也会造成政治的动荡，也会有不好的结果。也就是说，你的动机虽然是好的，但一个好的动机未必会有一个好的结果。好的结果、好的人格修养、好的社会秩序要通过心灵生活的涵育。

6. 所好何学

现在我们还是得回到最初的问题，前面我们列举了程颐、朱熹讲颜子所好何学，他们把好学说成正心诚意，这个是可疑的。那么我们还是得回到孔子说的学的基础含义，追问所好的究竟是什么学？

弟子入则孝，出则弟，谨而信，泛爱众，而亲仁。行有余力，则以学文。(《学而》)

朱熹的注说："愚谓力行而不学文，则无以考圣贤之成法，识事理之当然，而所行或出于私意，非但失之于野而已。"那就是说，如果你只知道践行却不学"文"，就不能明事物当然之理，所行必有偏颇。这个"文"是什么"文"？是诗书礼乐等文化典籍？

君子博学于文，约之以礼，亦可以弗畔矣夫！(《雍也》《颜渊》)

这个"文"跟上面的"文"是一样的，这样一来我们就可以往下读。

子畏于匡。曰："文王既没，文不在兹乎？天之将丧斯文也，后死者不得与于斯文也；天之未丧斯文也，匡人其如予何？"(《子罕》)

孔子在匡这个地方遭遇危难，之后说"文王既没，文不在兹乎？"这个"文"是什么？"文"是由文化典籍、礼乐秩序所代表的文明传统。"天之将丧斯文也，后死者不得与于斯文也；天之未丧斯文也，匡人其如予何？"你要理解"斯文"的三个层次，首先是文化典籍，然后是礼乐秩序，最后是由文化典籍和礼乐秩序所代表的整个文明传统。这个"文"字构成了"学"的行为所指向的对象。你对心灵生活的感受能力在一个什么样的世界里才能够涵养起来？在我说的这三个层次所构成的世界里，才能够真正地涵养起来。

7. 不好何学

"学"一定要排除我们今天认为的一般性的知识层面。

> 樊迟请学稼。子曰："吾不如老农。"请学为圃。曰："吾不如老圃。"樊迟出。子曰："小人哉，樊须也！上好礼，则民莫敢不敬；上好义，则民莫敢不服；上好信，则民莫敢不用情。夫如是，则四方之民襁负其子而至矣，焉用稼？"（《子路》）

为什么孔子对樊迟说你要种庄稼，我不如老农民，你要学着做园林，我不如园林工人。学生走了之后，孔子说："小人哉，樊须也！"这里的小人不是骂人的话，君子和小人在不同的语境里面有不同的含义，这个小人就是指下民，就是说樊迟他想做一个普通老百姓，就跟我们今天的学生一样，他们大多数人的人生理想也是毕业以后找份工作。但是孔子说不对，这样不好，这叫什么？这就是小人之学，小人之学就是你整天想的仅仅是找一份工作而已，你学为农、学为圃，学一种具体的技术，他说这是你对自己的期许太低了。樊迟是一个什么样的人？樊迟是一个在政治上极有前途的人，是一个将来可以有一番大作为的人。

孔子是把樊迟当作未来的统治者来培养的，所以他说："上好礼，则民莫敢不敬；上好义，则民莫敢不服；上好信，则民莫敢不用情。"我们知道，好学不是具体的生产技术。那么从这则对话里我们是不是可以顺理成章地推出，孔子要让学生去学习一套统治者的技艺呢？不见得。

> 卫灵公问陈于孔子。孔子对曰："俎豆之事，则尝闻之矣；军旅之事，未之学也。"明日遂行。（《卫灵公》）

卫灵公问孔子怎样打仗。孔子说带兵打仗，这样的事情，我没学过，我不知道怎么讲。但这里孔子明显是在撒谎，因为鲁国遇到危难，孔子派自己的弟子冉有回去带领季氏的极少的军队打败了强大的齐国。季康子问冉有怎么会有这么好的军事才能，冉有说全都是从老师那里学来的。这也就是说，孔子当然是会排兵布阵的，可是孔子不讲。

> 子曰："三年学，不至于谷，不易得也。"（《泰伯》）

什么叫"不至于谷"？就是并不想着找工作，读了这么多年书，并不想着早点毕业找工作，这种人是很难得的。

这就是说，孔子的教育——孔子他所期待的一种好学的状态，是排除了任何的功利目标的一种状态。

所以子张问孔子怎样去做官，就像今天有很多人要去考公务员。

> 多闻阙疑，慎言其余，则寡尤；多见阙殆，慎行其余，则寡悔。言寡尤，行寡悔，禄在其中矣。（《为政》）

最后一句说"禄在其中矣"。孔子说，你不要觉得我教你的东西，跟你将来在政治上的发展没有关系。我教你的东西，就是为了你将来在政治上有所发展。我教的是什么呢？"言寡尤，行寡悔"的这种修养。而怎样才能够做到"言寡尤，行寡悔"？就是"多闻阙疑，慎言其余""多见阙殆，慎行其余"。这说的是什么？说的似乎是忠信，但又不止于忠信。也就是说，孔子从忠信之道出发并进行拓展，来教导试图从事政治活动的子张。孔子试图把一种美德的培养作为进入政治生活的准备，作为从事政治活动的基本的素质和教养。孔子反对的是那种为了从事政治而学习某种政治的技艺，主张的是通过一种德性的培养获得一种在政治生活中能够游刃有余的品性。所以，孔子的好学首先排除的是对具体的技艺的追求，然后也包括对统治的技艺的追求，这些都不在孔子的好学的范围之内。

四、好古

1.好学表现为好古

我们进入的最后一个主题就是好古。

> 达巷党人曰："大哉孔子！博学而无所成名。"
> 太宰问于子贡曰："夫子圣者与？何其多能也？"
> （《子罕》）

可见，孔子的博学多才向来为人所称道。孔子把人分为三类：或生而知之，或学而知之，或困而知之。孔子显然不认为自己像子贡所说的那样，是天纵之圣，生而知之。

> 子曰："我非生而知之者，好古，敏以求之者也。"
> （《述而》）

孔子认为自己属于学而知之，具体讲就是"好古，敏以求之者也"。也就是说，孔子把自己的好学表述为好古，或者说孔子好学的标志就是好古。好古就是对古代文化和古代经典的热爱和痴迷。

如何理解孔子的好古？孔子要求弟子"博学于文，约之以礼"。可见，博文和约礼的确构成了孔子教育的两个部分，《述而》篇又说："子所雅言，《诗》、《书》、执礼，皆雅言也。"可见，孔子平时学习和教授的就是诗、书、执礼。礼也包含了乐。对于博文、约礼，研习诗书算是博文，探究礼乐算是约礼，好古实际上也就可以理解为对古诗、古书、古礼、古乐的热爱和痴迷，这样一来，对于好古，我们实际上又可以把它分解为对诗、书、礼、乐的喜好。

孔子说教一个人，怎么教他？就是要"兴于诗、立于礼、成于乐"。这显示了孔子教育的一个进阶次第。

2. 兴于诗

什么是"兴于诗"？在孔子的教育体系中，诗教居于最为优先的位置，最为基础的位置，还是最高的位置？

> 子曰："《诗》三百，一言以蔽之，曰：'思无邪'。"（《为政》）

为什么"思无邪"？朱熹的解释很好，他说诗能够感发人之善心，惩创人之逸志，使人得其性情之正。也就是说，它能够启发人心本有的善良和美好，能够矫正或者守护人的自然性情和自然美德。孔子的看法如下。

> 诗，可以兴，可以观，可以群，可以怨。迩之事父，远之事君。多识于鸟兽草木之名。（《阳货》）

"可以兴"，是说诗有兴发感动的力量，大概相当于朱熹说的感发人之善心，惩创人之逸志；"可以观"，是说诗有考察政治得失的功能；"可以群"，是说诗可以构建和谐的人际关系："可以怨"，是说诗可以表达不满，但是要怨而不怒，就是表达要有节制，而不至于让它变成愤怒。"迩之事父，远之事君"，是说诗还可以用来处理父子关系，处理君臣关系。"多识于鸟兽草木之名"，认识天地万物，理解天地万物，这里的"识"，不能理解为认识意义上的"识"，不能理解为我们今天的博物学意义上的"识"。古人说

"识"的时候，这个"识"是很高很重的词，有一种感通在里面，所以，"识鸟兽草木之名"包含人跟天地万物相感通。可以看到，诗作为古典教育的首要内容，既有健康心灵的培育，又有德性的养成，还有对政治秩序的维护以及对天地宇宙的整体和谐的体认，这是诗教在孔子的教育体系里处于优先位置的理由。从下面的两段可以看得很清楚。

> 子贡曰："贫而无谄，富而无骄，何如？"子曰："可也。未若贫而乐，富而好礼者也。"子贡曰："《诗》云：'如切如磋，如琢如磨'，其斯之谓与？"子曰："赐也，始可与言《诗》已矣！告诸往而知来者。"（《学而》）
>
> 子夏问曰："'巧笑倩兮，美目盼兮，素以为绚兮。'何谓也？"子曰："绘事后素。"曰："礼后乎？"子曰："起予者商也，始可与言《诗》已矣！"（《八佾》）

我们做一个简单的解释。先是子贡，后是子夏，大家注意这两个人。子贡问："贫而无谄，富而无骄，何如？"也就是说，一个人有忠信的德性好不好？孔子说还行，但是可以进一步提升，要能够做到"贫而乐，富而好礼者也"。然后子贡就发挥了，说"如切如磋，如琢如磨"说的就是这个意思吗？孔子说：说得好，像你这样的人，我们就可以来讨论《诗》了。

子夏说："巧笑倩兮，美目盼兮，素以为绚兮。"他引了几句《诗》，问孔子是什么意思。孔子说："绘事后素。"我们要画画，先要有个白色的底子，子夏就问："礼后乎？"这个问题问得很好，看起来非常准确地把握了孔子说的"绘事后素"的含义，一个人要学礼，你自身要有美好的品质，礼是第二位的，第一位的是忠信，只有具备忠信的品质才能够学礼。所以孔子就说我可以跟你谈论《诗》了。两个问题为什么都要与"言《诗》"结合起来呢？就是说，一个人他有忠信的品质，然后有好学作为基底，这样的人我们就可以选择《诗》来教他。

3.立于礼

"立于礼"是说一个人先有美好的品质，然后开始学习礼乐。为什么要学习礼乐？因为礼乐可以让一个人在伦常生活、政治秩序中找到自己的位置，这叫有所立。孔子好礼，《论语》里有很多这样的材料。

> 子入太庙，每事问。或曰："孰谓鄹人之子知礼乎？入太庙，每事问。"子闻之曰："是礼也。"（《八佾》）

孔子进了太庙之后什么都要问别人，有人就认为他不知礼。孔子说，我进入太庙，"每事问"，这才是知礼的表现，也就是说，对礼的敏感和好奇是礼本身应有之义。

> 有子曰："礼之用，和为贵。先王之道，斯为美。"（《学而》）

所有礼的精髓、礼的精华，其精神体现在要构建和谐的秩序，先王对美好秩序的描绘精髓就在于"和"。"和"要通过什么实现？通过"礼"来实现，所以，你看孔子谈论政治，基本上都是从礼的角度去谈论的。

> 子张问："十世可知也？"子曰："殷因于夏礼，所损益可知也；周因于殷礼，所损益可知也；其或继周者，虽百世可知也。"（《为政》）

这一段并非在说孔子可以推知夏、商、周三代的制度这样一个简单的意思。要点在最后一句："其或继周者，虽百世可知也。"它是说礼制的沿袭和变革，已经有过从夏到商，从商到周的这样一个变化。从这样一个变化中，我们可以推导出一个普遍的共性，一个共通的东西，而这个东西可以对未来产生指导意义，可以展望未来的百世。"虽百世可知也"，也就是说，礼本身不仅是指向过去的，也是指向未来的。

具体的礼文属于一个具体的时代，你可以说这条礼是周礼，那条礼是夏礼。某些礼，今天我们可以说它是古礼；某些礼，我们可以说它是今礼——新制定的礼法。但是礼的精神，古礼和今礼是一样的。夏礼、商礼、周礼是一样的。礼对一个人的个人成长，有什么意义呢？

> 子曰："恭而无礼则劳，慎而无礼则葸，勇而无礼则乱，直而无礼则绞。"（《泰伯》）

恭、慎、勇、直都是美好的德性。这个德性本身是美好的，可是如果没有礼乐的熏陶和教化，即使是个美好的德性，也不见得就能够在日常生活和政治生活中建立一个好的秩序，他会让你劳、葸、乱、绞，反过来说，只有用礼乐来教化，这些美好的德性才能够成就美好的秩序。

> 颜渊问仁。子曰："克己复礼为仁。一日克己复礼，天下归仁焉。为仁由己，而由人乎哉？"颜渊曰："请问其目。"子曰："非礼勿视，非礼勿听，非礼勿言，非礼勿动。"（《颜渊》）

颜渊问仁这一段也很有意思。颜渊问的是仁，孔子回答的是礼，好像有点答非所问。孔子说：一日克己复礼，天下归仁。在后来的历代解释中分歧也很多，我们就不说了。总而言之，这句话的要义是说仁和礼是统一的。

4.不学礼无以立

"不学诗，无以言；不学礼，无以立。"刚才我们说，"不学礼，无以立"的含义在于，如果没有礼，我们每一个人的生活就都无处安顿，我们自己的位置无法安放。

举个例子，我们今天到教室来上课，我是老师，我进来之后就要坐到最后一排，这不合理。因为我是老师，我的位置就在讲台。你们进来以后，你们能不能坐讲台？你们坐讲台，我就没地方坐了。这是为什么呢？因为教学这个活动，他规定了我的位置在哪里，规定了你的位置在哪里，规定了我上课该做什么，规定了你上课该做什么。这个时候，如果有一个游客，他进到我们教室里，他该坐哪？应该是没有他坐的地方，他也不该站在教室里，因为他是游客，学校保安会把他轰出去。这意味着什么呢？这里面没有他的位置，他不该到这里来。这叫什么？这叫"无以立"，就是没他站的地方。如果不学礼，你就会像游客走入教室，"无以立"——无处安顿，不仅身体无法安顿，心灵也无法安顿。

5.成于乐

"成于乐"是什么呢？这一点是最难理解的，为什么是"成于乐"？就是由诗教引发最初的心灵感动，培养你心灵的感受能力，然后由这种心灵的感受能力，陶冶你自然的美德，让你有分寸感、身份感、位置感，这种分寸感、身份感、位置感让你进入某种社会生活。但这不是你所有修养的提高，所有修养的提高在于你灵魂的和谐，在于你获得一种和谐的灵魂状态。这种状态只有在乐里才能够体现出来，因为这不是一般人所能够达到的境界，所以"成于乐"也只能在孔子身上看到。

> 子在齐闻《韶》，三月不知肉味，曰："不图为乐之至
> 于斯也！"（《述而》）

肉味是什么？肉的味道。肉是什么？物质享受。"不知肉味"意味着孔子从一种物质的世界里脱离了，但你不能说他完全脱离了，只能说物质世界对他的影响已经微乎其微了，"不知肉味"，意思是说你给他吃什么东西，他都不知道了。也不是说不知道了，是说有一种美的感受，这种美的感受会超过任何物质享受所带来的那种美的感受。你们会不会有这样的感觉？也许在你们整个成长的过程中，某一天的确有过，我敢保证。比如有一个老师上课，他这节课讲得特别精彩，精彩到什么程度？下课铃响了，往常有的同学已经从教室后面跑去食堂吃饭了，可是今天你不想走，不是今天食堂做的饭菜突然不香了，而是因为有一种东西带给你的快乐远远超过了饮食，超过了其他物质享受所带给你的那种快乐。对孔子来讲，这种快乐也不是经常有的。所以孔子说："不图为乐之至于斯也！"就是没想到音乐带给他的快乐以至于此。

> 子与人歌而善，必使反之，而后和之。（《述而》）

这里说孔子跟别人唱歌唱得好，唱得好是谁唱得好？是孔子唱得好？还是别人唱得好？从这句话里看不看得出来？你们如果读《论语》，有没有感到好奇？唱得好，孔子就拉着人家不放，要再来一遍，而且跟别人一起唱。他不是让别人一个人单独唱，他跟别人一起唱。这句话什么意思？我们说音乐的修养代表灵魂的和谐，而且显然是一个人跟另外一个人，在两个灵魂相撞的时候获得的那种最高的和谐。孔子对此恋恋不舍，他表达的是这样一个含义，也就是说，乐教所追求的"乐"就是灵魂的和谐，而且它不是单个人内在的灵魂的和谐，而是与他人能够获得共生共感的灵魂的和谐，这

才是"成于乐"的最高的境界。如果你仅仅把"成于乐"看成个人的灵魂问题,那么可能远远不够。为什么?我们看这一条。

> 子谓《韶》:"尽美矣,又尽善也。"谓《武》:"尽美
> 矣,未尽善也。"(《八佾》)

《韶》据说是舜的音乐,《韶》和《武》它们两者的共同点是"尽美矣",都足够好,艺术形式足够完美。但是孔子说它们有差别,差别在哪里?舜所代表的《韶》,它不仅展现了最好的艺术表现,同时也表达了最高的道德意涵。而《武》虽然取得了最高的艺术成就,但是它没有表达最高的道德意涵,也就是说,孔子的乐教追求的是什么呢?艺术形式和道德意涵的完美的统一和最好的表现。为什么孔子要追求艺术形式和道德意涵的完美的统一和最好的表现?因为孔子不把它看成个人身心的问题,而是把它看成社会和政治的问题。好的音乐代表好的艺术,好的艺术表现好的政治。所以孔子才会"恶紫之夺朱也,恶郑声之乱雅乐也,恶利口之覆邦家者"。坏的颜色、坏的音乐和坏的修辞一样,最终会导致坏的政治。

我们总结一下今天讲的内容。

从孔子对忠信的强调来看,古典教育的基础是人的自然美德,其旨归也在于呵护人的自然美德。"有教无类"只能被理解为不选择受教育者的家庭出身、社会地位、经济条件,却不能被理解为不选择受教育者的灵魂类型。古典教育既不是普及教育,也不能被理解为精英教育。作为一种精神教养,它对受教育者有一种天然的选择;作为一种美德教育,与其说是通过教育赋予受教育者某种德性,不如说是通过教育保护和滋养受教育者本身就具有的某种品质。人类道德实践的主要方式,就是坚持人本有的自然美德,不断保护和滋养这种自然美德,最终通过一个更高的存在确证这种自然

美德。作为个体的人也就在这一过程中成就了自身。

好学是一种比忠信更稀有的精神品质。好学者存在于忠信者之中，但是，并非所有的忠信者都是好学者。好学，是对万物的好奇和敏感（敏）与自我表达的节制（慎）的统一，而非理学家讲的正心诚意。同时，好学还表现为对精神生活的感受力（乐），即能够强烈地感受求知的快乐。颜回以外的其他弟子，或缺乏自我表达的节制（子路），或缺乏对精神生活的感受力（子贡），或缺乏对万物的好奇和敏感（子张、樊迟），孔子对他们的教诲，充分体现了古典教育是心灵教育、心智教育这一特征。

好古是好学的最高境界。孔子的好古，并不表现为对古代的知识兴趣，而是表现为对诗、书、礼、乐的精神热爱。诗教从培育健康心灵开始，既注重伦常德性的养成，也关注社会秩序的改进；礼教培养节制的美德，既成就有德君子，又成就社会秩序；乐教则是古典教育的最高阶段，它具有灵魂政治学的含义，不同的音乐对应不同的灵魂，也对应不同的政治。《韶》乐这样尽善尽美的音乐，对应好的德行品质和清明的政治。郑声则代表坏的德性和被败坏的政治。所以，古典教育的最高主题，就成了选取什么样的音乐（文艺）来塑造人类心灵，并通过塑造人类心灵来塑造政治社会的问题。

　　张卫红，哲学博士，现任中山大学哲学系教授。从事中国哲学的教学与研究工作，已出版专著3本，发表学术论文30余篇，先后承担三项国家级课题。为本科生、研究生开设"四书""《论语》研读""宋明儒学""《传习录》"等多门课程。教学科研之余，近年来为多所高校、中小学及其他企事业单位开办讲座，讲授儒家思想及文化。

伍 《论语》的学与乐

张卫红

我们这一讲来说一说《论语》的学与乐。它的出处是《论语》第一篇第一章，大家读中学的时候就应该读过。

> 子曰："学而时习之，不亦说乎？有朋自远方来，不亦乐乎？人不知而不愠，不亦君子乎？"

第一句话的"说"就是快乐的意思，第二句话直接有个"乐"字，第三句话中的"愠"是怒，如果别人不了解我、不知道我，我怀才不遇，但是我仍然不"愠"，我仍然不会发怒，还是快乐。所以这三句话里面，每一句话都有一个"乐"字，它的核心字眼是"学"和"乐"。这两个字听起来很普通，但"学"和"乐"在儒家思想、在孔子那里有很多的阐发。今天下午之所以跟大家围绕

"学"和"乐"交流，是因为这两个字跟同学们的生活息息相关。

我们很多人觉得学习是不快乐的，那就要想我们为什么不快乐。按照孔子《论语》所说，学习中是有快乐的，如果你觉得不快乐，那一定是哪里出了问题。我们带着这样一个问题来看一看孔子是怎么说的。这个话题其实在《论语》中是一个非常普遍的话题。在《论语》中，"学"字出现过65次，"乐"字出现过47次，次数非常多，这说明《论语》中有很多内容都是讨论"为学"和"为学之乐"的。本来学可以让人快乐，那为什么我们现在学了还不快乐？原因在哪里？我们看孔子是怎么讨论"学"和"乐"的。

一、《论语》之"学"

《论语》中讨论的"学"和现代教育所说的"学"有什么不一样？

学习就是学各种知识，这是我们现在最常见的"学"。我们从小到大，学识字，学各种知识技能，都是这样一种学。我们看古人对这个字怎么理解。这里的"学"字是篆体字，东汉许慎《说文解字》中的"学"字是这样写的。

篆体字是汉代的文字，在汉之前，甲骨文的"学"字是这样写的。

早期的文字还有金文。金文就是刻在钟、鼎等古代祭祀礼器上的文字。下面是金文中的"学"字。

这个字很形象：两只手拿着木棒，木棒下面是房子的形状。双手构木为屋形，手拿着木棒盖房子。下面是一个人形，后来写作"子"。怎么理解呢？双手构木为屋形，表明"学"不仅是指课堂上老师教给你的知识，而且和人的实践有关，它需要动手，需要整个身体的投入，不仅要把思想带到课堂上，而且要把身体带进去，是一个实践的过程。这表明"学"不仅是学知识，而且是要把身体和整个生命带到生命情境当中，这才叫作"学"。所以古人对"学"字的解释，包含有实践活动之意。

我们看古人的解释跟现代人的理解不太一样。古人解释"学"字："学，觉悟也。"这个解释意味深长。你们每天上各种各样的专业课，学计算机、英语等各种各样的知识，这种学能不能让你觉悟呢？不一定。这种学通常要靠记忆、智力，随着时间的延续，你们现在学的很多东西到将来都会忘掉，就像你们过去学过什么东西现在也忘掉了。这种学是不是一种觉悟的学呢？不是。觉悟是什么？大家要想一想，如果我不知道每天在学什么，糊里糊涂的，那说明什么？说明你内在觉悟的窗户还是没有打开。而有一种"学"一定跟内在生命有关，比如说你喜欢踢足球，你会体悟到其中的规律，怎么样能够更好地踢进球，怎么样跟队友合作，这样的运动规律过了几十年后你仍然不会忘记。为什么不会忘记？因为它跟你的整个生命息息相关，它不是单纯靠头脑记忆的知识、信息，而是把你的整个生命都投入其中，用整个生命来记忆的。所以古人对"学"字的解释，从一开始就不是我们今天意义上的"我在教室听到老师讲了一个问题，这个问题我记住了，然后我知道该怎么做"，那是浅层的表面，它有一个更深层的实践智慧，古人管它叫"觉悟"。这是"学"字的基本含义，大家先有一个基本概念。

《论语》中"学"字具有以下几个方面的含义，这是杭州师范大学邓新文教授对《论语》论"学"很精辟的总结，我引用过来并加以阐发。

（一）《论语》之"学"大意

第一，"不以'文'为重"。

在《论语》第一篇第六章中有一段孔子的原话，解释什么叫作"学"。

> 子曰："弟子入则孝，出则弟，谨而信，泛爱众，而亲仁。行有余力，则以学文。"

《弟子规》就是根据孔子的这一段话扩展成七章，形成的一个蒙学读物。这段话的意思说得很清楚。弟子是什么呢？指的就是学生。作为一个学生要做到哪些方面呢？"入"指的是到自己父母家里去，"出"指的是自己的宗族、家庭以外的人，能做到尊敬自己的父母，然后对同族中的兄弟、长辈尊敬，自身的生活能够非常严谨、讲诚信，不仅如此，还能够把自己对父母等家人的爱推广到爱别人，再亲近有仁德的人。这些如果你都做到了，同时你也很聪明，只学这些做人道理还不能满足你，就叫"行有余力"。然后干什么呢？"则以学文"。这里的"学文"指的是学习各种各样的文化知识、技艺、技能，这个"文"不是我们今天理解的文章、文科学问，而是泛指一切的知识和技艺。

所以我们看中国古人"为学"的这个传统，不像我们今天的小孩，从幼儿园开始就要上最好的，然后上最好的小学、中学，考最好的大学。这样的一个学习倾向跟古人是不一样的，我们现代人的"学"其实就是以"文"为重。但古人恰恰不是如此，古人是先把做人的基础都打好了，"行有余力"之后再去学习各种各样的知识和技能。所以人格的修养是一个学生要学习的最重要的东西。

讲到这儿，我们先来反省一下我们现代教育很大的一个弊病，就是以"文"为重。考到好的大学好像就有出息，没有考到好的大学好像就没有出息，但是如果按照中国古人的学习标准，就不应该因此轻视自己。这个世界上有很多成功人士，特别像商界，很多成功的人士没有念过大学，没有很高的学历，但是同样可以做出一番成就，可以为这个社会做贡献。为什么呢？因为"文"只是证明人的才能的很小的一部分，并不是全部。所以古人说不以"文"为重，这个不是"学"最根本的目的。

第二，"不以'思'为尚"。

这个"思"就是思考、思想的意思。我们看看孔子怎么说的。

> 子曰："吾尝终日不食，终夜不寝，以思，无益，不如学也。"

这个话会让大家有点费解，一个人终日不吃、终夜不寝，学到废寝忘食的程度，你肯定认为这个人是个好学的人，在别人眼里这个人也是个好学的人。他在不停地思考，但是孔子却说"无益"。为什么"无益"呢？因为这个思考没有解决他精神的困惑或者人生的困惑。很多同学都有这种感觉，每天都在上课，但是如果问问自己学到了什么东西、快乐不快乐，就觉得不知道自己学了什么东西，每天浑浑噩噩，想不清楚自己的将来，也想不清楚自己的现在。孔子说每天处在这样的状态是没有任何好处、没有任何帮助的，就不要费力地想东想西了，"不如学也"。"学"就让人费解了，我那么"靠谱"地学习、思考，孔子还说没有任何的好处和帮助，反而还让我去学，这是让我去学什么呢？

这个"学"字的确是意味深长的。我给大家讲一个故事，我多年前曾在北京大学旁听哲学系老师开的一门课。那个阶段是我对自己的人生很困惑的一个阶段，虽然我也大学毕业了，有了一个还算可以的工作，但是我不清楚人生的方向是什么，这辈子来这个世界上究竟要干什么，不知道做什么事情能够让我的人生真正开心，我想从哲学里找答案，所以最初我在工作之余就跑到北大去听课。坐在我旁边的是一个很年轻的男生，他也是旁听。我跟他聊天以后发现他的学历背景非常好，他本科就读于中国科学技术大学物理学专业，以优异的成绩毕业后，申请到美国一个著名高校著名教授的实验室里继续读硕士，而且给了他全额奖学金，这个教授是诺贝尔奖的获得者。在别人眼里看来，有这样好的环境，他真的是天之骄子了。可是他在美国待了不到一年就回来了。我问他，你有这么优越的条件为什么还回来，你现在坐在北大的教室当北漂，这样值得吗？他说我放弃原来那么好的条件、放弃我的专业，是因为有一个最根本的问题我无法解决：我不知道我是谁。

　　他的回答是不是让你们很吃惊？你知道你是谁吗？你怎样定义自己——你的姓名、长相、出生地、籍贯？你爸妈、女朋友是什么人？你现在有多少钱？你住在哪个宿舍？你把所有的条件都加起来，写一自我小传，你觉得这就是你吗？这些都是你的特征，是你拥有什么。但是一个人"有什么"和"是什么"其实是两码事。这位北漂男生所说的其实是一个根本问题，就是说人性的本来面目究竟是什么。当我们说一个人拥有什么的时候，每个人的差别很大。世界上有穷人、富人，有聪明的人、笨的人，有漂亮的人、丑的人，有男人、女人，有老人、小孩，但人之为人有没有一个共同的、根本的东西？而且是支撑我们生命的最本原的东西？这个本原不因为你是一个普通学生而少一分，也不会因为你是国家领导而多一分。这是一种可以让人人都活得有尊严，让人人都感觉平等、自由，能够实现生命价值的东西。如果找到这个东西的话，才是真正找到了生命最本原的东西。

　　当那个男生告诉我这个答案的时候，我非常震惊，也很佩服他。因为我突然发现，去北大旁听哲学课程的时候我要找的也是这个东西，是因为现有生活给不了我这个问题的答案，所以我想找它。当我学习各种知识仍然感觉懵懵懂懂，学得很累但是仍然感觉糊里糊涂，没有学清楚、学明白的时候，孔子说："以思，无益，不如学也。"这个字的内涵，的确需要放在最前面说清楚。

我们回过头来看一看《说文解字》中对"学"字的解释，其实它已经给出答案了。这个"不如学也"的"学"就是我们心灵的、自身的内在觉悟，就是我们找到的生命的意义、生命的答案。这个东西跟知识、技能的学习有关，学习各种各样的知识、技能可以让人懂得各种道理，但是这个道理一定要内化为你自己对自身、人生和社会的看法，古人管它叫觉悟。觉悟和知识是不一样的，知识可以学来，但觉悟一定要经过自己身心的转化。就像有人告诉你游泳的方法，怎么样才能不沉下去，怎么样才能游得更快、更远，这是教练教你的。但真正会游泳这门技艺要靠自己身体力行，要靠自己在水里找到那样一种游泳的真实感觉，那个才是你自身的东西，不是教练教给你的知识、技能。所以这里的"学"不是只用大脑的知性记忆就能解决的，还一定要用你整个生命才能够去体会它。各位同学在学校学习的这几年，学的很多知识和技能在未来走上工作岗位以后可能会被忘掉，还有一些专业的知识和技能会随着新技术、新知识的出现被淘汰，但是有没有一种东西是学了以后永远不会被淘汰，永远能够伴随你的一生，而且时时给你生命的滋养，给你自信，给你人生最强有力的动力呢？这个东西才应该是学习最根本的目的和意义。

第三，"不以'技'为先"。

这个"技"就是各种专业的技能。我们还是以《论语》里的一段话来讲这个问题。樊迟是孔子的学生，他想问孔子怎么种庄稼、怎么种菜，我们看看孔子是怎么回答的。

> 樊迟请学稼。子曰："吾不如老农。"请学为圃。曰："吾不如老圃。"樊迟出。子曰："小人哉，樊须也！上好礼，则民莫敢不敬；上好义，则民莫敢不服；上好信，则

民莫敢不用情。夫如是，则四方之民襁负其子而至矣，焉
用稼？"

别的学生会问孔子很高深的义理、学问，樊迟却问老师怎么学
种庄稼。因为樊迟文化程度不高，他为孔子做过车夫，所以他问孔
子的问题特别朴素。这样的问题，如果在座的同学问我，我也回答
不上来，我也不会种庄稼。学生拿这个问题问孔子，其实不是很恰
当。孔子回答得很委婉，说你要学种庄稼，你问老农就行了，我不
如老农，农民种庄稼是最熟练的。但樊迟的悟性比较差，他继续提
问，那老师您能不能教教我怎么种菜。因为当时孔子的名气很大，
所以在樊迟的心目中孔子应该是无所不能的，所以他又去问怎么种
菜。孔子又委婉地说，你要问种菜，那我肯定比不上种菜的老农。
总之，樊迟悟性差，他不知道来老师这里学习究竟应该学到什么。
樊迟的提问在孔子这里没有找到答案，他就走开了。孔子接下
来说了一番话，这番话不是自言自语，应该是旁边还有其他学生，
孔子认为有必要跟其他学生讲清楚，你们来跟我学习究竟应该学什
么。所以孔子主动地、很感慨地说："小人哉，樊须也！"这里的
"小人"不是我们今天通俗意义上说的坏人、恶人，不是那个意思。
在古代，小人与君子相对，其中一个含义是指阶级地位不同，君子
属于士人、贵族，小人就是一般的平民。孔子说樊迟是"小人"的
意思是什么呢？是说樊迟整天学的东西都是技艺和技能，樊迟提的
问题也是普通老百姓提的问题，所以说"小人哉，樊须也"。孔子
接着说，"上好礼，则民莫敢不敬"，"上"就是在上者，统治者如
果推行礼义，让臣民都去学礼，则民不敢不敬。这个"敬"有两层
意思，一个是自身以礼来约束自己，养成良好的人格、品德；一
个是别人对你也会非常尊敬。"上好义，则民莫敢不服"，如果君
主、官员能够讲诚信、讲信义的话，老百姓自然会服从你。如果你
讲诚信，"则民莫敢不用情"，这个"情"就是实的意思，老百姓

也一定会对你讲诚信，社会风气就会好转，不说假话、不造假，社会的秩序就会非常好。文明素质一高，国家的名声就很好。孔子认为，如果能够通过"学"来治理国家，在管辖地域推行仁义礼智之道，"四方之民"，即其他国家的人，就会"襁负其子"，带着还在襁褓中的小孩、带着全家人来投靠你。"焉用稼"，那么自然有人去种庄稼，哪里用得着你去种庄稼呢？这里体现出儒家讲的"学"是君子之学，不以知识、技能为学习的最高目的，培养的是统治一般老百姓的高级管理人才。所以"学"最根本的目的不是让你去学知识和技能，而首先是一种心性之学。把这样的学问做好了，自然会有人做各种知识、技能的服务。这是孔子对"学"的三个界定。

孔子之"学"所反对的这三个词，文、思考、技能，恰恰是我们现代教育从小到大最强调的内容。这些内容有没有必要学呢？肯定有必要，但如果丢失了人心内在的觉悟，丢失了人心根本的德行修养，这样的"学"学得再多，可能还是让我们觉得糊里糊涂、不开心、不快乐。孔子说，"学"不以"文"为重、不以"思"为尚、不以"技"为先，这些都不是"学"的最根本的东西。那么所学的根本东西是什么呢？我们用《论语》第一篇第七章孔子的弟子子夏的一段话来说明。

> 子夏曰："贤贤易色，事父母，能竭其力，事君，能致其身，与朋友交，言而有信；虽曰未学，吾必谓之学矣。"

子夏说，"贤贤易色"，第一个"贤"是动词，是亲近的意思；第二个"贤"是名词，是贤人的意思，指的是有学问、道德高尚的人。"易色"，这个"色"不是我们今天讲的好色的色，虽然其中包含这个意思，这个"色"主要指的是一个人的容色、气质，"贤贤易色"的意思是学问最重要的目的是通过亲近有道德、有学问的人来改变自己的气质。这句话和北宋大儒张载的"为学大益，在自求变化气质"的含义基本是一致的。什么意思呢？各位同学来到这所学校学习，刚来的时候是一个气质，走的时候虽然长大了几岁，但看起来好像没在这读过书一样，那就不能说明你在这里真正受益。知识分子会给人感觉很清秀、很有知识，没读过书的人会给人感觉比较粗俗，没有礼貌和教养，这就是是否为学所带来的气质上的不同变化。如果你的学只是通过头脑学了一些记忆性的东西，而没有让你整体的身心有一个转化，这种学问就不是古人所说的学。所以大家可以自我衡量一下，现在给自己拍张照片，毕业的时候再给自己拍张照片，看看毕业的时候是不是比现在更好看（不是外在容貌上的美丽）。假如说你变得气质更好了，更有书卷气了，更斯文了，说明你在这里真正受益了。所以学问最重要的目标在于转化你内在的身心气质。

"事父母，能竭其力"，竭就是竭尽全力，对父母能尽孝。"事君"，"君"在古代指君主，"事君"一词现在我们可以泛指能够为国家、为社会做贡献。这两句话的意思就是对父母尽孝，对国家尽忠，然后跟朋友交往能够言而有信，有诚信的人朋友会很多，广受欢迎。"虽曰未学"，这里的"学"就是学文的学，就是学习各种知识、技能。这几条如果都能做到，虽然这个人知识文化水平不高，但我一定认为他是一个有学问的人。我们生活中也会看到这样的人，学历不高但通情达理、品德好、有能力，他的"学"指的是拥有生命智慧。子夏这段话和前面孔子所说的"弟子入则孝，出则弟，谨而信，泛爱众，而亲仁。行有余力，则以学文"的意思非常相近，都强调"学"首先是人内在的德行、气质的培养，然后才是各种知识的学习。所以孔子和子夏说的话在《论语·学而》中是放在一起的，一个是第六章，一个是第七章，意思非常接近。这才是中国古人所讲的"学"。

（二）孔子之为学

我们前面讲的《论语》中为学的大意，其实孔子自身也是这样实践的。孔子是他那个时代的百科全书式的大学者，他的文化知识非常丰富，古代儒家文化基本的经典"六经"都经过孔子的整理和编订，他是中国儒家文化的奠基人物。但孔子为学的最终旨向是什么呢？我们先看孔子的为学目的。

> 子曰："朝闻道，夕死可矣。"
> 子曰："志于道，据于德，依于仁，游于艺。"

这里都提到为学的最高目的就是"道"。孔子说如果我早上听闻了道，我晚上去死都值得了。为什么呢？人生的根本意义和目的找到了，我可以问心无愧，可以死而后已了。那么孔子的为学顺序是什么呢？首先要有志于道，我们常说一个词"道德"，先有道，这个道体现在我们内在身心上就是一个人的品德和德行，这叫"据于德"。"依于仁"，"仁"是什么？把这个德行发之于外，就是"仁"。光做到这些还不够，最后的"艺"，不是我们今天意义上的艺术的艺，而是指六艺，可以指礼、乐、射、御、书、数的技艺，也可以指《诗》《书》《礼》《乐》《易》《春秋》六经里面所包含的知识和学问。孔子的根本意思是说先把内在的心性培养好，然后外在的知识和技能才好发挥大的作用。

说到这，同学们可能觉得第一句话"朝闻道"的"道"字有点抽象，这个"道"究竟是什么？按照古人的讲法，"学"的根本目的就是要学"道"，这种道一定不是具体实在的知识。你们的专业是互联网，"道"是你们学到的互联网的专业知识吗？肯定不是。"道"应该是一种像刚才同学所说的对身心有帮助、有益，但又说不出来的一种更高的东西。假如说人生所要学的东西就是你们学的专业知识或者其他的专业知识，这是学习的全部目的的话，那就意味着你的人生目的也就是有局限的，是一种被知识所固定的东西。我多年前看过一篇报道，说某著名大学有一位非常年轻、优秀的学者，二十八岁就已经被破格提升为教授、博导。但很不幸，年纪轻轻就积劳成疾而猝死。在他弥留之际，学校领导来看他，问还能帮他做些什么，希望能够满足他的愿望。他说了一句让人非常心酸的话：我希望能把我家的房子换大一点。各位同学听了有什么感受？这说明什么呢？说明他的人生追求就是这些实实在在的、有形可见的东西，他最后离世的时候，心里的遗憾仍然是这些东西。这些东西就不是"道"，正因为不是"道"，所以他不可能做到孔子所说的"朝闻道，夕死可矣"。一个人如果能够说出"朝闻道，夕死可矣"，那么一定是对他的人生非常通达，看清了生命的真相，而且随时可以心满意足地死去。这样的人才是被我们中国古人称为智者、圣贤的大觉悟者。

虽然大家目前学的东西都是一些实实在在的知识、技能，但我说这话绝不是反对大家去学习知识、技能，而是想让大家知道，在知识、技能上面还有一种更高的学问，它能够指导你更好地学习各种知识、技能，能够让你更好地驾驭这些知识、技能，让自己的人生更加丰富、完美，这个就是"道"，这需要大家慢慢去体会。"道"和"术"相对。"术"是什么呢？就是有形的、可见的，可以被淘汰、被更新的知识。用什么东西驾驭"术"呢？一定是一个更高超的、内心里的活的东西，是一种难以被概念定义但又是你生命、灵魂里的精华。这是孔子所说的为学的目的。

我们可以看看古往今来很多有成就的人，他们都不是非常死板地学习专业知识，在他们的人生追求中一定有一个更高的追求。周恩来总理十几岁在沈阳中学读书的时候就立下志愿，"为中华之崛起而读书"，不是为了他个人，不是为了将来有个好工作。志向越高远，做的事情就越大。明代有个了不起的大儒叫王阳明，他十一岁跟私塾先生读书时，私塾先生问一起读书的小孩读书的目的是什么，所有人的回答都是考科举、当官，唯有王阳明的回答不一样，王阳明认为人生的第一等事是学做圣贤。当时所有人都笑话他，包括他的父亲都觉得这是黄口小儿在痴人说梦。但后来王阳明果真实现了他学做圣贤的理想，成为一代大儒。这是普通人与杰出之人的差距。如果我们立志于道的话，现在很多很琐碎的烦恼，就都会化解掉。为什么呢？因为你的人生有更高远的追求。"居高声自远"，志向立得高并不是狂妄，而是让你的人生有一个更高的起点。

我们再看孔子一生的为学历程，这段话可能很多同学都有读过。我在中学的时候也读过，但是经过几十年的学习，直到自己后来做了大学老师才慢慢品味出孔子这番话的非常深刻的含义。

子曰："吾十有五而志于学，三十而立，四十而不惑，五十而知天命，六十而耳顺，七十而从心所欲，不逾矩。"

这段话是孔子对他的为学历程的总结。孔子说，"吾十有五而志于学"，过去古人的学习是这样的，七岁读小学读八年，相当于我们现在的九年制义务教育，学习一些最基本的洒扫、应对、进退的礼节和具体的某项技能；十五岁入太学，这是针对贵族和平民子弟中的精英的教育，有一点类似于今天的大学，学的是启发人的内在觉悟、修己治人的学问。这个学问从时间上来讲是十五岁以后的事情，所以孔子说"吾十有五而志于学"。这里有很关键的两个字：一个是"学"，是启发人的内在觉悟、探求生命的答案和意义的一种"学"；另一个是"志"，就是立志于这样的"学"，如果有生命困扰，你有没有决心去解决它。比如刚开始我问大家快乐不快乐，如果你不快乐，你想不想下决心解决自己的不快乐，改变现状？如果你有这种决心，那就是"志于学"。

"三十而立"是什么意思？通俗理解为你三十岁应该要成家了，

要有个好工作，人才立得起来。人到三十岁的时候基本上要有事业、有家庭，这两项也是该立的。但是孔子这里讲的"立"不是这个意义上的"立"，孔子讲的"立"是指内在的觉悟真正能够挺立起来。通俗一点来说，就是能够做一个明白人，不再浑浑噩噩，也不再为生活中具体琐碎的事情而烦恼不已。大部分普通人每天虽然看起来很忙碌，上班下班、吃饭睡觉，但过着随波逐流的生活，不是内在觉悟真正挺立的、明白人的生活。

这样一种内在的修养再经过十多年的磨炼，到了四十岁，"四十而不惑"。我们世俗意义上的理解，就是我的社会经验很丰富，人情练达，对什么事情都能处理得很漂亮，没有什么迷惑了。但孔子讲的"不惑"不仅包括你对人生、世事的洞察和历练，最重要的是你对自我的人生经历，从十五志学、三十而立到四十岁，真正地通达，不再迷惑，找到生命的觉悟和本原。你的人生经历可能不必那么丰富，古代很多德行、学问非常高的大儒和大贤，他们的生活经历是很简单的，没有那么多风浪，但他们能活得有人格、有操守，有自己一以贯之的人生的主张，有自己的节操，这就是"不惑"。所以真正的"不惑"不是说你在世界上已经厮混得非常熟了，善于做事、人情练达叫"不惑"。

孔子"五十而知天命"就已经通达前面所讲的"朝闻道"的"道"了。到了六十岁境界就更高，能够"耳顺"。"耳顺"是很高的境界，大家想想自己现在能做到"耳顺"吗？通常我们的烦恼就来自"耳不顺"，听到别人说你好就开心，别人骂你、批评你就不开心，这就是"耳不顺"。而孔子到了六十岁能够做到别人说他好也好，说他不好也好，他听起来都觉得很顺畅，内心不起任何的波澜，再巨大的石头投到他的湖心里也不会掀起波澜，仍然像一口古井一样非常平静，这是达到了心灵的宁静、自由和豁达。

七十岁"从心所欲，不逾矩"。每个人其实都想过"从心所欲"的生活，同学们之所以有很多烦恼，是因为觉得自己现在不能"从心所欲"。比如我选的这个互联网专业，不是我理想的专业；我看同寝室的某个同学不顺眼，可是我还得跟他住一个房间；我喜欢一个女孩子，可人家不理我，我也不能"从心所欲"地去爱她。这些都是不能"从心所欲"。大家反过来想想，如果这些你渴望的东西都满足了，你是不是就没有烦恼了呢？那时候你又会有更高的欲求。当你有一百块的时候，你就想有一千块，会产生新的烦恼。尽管你追求"从心所欲"，有一天你所梦想的东西都满足以后，你会发现自己仍然是不自由的。就像小时候最渴望的一件事就是长大，觉得长大了一切都好了，但后来发现不是这样，越长大烦恼越多。这就是人性的局限。孔子不仅能做到类似我们普通人的那般自由，而且能"不逾矩"。我们普通人一旦"从心所欲"，就放肆，就破坏规矩。而孔子却能把内心自由和外在合乎道德规范完美地统一起来。这样的境界，古人称之为圣贤境界。

看完孔子的为学历程，我们再看孔子指的"好学"究竟是什么意思。

> 子曰："君子食无求饱，居无求安，敏于事而慎于言，就有道而正焉，可谓好学也已。"
>
> 哀公问："弟子孰为好学？"孔子对曰："有颜回者好学，不迁怒，不贰过。不幸短命死矣，今也则亡，未闻好学者也。"

孔子说什么叫"好学"呢？一个君子"食无求饱，居无求安"，"无求"两个字很重要，意思是如果你家里经济条件很好，能过好日子那就过，如果不好就不要贪求、奢求。这里强调的是一种随遇而安的生活，买不起大房子就住小的，这就是"无求"，这样能够保持心境的平和。孔子不是说君子就要过很穷困的生活，而是根据现有的物质条件、经济条件量力而行。这是对外在物质生活的一个态度。

"敏于事而慎于言",这是对自身的要求。这里孔子所说的"好学",跟我们今天意义上讲的好学——比如每天早上五点钟起来背单词不一样,"好学"首先是人格的培养。"敏于事而慎于言",做事要快,说话要谨慎,就是我们通常所说的少说多做。任何一个人,不管在哪里,只要少说多做,肯定是受欢迎的,这样的人也通常是有德之人。只做到这些还不够,还要找有道之人、通达道德的贤人君子去求教,像学生到学校里向老师学习那样,这叫作"可谓好学也已"。从孔子的这句话来看,孔子认为做到这几点就算是好学了。这种好学能打多少分?我们看看下面还有一个好学的参照标准。

鲁国的国君鲁哀公问孔子,你的弟子谁比较好学?孔子说我的弟子里颜回非常好学。颜回好学的标准是什么呢?不是颜回这个人有多刻苦,起五更、赶黄昏、头悬梁、锥刺股,这不是孔子所说的好学,而是他能够做到"不迁怒,不贰过"。先看第一点,"不迁怒",你能做到吗?一般人都做不到,当你心里有不开心的事情,别人如果这时多问你一句,你就会说:"哎呀!别理我,我烦着呢!"这就是迁怒,甲惹了你,你把怒迁到了乙的身上。"不贰过",是说同类性质的错误不犯第二次,这个也很难做到。但颜回就能做到,说明他的心力、自制力非常强大,能够对身心有非常好的管理。通常我们产生各种各样的烦恼都是从别人身上找原因,认为别人做得不好,比如在寝室睡不着觉是因为同寝室的人吵嚷声太大,这可能是一方面的原因,但另一方面也可能是自己心里很烦,本来装了一肚子心事,所以哪怕自己一个人待着也可能睡不着,但你会把原因归到别人身上,这就是迁怒。孔子称道颜回的这两点都是反求诸己的,不把错误、问题的根源往别人身上找,而是在自己身上找,这是非常了不起的。所以一个人最大的敌人其实不是别人,而是自己。自己身心不安宁,才会去抱怨、归责于别人。如果你自己有一颗平静、从容的心，那你看别人、看一切都会包容、顺眼。

所以，"好学"要求我们首先要做到什么呢？就是"行有不得，反求诸己"，先从自己身上找原因。就因为颜回能够做到这点，所以孔子说颜回是最好学的。但是很可惜，这样的人"短命死矣"。颜回寿命很短，有一种说法是三十一岁，也有一种说法是四十一岁，总之他很短寿。"今也则亡"，孔子虽然有门人三千，贤人七十二，但他认为能达到颜回这个标准的是凤毛麟角，再没有像颜回这样好学的学生了。一个真正好学的人，首先是对自我身心有强大掌控力的人。举个简单的例子，现在同学都喜欢玩手机、玩电脑、玩游戏，如果控制不了自己，非要弄得很晚才睡觉，或者有事没事都要玩玩手机，虽然有时候也知道这样很耽误时间，浪费精力，但还是管不住自己，这就不是孔子所说的好学的人。如果连自己的身心都驾驭不了，你就没有理由说别人做得不好。这是好学的更高标准。

我们讲完前面几层意思，后面这层意思基本上就可以推论出来了。这是《孟子》里的一段话。

> 孟子曰："仁，人心也；义，人路也。舍其路而弗由，放其心而不知求，哀哉！人有鸡犬放，则知求之；有放心而不知求。学问之道无他，求其放心而已矣。"

孟子说人心本来是充满仁德的，人心就是仁。那么"义"是什么呢？就是按照"仁"的要求行事，在日用常行中把仁爱之心表现出来。所以，"义"就是我应当做的事情，比如做了一件好事，很多人会说这没什么，这是我应该做的。为什么？因为它是合乎道义的。人心本来就是有仁爱的，这就是"义"，就是人应该走的路。从小到大家长都教育我们要遵纪守法，要懂得爱人、尊重他人。为什么要这样做呢？是因为人心本来如此，但很遗憾的是，人心在后天的环境中被扭曲了。这里的"放其心"不是现代人说"你放心"的放心，这个"放"是放掉，就是把你真正的本心丢掉了。像刚才讲的那个在北大旁听的男生，他来学习的目的就是想找回丢失的本心。学问之道没有别的，就是重新找到我们的本来面目，把我们内在的觉悟唤醒。这里孟子有一个特别形象的比喻：你家丢了只鸡、狗你都知道到处去找，就像现在的人丢了宠物就到处张贴启事，要把我家的宠物找回来。这时孟子就反问，丢了宠物你都知道找，但现在你把你的心都丢了，为什么不知道把它找回来呢？这岂不是颠倒了吗？我建议，今天晚上睡觉前，大家躺在床上的时候想想，你有没有丢失本心？本心究竟是什么？要不要把它找回来？这个问题是孟子早在两千多年前就这样问大家的。学问之道就是要把这个"放心"找回来，这个"心"就是内在的觉悟，就是"学者，觉也"的"觉"。

二、《论语》之"乐"

接着看《论语》中怎么讨论"乐"，还是从第一篇第一章开始。

> 子曰："学而时习之，不亦说乎？有朋自远方来，不亦乐乎？人不知而不愠，不亦君子乎？"

这段话大家都学过，读起来非常平常。我读了中国哲学，看了很多古代儒者的注解才发现，虽然这句话读起来平常，但其实大有深意。而且为什么这一章放在《论语》的开篇，也有很深刻的道理。我先提几个问题。

第一，"说""乐"有何不同？

第二，朋友为何"自远方来"？

第三，三句话可否无顺序？

我下面引用的是南宋朱熹对《论语》的注解，为方便大家理解，我只挑其中重点的意思给大家讲解。

> 子曰："学而时习之，不亦说乎？"说、悦同。学之为言效也。人性皆善，而觉有先后，后觉者必效先觉之所为，乃可以明善而复其初也。习，鸟数飞也。学之不已，如鸟数飞也。说，喜意也，既学而又时时习之，则所学者熟，而中心喜说，其进自不能已矣。程子曰："习，重习也。时复思绎，浃洽于中，则说也。"又曰："学者，将以行之也。时习之，则所学者在我，故说。"谢氏曰："时习者，无时而不习。坐如尸，坐时习也；立如齐，立时习也。"
>
> "有朋自远方来，不亦乐乎？"乐，音洛。朋，同类也。自远方来，则近者可知。程子曰："以善及人，而信从者众，故可乐。"又曰："说在心，乐主发散在外。"
>
> "人不知而不愠，不亦君子乎？"愠，纡问反。愠，含怒意。君子，成德之名。尹氏曰："学在己，知不知在人，何愠之有。"程子曰："虽乐于及人，不见是而无闷，乃所谓君子。"愚谓及人而乐者顺而易，不知而不愠者逆而难，故惟成德者能之。然德之所以成，亦曰学之正、习之熟、说之深，而不已焉耳。程子曰："乐由说而后得，非乐不足以语君子。"

第一，"说""乐"有何不同？"说"通"悦"，就是高兴的意思。朱熹解释："学"是效法，"后觉者必效先觉之所为，乃可以明善而复其初也"。我反复讲，这里的"学"不仅是文化知识，它有文化知识的层面，朱熹本人也是一个大学问家，但最根本的意思还是前面所说的开启我们内在的觉悟。人心本来就好比一面干净的镜子，但由于后天环境的染污，镜子蒙上灰尘。我们之所以不开心、不快乐，有很多的烦恼，并不是外在的环境让自己烦恼、不开心，而是我们内心的镜子已经蒙上灰尘，内心照见外物也是扭曲的。自己不开心，所以看到的周围环境都是烦恼。学习最主要的目的是把自己心灵镜子上的灰尘打扫干净。"明善"，就是灰尘打扫干净之后，镜子光亮如新，再照，外物都是真实清晰的，那面干净的镜子才是真正的内心。没有污染的镜子才是我们的本来面目，学习的目的就是让内心回归宁静的、干净的、快乐的、轻盈的状态。当你真的发现这样的镜子的时候，你会"不亦说乎"，那种喜悦是发自内心的。这里需要的工作是"时习"。什么是"时习"？"习"的繁体字，上面是"羽"，下面是"白"，朱熹说"鸟数飞也"。"习"字的本意就是像鸟不断地拍打翅膀，意味着训练自己的心灵，让心保持宁静、和谐的状态，需要时时扫清自己镜子上的灰尘。比如我们现在已经上了第三节课，有同学累了，很疲倦，不想听课，这时候需要做的心理工作是什么？就是要有耐心，把这门课听完，这本身也是一种心灵的训练。"时习"意味着生活中的点点滴滴都要努力去做。一会儿下课去食堂吃饭，可能有的同学不遵守秩序插队，或者会有不文明、不礼貌的行为，你看到别人这么做的时候，你能不能仍然保持君子风范，不跟他急，也不跟他恼，仍然很有礼貌、很有秩序地排队打饭，这也是"时习"。晚上要到教室里学习，你能克制住，不去玩，把今天该做的工作都做完，这都是"时习"。当你时时刻刻都把自己该做的工作做好，让自己的内心保持安宁、和谐状态的时候，你就会有一种发自内心的喜悦。不好好学习的同学，上课在后面打瞌睡、玩手机，做其他小动作，其实做这些事情，不见得你的内心就快乐。"学而时习之"是一个时刻都要有的功夫，把眼前、当下的事情都做好。

第二，朋友为何"自远方来"？春秋时期的词语中没有"远方"

这个合成词。"方，并船也"，就是两条船的船头并在一起，这是"方"字最早的意思。因为古代的交通首选是水路，其次才是陆路，水路比陆路更快，远方的朋友都坐着船陆陆续续地来。来做什么？我的理解是来向君子求教。他能够把别的国家的人都吸引过来向他求学，说明他的德行、学问都非常好。这里的"来"体现的是别人受君子的感召而来，向他学习。如果说第一句话是自我的人生修养、自得其乐的话，那么第二句话"有朋自远方来"，说明这个君子"信从者众，故可乐"。他已经能够用自己的快乐感染和影响别人，能够带给别人快乐，所以说"不亦乐乎"。那么这种快乐是不是更快乐呢？第一句话的快乐是自得其乐，第二句话是与众同乐，所以注解中说："说在心，乐主发散在外。"这种快乐的程度更深、范围更大。

其实，有学问、有道德的人不见得都能成名成家、有学生追随、被统治者重用，比如孔子。孔子周游列国十四年，到处向君主宣传他的学说和主张，但是没有哪个国家的君主采纳他的主张，所以道家批评孔子像丧家犬一样。按常理看，如果一个人怀才不遇，就会郁郁不得志，但孔子是不是这样呢？孔子说得非常清楚，"人不知而不愠"。"愠"，含怒意，不是大怒、愤愤不平，对社会、对别人有不平之气，觉得自己不被重用。这里的"不愠"是说连那么一点点的愤怒、一点点的失落都没有。虽然我不被别人重用，甚至不被别人了解，但我仍然能够自得其乐。做到这一条更不容易，只有做到这一条才能够称得上是君子。所以朱熹注解这句话说："愚谓及人而乐者顺而易，不知而不愠者逆而难。"如果你的才华被人欣赏，很多人向你求学，这种处境就是"顺而易"；如果没有这种处境，别人仍然不了解你，甚至嘲笑你，说你又穷又没本事、没出息，日子过得那么不好，在这种情况下你仍然能够自得其乐，没有一丝一毫的愤怒和抑郁不平，这种处境就是"逆而难"，朱熹说只有"成德者"，即德行完备的人才能做到。程子说"乐由说而后得",先是喜悦,喜悦之后能够散发给他人快乐。不仅如此,别人不了解你,你不被重用,生活非常穷困,你仍然能快乐,这种人才是君子。所以程子说:"非乐不足以语君子。"

第三,三句话可否无顺序?这三句话完整讲完之后就非常清楚了。这三句话的顺序其实是由浅入深,由自我到他人,由自我觉悟到自我觉悟带来的成效,一层一层递进,对人格的修养一层比一层要求得高。所以《论语》首篇首章最核心的精神就是两个字:"学"和"乐"。你真正能够找到内在觉悟,自然会有发自内心的、不依靠任何外在条件的快乐。儒家学问的最终目的其实就是要找到这种人性本有的快乐。关于"乐"字,在《论语》里也有非常多的阐述和讨论,我们一起来看几条。

子贡曰:"贫而无谄,富而无骄,何如?"子曰:"可也。未若贫而乐,富而好礼者也。"

子贡是孔子门下非常有名的大弟子,他早年是穷人家的孩子,后来通过经商赚了很多钱,还用自己的财富支持孔子讲学,后来也做了官,可以说是一个从"丑小鸭"变成"白天鹅"的成功者。他问孔子,一个人穷困的时候能够做到"无谄",富有的时候能够做到"无骄",这样的人如何?"谄"是谄媚,对富有之人的羡慕,穷人跟富人相比总觉得矮一截,内心虚怯。反之,一个人一旦财大气粗就会骄傲,看不起穷人,这是富人容易有的毛病。所以穷的人容易谄,而富的人容易骄。一个人做人如果能够做到穷的时候保持气节和操守,不谄媚、不羡慕有钱人,富了以后还能够不骄傲,已经很难得了。其实,"贫而无谄,富而无骄"说的是子贡自己,他希望能够得到老师的认可。

看孔子怎么回答子贡。子曰:"可也。""可也"是多少分?

七八十分，及格了，已经不错了，但"未若贫而乐，富而好礼者也"。在这里，孔子对子贡提出了一个比"贫而无谄，富而无骄"更高的标准。朱熹注说得很好，说一般的人嫌贫爱富，所以很难守住自己的道德操守，如果一个人能够做到无谄、无骄，"则知自守矣"，就有人格底线。这样的人放在当今社会，已经很了不起了，但是"未能超乎贫富之外也"。"贫而无谄"意味着他还知道自己是个穷人，"富而无骄"意味着他还觉得自己是个有钱人，只不过他能够守住自己的底线。孔子认为一个人真正的快乐跟贫富没有关系，"贫而乐"意味着不管财富有多少、地位有多高，仍然能够自得其乐，这说明，"乐"跟外在的物质条件和地位是没有什么关系的。富贵也一样，富贵之后还能主动"好礼"，做谦谦守礼的君子，这是一种更高的人格要求。如果你能够找到的内心快乐是不依赖外在条件的，那么这个快乐就能长久。

再看下面两条孔子的语录。

> 子曰："贤哉！回也。一箪食，一瓢饮，在陋巷。人不堪其忧，回也不改其乐。贤哉！回也。"
>
> 子曰："知之者不如好之者，好之者不如乐之者。"

这两条语录都谈到了"乐"。孔子称道子贡的时候只是说"可也"，称道颜回的时候就是"贤哉！回也"，给颜回可以打多少分呢？至少九十分，而且连着说了两遍，充分表达了对颜回的喜爱、肯定。为什么呢？今天的成功标准都是看人的外在条件，但颜回非常穷，又短命，所以经常有学生问我说，颜回什么都没有，为什么他是孔子最喜欢、最得意的门生？看看这条语录，我们可以找到答案。颜回"一箪食，一瓢饮，在陋巷"，就是吃着最粗糙的食物，喝点清水，跟一群平民百姓住在一起，房子也很破。"人不堪其忧"，别人都说你看看那个叫颜回的人多没出息，但是"回也不改其乐"，颜回却能够自得其乐。这说明他的心早就超出贫富，无论他是否拥有物质财富，都一样能够快乐，所以说这个"乐"是超乎外在物质条件的。

"知之者不如好之者，好之者不如乐之者。"把这个用到学习上，大家可能都有这样的体会，一般性地知道一个道理或者去学习一门学问，不如真心地热爱它，真心地热爱它又不如你能够自得其乐地乐于其中。一种学问，只有你真正地热爱它，你才能够学好。"道"其实也一样，中国古代有个词叫"安贫乐道"，只有把人生终极的、最高的追求当作一种快乐和享受去追求，才能获得最圆满的快乐。再看两条语录。

子曰："饭疏食，饮水，曲肱而枕之，乐亦在其中矣！不义而富且贵，于我如浮云。"

叶公问孔子于子路，子路不对。子曰："女奚不曰：其为人也，发愤忘食，乐以忘忧，不知老之将至云尔。"

第一条是孔子的自述，和前面孔子称赞颜回的那条语录很相似。孔子吃着粗饭，喝着清水，枕着自己的胳膊肘，也能够自得其乐。要不要富贵呢？这里有一个重要的词，"不义"，意思是不该我得的、不该我拥有的这种富贵，我宁可不要。这样的富贵对我就像浮云一样，一阵风说刮走就刮走，不值得我去追求。孔子真正的乐在哪里呢？叶公是楚国的一个高官，"叶"古音读作shè，现在读作yè也可以，叶公问孔子的学生子路，你的老师是个什么样的人？子路对孔子的理解比颜回要差很多，他答不上来。他回来后告诉了孔子，孔子说："发愤忘食，乐以忘忧，不知老之将至云尔。"其实这就是孔子自己对自己的评价。虽然孔子一生中的经历非常坎坷，幼而丧父，少而丧母，一生不得志，晚年他的妻子和儿子都先他而死，最得意的门生颜回和子路都死在孔子前面，但是孔子一生的精神状态都是非常饱满的。我们知道历史上能够做出一番事业的人，其生命能量都要特别强大，有一个乐观的、永远生机勃勃的心。孔子就是这样的人，他到老都是"发愤忘食，乐以忘忧"，仍然保持很饱满的生命状态。

《论语》中还有一个非常有名的故事叫"曾点之乐"。

> 子路、曾皙、冉有、公西华侍坐。子曰："……居则曰：'不吾知也！'如或知尔，则何以哉？"
>
> ……
>
> "点，尔何如？"鼓瑟希，铿尔，舍瑟而作。对曰："异乎三子者之撰！"子曰："何伤乎？亦各言其志也。"曰："莫春者，春服既成，冠者五六人，童子六七人，浴乎沂，风乎舞雩，咏而归。"夫子喟然叹曰："吾与点也。"

我简单说一下这个故事的背景。有一天，孔子的一群弟子，有子路、曾皙、冉有、公西华，一起围坐在老师身边，老师就说你们每个人都谈一谈自己的志向是什么。结果前面几个学生，子路、冉有、公西华说的志向都是在人世间如何建功立业，区别不过是有人说的官比较大，有人说的官比较小。在他们讲述人生志向的时候，只有曾皙一直在旁边悠然自得地弹琴。最后孔子问他，你的人生志向是什么，他说我跟其他人都不一样。曾皙说了一段和所有人都不一样的志向：我就想在暮春时节，穿着春天的衣服，和五六个好朋友，另外带着六七个读书的童子，在沂水（山东鲁国境内的一条河）里洗洗澡，在"舞雩台"（古代的祈雨台）上吹吹风，就类似于今天说的周末去旅游一下，最后"咏而归"，大家唱着歌，非常闲散、适意地回来。他给孔子描绘的是非常具有诗情画意的暮春踏青图，然而偏偏就是这样的志向最得孔子的心意。"夫子喟然叹曰"，我赞同曾点的志向。一般人认为孔子的理想是实现仁政、建功立业，其实那只是一个层面，孔子最高的理想是曾点描绘的这幅暮春踏青图。大家有没有想过为什么孔子会赞同曾点的志向？为什么反而是无甚功业的曾晳所描绘的暮春踏青图体现了孔子最高的理想呢？

朱熹对这段话的注解非常好。前面几个人所说的志向都有赖于外在的条件，所以朱熹说："视三子之规规于事为之末者，其气象不侔矣。"曾点说的这个理想和志向不需要这些外在条件，不见得只有拿到什么学位、做了什么官、有了什么样的物质条件，才能够实现我的理想，所以朱熹说曾点"初无舍己为人之意"，句句指向自己的内心，找到了这样的内在觉悟，无论过什么样的日子，也能够找到人生的价值与快乐。所以说他讲的全是一些日用常行中人人都能够找到的、不依赖任何外在条件的那种快乐，而这种快乐人人都有，就在我们的内心。在儒家看来，这样的快乐就是为学的最高目的。

明代儒者王阳明有个弟子叫王艮，他写了一首《乐学歌》，其中有几句话是："人心本自乐，自将私欲缚。……乐是乐此学，学是学此乐。"王艮平民出身，早年是贩卖私盐的盐商，没有多高的文化水平，但后来他也成了教化一方的大儒。因为他找到了学问最根本的目的，找到了为学带给他的真实快乐。他写的这首歌非常朴素，但里面就包含了人生的某种至理。他说"人心本自乐"，这里点出了人生的快乐就在我们的内心，可以不依赖于任何的外在条件，但是人心"自将私欲缚"，是自己的私心杂念把本来面目束缚住了。"私欲一萌时，良心还自觉。一觉便消除，人心依旧乐"，如果能够用内在觉悟去照亮、反观自己的私欲，就能够重新发现内心的快乐。"乐是乐此学，学是学此乐"，学问最高的目的就在于心灵的解放与解脱，当每个人都能真正找到自身内在觉悟的时候，就都可以像圣贤那样长久地快乐。

　　冯焕珍，哲学博士，中山大学哲学系教授、博士生导师。主要著作有《回归本觉——净影寺慧远的真识心缘起思想研究》《经藏游意——佛教义学综论》《参禅有道:〈坛经〉与禅宗十二讲》等，担任《云门宗丛书》执行主编。多年来为中山大学本科生和研究生开设"中国哲学史""中国哲学原著导读""《周易》经传导读"等课程。

陆 从《大学》看人类教育的目的

冯焕珍

人类从事的一切活动，起码能为自己的需要服务，如果人的活动对自己都没有任何意义，那么是很难持续下去的。当然，所谓为人类需要服务，这里的人类是一个整体性的概念，不能仅仅理解为一个个"个体"，因为"个体"与"个体"之间的需要是纷繁复杂的，个体性、差别性很大。在个体性、差别性很大的个人需要平台上，如何能够实现人类集体的共同需要？或者说，人类集体的根本共同需要是什么？这是很值得思考的问题。如果我们没有很好地理解在个体性、差别性需要基础上的人类共同需要，那么人类实际上是很难和谐共存的。

一、为人类需要服务的教育

人类的需要主要有两种：一种是精神上的需要，一种是物质上的需要。首先看精神需要。无论个体还是集体（集体由个体构成），相当多人的心灵在相当长时间内是躁动不安的。只要心灵躁动不安，就会带来痛苦，一个人感到痛苦，不要说去做"自利利他"的事情，健康生存下去都面临问题。这样一个问题，在中外无论哪种文化传统中都是个事实，不是个理论。这个问题必须解决，因为人躁动不安所带来的痛苦，轻则伤害自己，重则还会伤害亲人、朋友、同事乃至陌生人，就像早些年发生的"重庆公交坠江"事件。这个事件的具体原因追究起来当然比较复杂，但有一点是肯定的，那就是当事人的精神处于极度躁动不安的状态，以至于没有办法继续健康地存活下去，要通过一种非常手段结束自己的生命，这种非常手段既害了自己又害了别人。怎么解决这个问题？每一个时代、每一个民族都有解决之道，但是这解决之道有深浅、有彻底与否的区别。有的人解决得好，他的生命得到安顿以后就不会再躁动了；有的人解决得不好，就像感冒一样，这次治好了，没过两天又犯了，循环往复，断不了根。

什么样的方法能够根治这种毛病，或者说能够安抚躁动不安的精神生命？通过研究具体的知识能够达到这个目的吗？不可以。精神生命的安顿是一个整体性、全盘性的问题，而具体的知识就像一个工具，是为具体目的服务的，不能解决整体性的精神生命问题。我以为，应该用另外一种方法，用在另外一个基础上产生的学问才可以解决问题，即通过对人类自身的来源、角色与价值的体认和奉行才能达到目的。首先，要搞清楚我们从哪里来，搞清了我们自己的来源，我们的过去就不会漆黑一团，我们就不会在面对过去时无知无识、障碍重重。其次，我们自身的来源还涉及我们的生命要去哪里。总而言之，就是要搞清楚我们生命的来龙去脉，知道了生命的来龙去脉，我们就知道自己生命的意义，知道在生命过程中应该扮演什么角色。很多人出现问题，就是由于没有搞清楚自己的角色，庄子称之为"没有自知之明"，知道自己的角色就有自知之明，就不会出问题了。我们要对这些内容有比较深刻、全面的体认。我讲的体认就是感悟，用通俗一点的话来讲就是用身体去认知，不是用头脑去认知，是用整个身心去感知、感悟，感悟了以后还要奉行，真正按照这种感悟去践行。这是一个坚固不坏的精神平台，我们只有把自己的身心安顿在这个平台上，才能根本解决心灵躁动的问题。

人类还有一种需要，那就是物质的需要，这是满足我们日常生活所需的需要。这种需要对人类来讲大同小异，如果没有，人类就很难健康地存在和生活下去。这样的需要，是通过学习和掌握能够带来相应物质资料的知识获得的，这种知识是工具性的知识，在今天特别发达。譬如物理学、化学、生物学、医学、计算机科学等知识，都是为满足我们人类某一个方面的物质需要而渐渐形成和发展起来的学问，如果没有这些学问，人类世界就会是另外一个状态。可是，这种物质需要应该维系在一个什么样的水平上才是健康的呢？是不是越丰富越好呢？很难这么说。现在物质生活比过去不知好了多少，可是抑郁症患者越来越多，自杀呈现日益年轻化的趋势。这说明，精神与物质两种需要只有保持健康和谐的关系，才能使一个人成为真正身心健康的生命体。

以我个人的体会，一个人或者集体，如果能够做到由精神统帅物质，那么其生命品质就相对比较高，如果颠倒过来，由物质统帅精神，甚至只有物质，那么其生命品质就是相对比较低的。其中的关键在什么地方呢？不是说所有以精神统帅物质的生命都是品质高的生命，因为这里的精神存在健康与否、品质高低的区别。我们设想一下，如果一个人用希特勒似的精神做统帅，那他的生命品质会高吗？不仅他自己的生命品质不高，而且会连累全世界跟他一起坠入人间地狱。

讲得直接一点，一个人只有获得健康的精神奠基，他的一切需要听这个健康精神指挥，犹如演奏和谐交响曲的交响乐团，指挥就是这个健康的精神，种种工具性或者物质性的需要犹如演奏团里的各个角色，他们各安其位、共同协作，才能够演奏出比较和谐的生命交响曲。

二、现代"器本"教育的偏失

现在的教育，是不是受健康精神统帅的教育呢？我认为不是。不仅中国不是，而且全世界都不是，这很悲哀。从文艺复兴以来，我们的教育目标就已经是我所谓企图用物质来统帅精神的教育了，我把这种教育称为"器本"教育。这种教育有什么问题？我们可以从以下几个方面来认识。

第一个方面，人类中心与环境恶化。首先是人类中心带来的环境恶化。所谓人类中心，就是以人类为核心考虑一切问题。当个人以个人为核心考虑问题时，人类必然以人类为核心考虑问题，这样就会把人类之外的动物、植物、其他生物等一切物类都当成自己统治、宰割和利用的对象。在这样一种关系下，环境的恶化越来越深、越来越快了，欧美有些科学家甚至说人类已经面临第四次灭绝的边缘了。问题出在哪里？根本还在于人对自己的来龙去脉、自己的角色、自己在社会中应该发挥什么价值没有认知、没有体证、没有奉行。用古人的话来讲就是，今天人类的基本观念是天人相分，把人与天看成主体与客体两极，自然乃至他人都是我们自己征服、改造的对象。如果我们把人与天的关系理解为一体共生的关系，我们就会真正认识到天下任何事物，哪怕它小到微尘，其价值和地位跟我们人都是没有区别的，我们都不比它大一微尘、高一毫米。在一体共生的观念指导下，人就不可能对其他人、动物、植物进行统治、宰割和利用，直到其价值被利用完为止，没有价值者则被弃之如敝履。

这个道理，我是因一次搬家找不到绳子和纸盒而悟到的。你别以为那些绳子、纸盒就是垃圾，它们不是废弃物。你不需要它们的时候，它们的价值没有丝毫减少；你需要它们的时候，它们本身的价值就凸显出来了。所以，我们需不需要是一个工具性的需求，事物本身的价值不因为你需要它就有，你不需要它就没有，它永远是这样一个整体中的存在和整体中的价值。如果体悟到这一点，即使用完了的绳子和盒子，你也不会用脚去乱踩，或者把它们弄得脏兮兮的，你甚至会给它们一个很好的归宿。不少人讨论到中国人文明出行的问题（当然不是说外国人没有这个问题，在中国就讲中国事而已），说有些人住宾馆，竟然拿宾馆的毛巾擦皮鞋！他觉得他花钱在宾馆住一晚，他在这个地方怎么搞都行。这就是纯粹从以个体需要为中心出发对待事物的体现。

第二个方面，自由独立与严密规训。什么叫自由独立？现代人自由独立信仰的出现，在西方是因天主教、基督教占统治地位，把上帝看作人上之神，人都是上帝的奴仆，在中国也有同样的问题，就是古代的专制皇帝一统天下、说一不二。个人要从上帝或皇帝的控制下解放出来。这种对自由和独立的追求在现代已成大势，是人们共同的价值取向。这种价值取向本身并没有太大问题，但是要处理得平衡才好。因为当人摆脱了外在压迫和控制，获得了所谓独立自由以后，往往会走向另外一个极端，这就是妄自尊大。按照西方一个哲学家的说法，人自由独立了，反而变成了不能承受之重，你天生自由，但你不知道如何继续很好地生活下去。为什么？每个人都追求独立自由，必然带来人与人之间的冲突，当面对大家共同需要的物质生活和物质资源时就会产生正面冲突。这种冲突在人与人之间的物质需要得不到有效调控时就会失控，西方国家20世纪以来发动的两次世界大战，就是典型的例子。

由于这种现象很难避免，人们为了减少其出现频次，就只能靠

"严密规训"的制度建构。"严密规训"是什么意思？就是人的一天，你要做什么，甚至要想什么，无形中都被规定了，甚至是诉诸法律规定了。这样一来，人的所谓独立和自由就异化成了铁桶中的独立和自由，其身心自然无法得到真正安顿。

第三个方面，道德滑坡与道德需要。人与人之间交往，一定要有道德规范，古代儒家称之为"礼"。孔子说："不知礼，无以立也。"如果你在一个社区、社会和国家生活，连一点"礼"都不知道，那么你是连立足之地都没有的。人与人之间在交往的过程中，为了顺利达成双方各自的目的，不管这个目的是利己还是利人，都必须在某种"礼"的平台上才能实现。

但今天的教育很少重视这方面的内容。现在整个社会变成了一种什么样的状况？"事不关己，高高挂起""各人自扫门前雪，莫管他人瓦上霜"，甚至有人摔倒都不去扶。如果要去扶，还要用手机拍照片，表示自己确实是做好事，免得被摔倒者讹诈。忽视了"礼"的教育，人心就会堕落到这个程度。

第四个方面，精神安顿与价值虚无。人都需要精神安顿，如果不安顿的话，自己都觉得烦。我经常听到同学说："我现在都烦死自己了，我都不知道干什么好。"这是价值虚无的哀叹。什么叫价值虚无？一个人只有知识，而没有价值观。社会将人塑造成一台机器，以为只要充上电，就能够完成既定任务。但人是有感情、有思想的动物，人的"喜怒哀乐爱恶欲"得不到安顿，情绪七上八下，思想东奔西跑，每天带着一堆烦恼起床，又带着一堆烦恼上床，是很难过的。如果没有健康的价值信仰，这个问题就不能从根本上得到解决，只能是"杯水车薪"、"聊胜于无"或"头痛医头，脚痛医脚"而已。所谓健康的价值信仰，起码对整个人类来说都是健康的价值，而这就要求我们超越人类中心主义价值观。

三、古代教育是"道本"教育

我称中国古代教育是一种"道本"教育，而称现代教育是一种"器本"教育。所谓"道本"，即以对道的体悟为本，"道本"教育即在此基础上建立起来的"道学"教育体系。凡是以"道学"体系为教育根本内容的教育，就叫作"道本"教育；反过来讲，凡是以改善某方面生活水平或条件的工具性知识为根本内容的教育，就叫作"器本"教育。古代的教育，正是"道学为本""器学为用"的"道器一体"的教育，而现代的教育则是"以器代道"甚至"以器为道"的教育，也就是忘记了"道"的器用教育。

我们要不要培养优秀人才？当然需要。但是，优秀人才只有在健康教育的基础上成长才能够健康。我们看到，现在虽然培养出了一些优秀人才，但很多人的身心其实很不健康。据相关报道，学校学生的心理健康状况并不乐观，极端事件时有发生。导致这种局面的原因很多，忽视学生健康价值观的培养无疑是其中之一。如果我们的学校能够更多借鉴中国古代的教育智慧，转到"道本"教育的价值取向上去，那么这种状况是可以不断得到改善的。

我们先看看古代教育的目的是什么？《礼记·学记》里面讲得很好："君子如欲化民成俗，其必由学乎！玉不琢，不成器；人不学，不知道。是故古之王者建国君民，教学为先。"古代以教育为先务。古代教育要达到的目的是什么？化民成俗。教育要像春风一样，令人和煦、安泰。如何才能化民成俗？要知"道"。因此，我把古代教育的目的提炼成两个方面：第一个方面是觉悟天道，第二个方面是化民成俗。这实际上是一个目的的两个方面，因为化民成俗是觉悟天道的结果，只有觉悟了天道才能化民成俗。

现在我们具体讲讲曾子的《大学》，讲讲"大学"之道。这里没打书名号的"大学"，是指大人之学。这个"大人"有广、狭两义：广义的"大人"就是成年人，我们在座的都是大人；狭义的

"大人"指圣人。换句话讲，"大学"是所有成年人都应该学习和接受的学问。学习和接受了这种学问以后，他就能够成为圣人，圣人也是大人。传统社会基于等级观念称呼的大人是"大人"的衍生义，譬如父亲、东家、官员都可以称为大人，这些都是衍生义。"大学"是一个完整的教学体系，它在曾子《大学》这部著作里得到了非常简洁明了和系统有序的展现，可以说《大学》是古代儒家"道本"教育的经典文献或者教学大纲，古代的官方教育系统一定是按照这个纲要组织教学、实现教学目的的。学习这部著作，对今天怎么改善我们的教育状况、调整我们的教育目的，也是很有帮助的。

首先，"大学"教育的内容，很重要的基础是"道"。《大学》一上来就说："大学之道，在明明德，在亲民，在止于至善。"这是古人所说的"三纲领"，也是《大学》论教育的纲领，同时也是古代"大学"教育的灵魂和核心。这"大学"之道，不能够简单地理解为"大学"教育的方法，依我个人的体会，这个"道"就是孔子所说的"道"，而孔子所说的"道"根本上就是《周易》的"阴阳之道"。

我一下子从曾子到孔子再上溯到《周易》，有人或许会说跳跃太大了，但我并不是随便说，而是有相关的证据，只是这里没时间跟大家详讲，只能讲几个有理据的结论。首先，曾子是孔子的衣钵传人，《论语》一书就是由曾子及其弟子整理成的。虽然找不到文献依据，但可以推断孔子临终前会明确交代曾子整理和刊布其语录。孔子弟子那么多，他如果没有对曾子做出明确交代，曾子是不敢擅自做这件事情的。曾子确实也得到了孔子思想的精髓。曾子的父亲曾点也是孔子的学生，他体悟的境界也很高。《论语》里面著名的"吾与点也"的境界，就是孔子对曾点的认可。曾子作为曾点的儿子，不仅受到孔子的良好教育，还受到其父亲的家教熏陶，他体悟的境界也是很高的。在孔子弟子中，曾子主要借助孝道感化后人，被称为"孝道第一"，其实他在其他方面也同样好。

再有，孔子本身是一个易学家。为什么这么说？孔子在《论语》里讲："加我数年，五十以学《易》，可以无大过矣。"孔子向来很谦虚，但哪怕我们从他说这话时开始算，他学《周易》也学了二十多年，真正学到了"韦编三绝"的地步。有这样的时间学《周易》，说他不是易学家，我不相信。此外，司马迁记载，孔子当时经常去给人家占卜，哪个国家有什么特异的天文地理现象出现，都要请孔子去论断因果吉凶，孔子每断必准。司马迁在《史记·仲尼弟子列传》中还记载了一个很有意思的故事。孔子去世之后，学生们都很想念他，因为有若长得很像孔子，大家就拥戴他坐孔子生前的座位，宛如夫子还在一般。有一天，孔子弟子问有若，商瞿年长无子，他的母亲要为他娶妻，夫子却要他出使齐国。商瞿的母亲很着急，夫子劝她说："您老人家不要着急，商瞿四十岁后会为您生五个丈夫子。"后来果真应验了。又有一天，学生跟夫子一起出门，刚出门时万里无云、阳光普照，夫子却叫学生们带上伞，结果真的下了雨。请问夫子是如何知道的？有若答不上来，孔子弟子就说："这位置不是你能坐的，你下来吧。"这些都表明，孔子深通《周易》的阴阳之道，因此，孔子之"道"不能仅仅理解为"仁道"，而应从更根本的"阴阳之道"来把握。

从孔子所写的《周易·系辞》来看，"一阴一阳之谓道，继之者善也，成之者性也"，意谓天地万物都是在阴阳相交过程中产生的，万物随顺阴阳之道就是善，随顺阴阳之道成就自身就获得了自身的特性。换句话说，狗之所以叫狗，人之所以叫人，都是由阴阳之道化合而成的。如乾卦《象传》说："乾道变化，各正性命。"天地万物都因道的运化而获得自己的性命。人依"道"而获得人性，因此儒家称人性为天性；万物依道而获得物理，因此儒家称物理为天理。从这个角度我们也可以体会，为什么儒家要讲"天人一体"，为什么儒家要讲"万物平等"，因为我们都来自道，我们本是同宗。从这个地方出发，我们绝对不会认为，某个对象对我们没用就当垃圾扔掉，对我们有用就当宝贝供着，不会产生这种思想，我们只会认为，万物本是同根生，相互不应产生冲突。

天性本具的德性就是天德。这里的"德"，程颐注解说："德者，得也。"可见这个"德"不仅仅是道德，而是得自天道之德，由天道获得的一切都叫作天德。天德有哪些内容？我认为就是儒家所说的五常或五心。《孟子·公孙丑上》讲："恻隐之心，仁之端也；羞恶之心，义之端也；辞让之心，礼之端也；是非之心，智之端也。"这里讲到仁、义、礼、智四心，还有第五心是董仲舒拈出的"信"心。在儒家看来，这五心不是人为造作的，而是从阴阳之道化生而为人本具的。仁、义、礼、智、信五心都可以用《中庸》讲的诚心统摄，所谓"诚者，天之道也"，天道的根本就是诚，即大公无私、不偏不倚的品格。人得之于天道的德本身也具有大公无私、不偏不倚的品格，这就是中庸之道。这一思想将人的至善之心植根于天道，意味着人行善是必然的。这一点对儒家来讲特别重要，对我们理解儒家思想与西方思想的区别也特别重要。

《大学》的第一句话是"大学之道，在明明德"。第一个"明"是动词，是显明、显现的意思。显现什么？显现"明德"。"明德"的根本就是人本具的"天德"，体现在人身上即仁、义、礼、智、信五心，要把这五心显现出来。只有这样的"德"才是"明德"或"光明之德"，其他的"德"都要受"光明之德"统帅。古代"大学"教育的核心就是要把"光明之德"显发出来，无论郑玄注的"显明其至德也"，还是孔颖达疏的"章明己之光明之德"，都是这个意思。

"明明德"以后要干什么？亲民。后面的"亲民""止于至善"都是"明明德"后发挥的作用。显发了"光明之德"后，面对人、事、物一定不会有任何障碍，自然会对别人或事物有爱心。但这个地方的文本有一点争议，程颐、朱熹等人将"亲"字改成"新"字，他们这样改没有依据，实际上也不用改，因为"亲民"本身也有"新"的意思。我们用下面两层含义解释"亲民"，意思就非常清楚。第一层含义是"老吾老以及人之老，幼吾幼以及人之幼"，像对待自己的父母子女一样对待所有人的父母子女，这是"亲民"的基本含义。第二层含义专指皇帝而言，如果是皇帝，就要这样"亲民"："天视自我民视，天听自我民听。"这是《尚书》里面的两句话，意思是皇帝要做老百姓的儿子，因为皇帝只有把老百姓当成自己的父母才能够得民心，得民心才能得天下，《大学》后面讲的"道得众则得国，失众则失国"就是这个意思。作为一个皇帝，是否得道、怎么得道，都看他是否以老百姓之心为心，如果以老百姓之心为心，就能够得道，就能够得民心，就能够得天下。反之就是另外一回事，甚至会弄得像桀、纣一样，成为《孟子》呵斥的"独夫""民贼"。如果一个皇帝成为"独夫""民贼"，那么按照孟子的态度，推翻他是替天行道，不是大逆不道。先秦儒家的道统意识是很强烈的。

所谓"止于至善"，"亲民"的践履达到极致就是"止于至善"，也就是把"光明之德"毫无障碍、毫无欠缺地展现出来、流布出去，让它充满整个世界。

"道本"教育的愿景是什么？依《大学》原文翻译成现代汉语，就是"显明天德，止于圆满，成为大人，达到中和或大同之境"。这正如《周易·乾·文言》所说："夫大人者，与天地和其德，与日月合其明，与四时合其序，与鬼神合其吉凶，先天而天弗违，后天而奉天时。天且弗违，而况于人乎！况于鬼神乎！"一个通过"大学"教育成为圣人的大人，他的道德跟天地一样大公无私，"天无私覆，地无私载"，这就是所谓的"与天地合其德"。这里的"明"是智慧，圣人的智慧跟太阳和月亮一样没有任何暗点，通达天文、地理和人事。圣人的生活很简单，"与四时合其序"，因为他知道自己来自天道，一定要随顺阴阳、四时、五行生活，不会有逆天之行。"与鬼神合其吉凶"并不神秘，根本上就是指圣人能做老百姓的儿子，能以老百姓之心为心，只不过这里不单指人，把鬼神都包含了进来。因为相对鬼神，人比较好应酬，鬼神很难将就，鬼在下面怨气冲天，神在上面高高在上，圣人连鬼神的吉凶都能相合，自然能够与老百姓合吉凶。圣人达到了这样的境界，他后天而动是尊奉天道而动，他先天而行也是顺天而行，始终不违天道。

《中庸》说："喜怒哀乐之未发，谓之中，发而皆中节，谓之和。""喜怒哀乐"指人的七情六欲，它们在没有发出来时，在心中处于和谐状态，不是相互矛盾状态，这叫作"中"。"发而皆中节，谓之和"，七情六欲发出来能够"中节"，"节"是礼，"中节"是合礼。儒家的礼特别重要，礼是天地的关节，在生活中能合礼，就能渐渐跟人相合、跟社会相合、跟天地相合，最后就能实现万物和谐，故称为"和"。所以，判断"发而皆中节"的最低标准，就是看你的"喜怒哀乐"在什么时间、什么地点表达，表达是否合礼，合于礼就是和谐，不合于礼就是不和谐。"中也者，天下之大本也；和也者，天下之达道也"，意味着"中"与"和"是一个意思，都是中庸之道，只不过"中"是从根本见地上说，"和"是从体证境界上说。喜怒哀乐、七情六欲没有发出来时要符合中庸之道，发出来后也要符合中庸之道，这样才能够令"天地位焉，万物育焉"，使天地各安其位、万物各得化育。

四、"道本"教育的两种修行方式

古代的"道本"教育落实到修行实践中，有顿悟和渐修两种方式，顿悟适合上根器者，渐修适合中下根器者。依孔子之言，可将人分成"生而知之者，学而知之者，勉而学之者，困而学之者，困而不学者"五种，其中第一种与第二种的一部分属于上根器者，第二种的一部分与第三、四、五三种都属于中下根器者。因为"生而知之者"很少，大部分都是"学而知之"以下者，所以我们可以把"学而知之者"划入上根器，而将其余三种划为中下根器，这些人大都依渐修之路来落实"道本"教育。怎么落实？《大学》讲得好："古之欲明明德于天下者，先治其国；欲治其国者，先齐其家；欲齐其家者，先修其身；欲修其身者，先正其心；欲正其心者，先诚其意；欲诚其意者，先致其知，致知在格物。物格而后知至，知至而后意诚，意诚而后心正，心正而后身修，身修而后家齐，家齐而后国治，国治而后天下平。"把"光明之德"完全展布于天下的前提是治国，治国的前提是齐家，齐家的前提是修身，修身的前提是正心，正心的前提是诚意，诚意的前提是致知，致知的前提是格物，格物、致知、诚意、正心、修身、齐家、治国、平天下循序渐进，由近及远、由浅入深，最后才能够显发"光明之德"，这就是"渐修之路"。

"顿悟"，顿是刹那，悟是觉悟，顿悟指刹那之间就觉悟了。顿悟有目的与方法二义，顿悟的目的义指超越天人相分到天人合一的境界，顿悟的方法义指在天人合一见地下依智慧修行。从顿悟的目的义讲，所有人的内心都必须经超越天人相分到天人合一这一刹那的转变或飞跃，否则就不能从君子、贤人变成圣人或大人；从顿悟的方法义说，只有上根器者或中下根器者中对顿悟法有信心者才能修行顿悟法门，大量中下根器者必须修行渐修法门。

在先秦儒家典籍中，《大学》已提出了这两种法门。例如，由《大学》的"知止"入手，当下即可做到"知行合一"，顿悟天道全体大用，显发"光明之德"。不过，最先明确开出"顿悟"法门的先秦儒家典籍是《中庸》。《中庸》所谓"自诚明，谓之性；自明诚，谓之教。诚则明矣，明则诚矣"，后者是讲渐修法门，前者就是讲顿悟法门。"自诚明"，"诚"就是天道本具的"光明之德"，当下体悟到此至诚不息、生生不已的"光明之德"，就完成了儒家的"体道"工作，就变成了圣人，接下来要做的工作不过是王阳明所谓的"致良知"。"良知"亦即"光明之德"，"致良知"即把"光明之德"扩展出去。顿悟在儒学修行系统里也是一大流，从孟子的"反身而诚"到陆象山的"发明本心"和王阳明的"致良知"，都是提持顿悟者流。

五、"道本"教育的修行次第

《大学》"道本"教育提持的渐修法门，其内容主要见于首段"知止而后有定，定而后能静，静而后能安，安而后能虑，虑而后能得"诸句，总共包括六个层次，每个次第都有具体的修行内容。

首先是"知止"。这里先必须把"知止"的内涵解释清楚，否则往后就不知道往哪里修，也不知道从哪里开始修。"知止"就是知"道"，在古人的"大学"教育中，最关键的一环就是知道有"道"存在。在古人眼中，这个世界不是诸神竞争的争竞系统，而是道化流行的和谐世界，世界上无处没有"道"，处处都是"道"，如同成语所说头头是"道"。一个人如果真的明白头头是道，就能四通八达；反之，如果不知有"道"，就会四处碰壁。

为了说清楚这部分内容，我们先讲一讲朱熹改订《大学》的问题。我们知道《大学》现在有两个传本：一个传本是汉唐本，就是朱熹以前的传本，习称《大学》原本；第二个传本是朱熹改订本。朱熹对《大学》做了以下几个方面的改动。第一，他认为《大学》第一段是孔子说的话，应该叫经，后面十段是曾子解释经文的话，应该叫传。所以，他将《大学》称为《大学经传》。为什么前面一段是孔子说，后面十段是曾子说？他没有提供任何理由，只是他个人的论断。第二，他的私塾老师程颐讲《大学》时，说"亲民"的"亲"字不对，应该是"新"字，朱熹尊其师说，就把文中的"亲

民"改成了"新民"。第三，朱熹在《大学章句》序言中说，经文
后十章为"曾子之意而门人记之"，并断定"旧本颇有错简"，遂
"因程子所定，而更考经文，别为序次"，意思是《大学》十段传
文虽然有九段是真的，但存在错简，他对传文次序进行了调整。第
四，朱子以为《大学》本有"释格物致知义"一章，后来亡佚了，
于是"间尝窃取程子之意"而补作了此章。改订本《大学》第二段
就是朱熹补的文字，叫"格物致知传"，那段文字很漂亮，讲得也
很有道理，但《大学》本身是不是需要他补这么一段呢？这就是问
题了。

　　我个人的看法是：《大学》不需朱熹补"格物致知传"一章，
补了以后反而令"知止"的内容隐晦不显了。换句话说，本来"知
止"的对象很清楚，就是知"道"，朱熹补"格物致知传"以后反
倒不清楚了，造成了一种负面后果。因为首段"大学之道，在明明
德，在亲民，在止于至善"，正是有本有末之论。学者当格之"物"
是什么？不是别的，就是"大学"之道。格，既有认识义，也有格
正义，根本是格正义，即王阳明所谓"正其不正而归于正"之义。
格"大学"之道，即令"大学"之道由不正归于正。要格"大学"
之道就得先知此"道"，"知止"就是要知此"道"，如果不知此
"道"，怎么知道人践行之"道"正不正？又如何令其由不正归于正
呢？所以，格物根本就是格"道"，而不是如朱熹补"格物致知传"
所说，把天地万物都认识一遍。他从认识义说"格"，不是《大学》
"格物"之"格"的根本义，那太宽泛了，模糊了根本目标，令人
难以适从。据说，王阳明按朱熹的方法格竹子，格了七天，不但没
把竹子的道理格明白，反而把自己的身体搞垮了，大病了一场。我
说朱熹的补传带来了负面影响，王阳明的经历就是一个例子。

　　"知止而后有定，定而后能静，静而后能安，安而后能虑，虑
而后能得"，是有始有终的修行之路，是学者应"致"之"知"与
"致知"的次序。我把"知止"的内涵分成两个方面：第一是"能

知之知"，指用什么工具"知止"，这个很重要；第二是"所知之物"，指所知的对象是什么。"能知之知"就是人的"光明之德"中本具的智慧，而不是理性认知能力，分清这一点很重要。用理性认知能力去"知止"是无法真正知"道"的，因为理性认知能力是分别识，分别识看不到"其大无外，其小无内"的"道"，看到的都是一个一个被分别识本身割裂了的具体对象。理性认知能力既然连"道"都看不见，怎么能够"知止"？因为"知止"所知的对象正是"道"。所以，能知"道"的"知"字一定是"光明之德"本具的智慧，五心中的智就是此智慧在个人身上的具体体现。此"智慧"的根本特点是无分别，即不会像分别识那样将"其大无外，其小无内"的"道"分得七零八落，只有这种体知能力才能把握"显诸仁，藏诸用，鼓万物而不与圣人同忧"的"道"。

"所知之物"即"道"，我们可以分成五个方面加以把握或认知。第一个方面，天道是天地万物所依止的根本，根是天道，本是本体。这个最关键，要先知道"道"，只有知道自己所止为"道"，才能够修"道"，实现"道本"教育的目标。第二个方面，"道本"教育尊奉的老师根本上是圣人。中国传统教育是圣贤教育，没有圣贤可以说就没有中国传统教育，因为没有圣贤就不可能有他们体悟天道以后开阐的四书五经等经典。第三个方面，要知道圣贤体悟"道"以后用语言文字表达"道"的经典。这些经典在中国传统教育中处于至关重要的地位，因为"道本"教育的核心内容是经典。第四个方面，要知道"修道所依止"。"道本"教育落实在修行中要依什么来践行？时位。时位是来自《周易》的概念，时是时间，位是空间，指任何修道者当下所处的时间和地点，实际上指某个角色，比如学生、老师、官员、商人等。你在某个时位，先要有自知之明，把自己的角色搞清楚，并由此时位出发修行，不要羡慕其他时位上的人。第五个方面，格物的最后一个方面，或者说"道"的最后一个含义，就是知道成"道"所当止是至善。也就是说，修道是为了达到至善这个目的，这本质上是"光明之德"的圆满显现。在我看来，所谓"格物"就是格这五个方面的内容，而不是像朱熹那样泛泛地"格天下之物"，格好这五个方面的"物"才是真正的"物格知至"。

其次是"定"。"知止"才有"定"，"定"指的是立志，立下志向。孔颖达的解释也是这个意思："既知止于至善，而后心能有定，不有差贰。"所谓"不有差贰"，就是立下学"道"、成"道"的志向以后，就"矢志以求"，不会再有其他念头，在学"道"过程中也不会三天打鱼，两天晒网。我们根据这样的解释，再从励志角度阐明一下前面要格的物，既知天地万物依天道而有，那就立志觉悟天道，把觉悟天道作为人生头等大事，陆九渊的"先立乎其大者"就是这个意思。既知立教的根本是圣人，那就立志效法圣人，古代的儒者第一就要希贤希圣，希望自己成为贤人乃至圣人。既知学"道"须依圣人阐述的经典，那就立志信守经典，不怀疑经典思想内容的真理性，即使发现经典之间在文字上有相互矛盾之处，或解释不通之处，也不怀疑经典本身有问题，而是"反躬自省"，认为是自己的智慧和能力有限，通达不了圣人的智慧世界。事实上，如果真用这个方法，很快就能够进入经典世界，如果一见经典中有不顺或不解的地方就以为经典错了，那就很难进入经典世界。朱熹讲读书法时曾说：一个人读经典，起码要读几十遍才能够大体通达；要读上百遍，才能知道古今注疏的来龙去脉和优劣深浅。既知修"道"须依止个人所在"时位"和"角色"而行，就应努力"思不出其位"，就应"素位而行"，行此时此地当行之事。反之，如果不知"时位"，就会经常思出其位，思出其位就是妄想。"思不出其位"这句话强调只有立足当下、从当下起修才能有所进步，这对任何修行人来讲都是非常关键的。最后，既知成"道"止于至善，就要立志穷理尽性、知性知天，最后与天道同体。《大学》所说"知止而后有定"的阶段，与孔子"十有五而志于学"的阶段相当，孔子的"志于学"根本也是学"道"，而不是学具体知识。

再次是"静"。"定而后能静"的"静"就是"诚意"的境界，这是讲结果。"静"，就是让自己的心安静下来，不要躁动不安，也就是我们所说的安顿精神生命。如何"静"？《大学》说必须"诚意"。"意"是意念、念头，"诚意"就是让不诚的念头渐渐减少直到消失，让真诚的意念或念头不断增加，最后与至诚不息、大公无私的诚心和天道合一。

"诚意"，就是《大学·诚意》说的排除种种杂念。首先要知道，我们的"意"来自天道，本来是诚实无欺的。因为天道的根本性格就是至诚不息，人禀自天道的"光明之德"当然同样至诚不息。换句话说，本来就不存在"天私"，如果不知道这一点，诚意就很难做了。为什么？很多人往往说，人的"意"本来不诚，我怎么能够让它诚？这就是不了解儒学修行的根本前提。曾子告诉我们，人的意本来是诚的，只因后来受到种种欲望牵引才沦于不诚，才出现《大学》里面讲的这种贪嗔痴象："人莫知其子之恶，莫知其苗之硕。"看自己生的子女，怎么看怎么如意；看自己种的庄稼，怎么看怎么不如意。

知道自己的"意本诚"，如何将不真诚的念头变诚呢？最初一环是"习礼"。《大学》里面讲"为人君，止于仁"，在君位就要修习、依止仁德；"为人臣，止于敬"，在臣位就要修习、依止恭敬；"为人子，止于孝"，在子女位就要修习、依止孝道；"为人父，止于慈"，在父母位就要修习、依止慈爱；"与国人交，止于信"，与其他人交往就要修习、依止诚信。仁、敬、孝、慈、信是调节社会人际关系的五种礼，是仁、义、礼、智、信五心落实到每个方面体现出来的象，五者之间是一即五、五即一的关系，任何一方面修习圆满，意味着其他四个方面同样臻于圆满，例如圆满了仁，同时也就圆满了敬、慈、孝、信。

知道依照"时位"修行，还要有正确的修行态度，这就是"毋自欺"，不要欺骗自己。为什么呢？仁、义、礼、智、信是我们的"光明之德"本具的五心，你起了不诚实的念头，说了不诚实的话语，做了不诚实的事情，别人可能不知道，但你自己很清楚，否则你就不是一个修道人。一个修道人，他知道自己该干什么、能干什么、想干什么，而且把该干什么排在第一位，第二位是能干什么，第三位才是想干什么。"毋自欺"就是要明白自己在当下这个位置该做什么，这是可以落实到实际修行中观察抉择的。

但在具体修行时，会出现一个现实的问题：思老是出其位怎么办？思就是念头，念头老是不安分，老是从这个位跑出去，就是思出其位。譬如有的人，他到外地旅游吃饭时还在想："要是这桌饭放在广州，会值多少钱？"如果出现这种情况，处理办法也很简单：只要出现了这些念头，就把它收回来。一定不能够去追问这个念头："我为什么生这个念头？"这样，杂念很难停下来。更不能够跟杂念纠缠打斗，那样它会与你越打越欢，更难停下来。古人说，"不怕念起，只怕觉迟"，不怕你生起种种杂念，而怕你觉察到杂念的时间太晚，太晚就意味着杂念已经驱使你做了不该做的事。一开始，大多数人一般只能等杂念过了才想起："唉，我刚才起的那个念头不对呀。"这是杂念灭了才知道自己不该起这个念头，一开始能做到这一步已经不错了。更进一步，在杂念将灭未灭时修行者就能觉察到它，它一般就不会表现为身体和语言行为，不会对别人造成伤害。再进一步，在杂念正在运作时修行者已经觉察到，在它力量处于微小状态时便让它消失。最厉害的是，在杂念刚刚出现时就逮住它，它就不会有任何作为了。这样修行到连杂念都不会出现，就达到"身心轻安"的境界了。"身心轻安"就是这么一种状态，在某个时位该想什么就想什么，不该想什么就连相应的念头都不会有。西方人讲人肉身沉重是犯了原罪的结果，中国人讲是自己杂念太多的结果，把这些杂念除掉就轻松了，而且不仅轻松，还能见道心、开智慧。

　　经过这个阶段，其结果就是"意诚"。"意诚"相当于孔子所说的"三十而立"和"四十而不惑"两个阶段的境界。立是立于礼，就是要依礼而修；不惑是明事理，指其意已诚，对人间之事不会有迷惑了。

　　第四是"安"，也就是心正。这个层面用的方法，就是《大学·正心》所说的"正心"，即断除心中的细微杂念。当然，这里的细微杂念比"诚意"层面深微。《大学》说："身有所忿懥，则不得其正；有所恐惧，则不得其正；有所好乐，则不得其正；有所忧患，则不得其正。""忿懥之心"是嗔恨心，"恐惧之心"是畏惧心，"好乐之心"是偏爱心，"忧患之心"是忧郁心，这四种心都是《尚书》所说的"人心"，会使人陷入偏颇甚或危险，要将它们净化过来。净化了这四种心，心就正了，"人心"就变成了"道心"。"人心"是人欲污染之心，"道心"则是纯然合道之心，到了这个层面，就能初步显明自己的"光明之德"，就可以叫"明明德"了。这相当于《周易》"见天心"的境界，或孔子"知天命"的境界。孔子说"五十而知天命"，通达天命的人就"不怨天，不尤人"了。《中庸》所说初入"中和"之境也与此境相当，人能"致中和"，则可以"位天地""育万物"。

　　第五是"虑"。虑的本义是思考、谋划，《说文》："虑，谋思也。"不过，此处的"虑"不是任何平常人的思考或谋划，而是一个儒者历经前述修行诸阶段后的思考或谋划，因此不是分别识，而是智慧的思考或谋划，这一点必须辨清楚。能洞察真相的方法是"修身"，要在待人接物时避免亲爱、贱恶、哀矜、敖惰等偏僻情形。净化了这些偏僻情形，结果就是"身修"，身就修诚了、修美了、长久了。这个阶段相当于《周易·系辞》所说的"与日月合其明"的境界，相当于孔子所说的"六十而耳顺"的境界。当然，孔子所谓年龄不是生物意义上的年岁，而是精神意义上的境界。因此，不是说每个人都非得要到六十岁才能达到这个境界，有些人可能很小就达到了，有些可能到八十岁还望尘莫及。一般人听到赞扬自己的话心里难免暗暗激动，听到贬低自己的话难免隐隐恼恨，进入"耳顺"境界的人则不一样，他无论面对赞扬吹捧，还是贬低诋毁，都能一过即化，不会留下任何痕迹。这个境界，与佛教所谓"八风吹不动"（利、衰、毁、誉、称、讥、苦、乐）相当。

最后是"得"。"得"是最后一个层次，就是"止于至善"的层次，即自己的"光明之德"已经发挥了妙用。"得"的结果是家庭和睦、国家治理、天下太平，其中家齐与国治是因，天下平是果。"得"的方法主要体现在齐家与治国两个阶段，齐家的主要法门是践行《大学》所谓孝、悌、慈三德："孝者，所以事君也；弟者，所以事长也；慈者，所以使众也。"一个家庭能做到父慈子孝、兄友弟恭、慈爱众人，家庭就和睦了。由此推展出去，"一家仁，一国兴仁；一家让，一国兴让"，整个国家就长治久安了。从齐家推展到治国的过程中，《大学》提出了一种"絜矩之道"："所恶于上，毋以使下；所恶于下，毋以事上；所恶于前，毋以先后；所恶于后，毋以从前；所恶于右，毋以交于左；所恶于左，毋以交于右。"这其实不过是齐家之道在治国上的运用。家已齐，国已治，天下自然太平。这个境界，相当于《周易·系辞》"与鬼神合其吉凶"、孔子"从心所欲，不逾矩"的境界。一个人达到这个境界，到哪里都自在，没有一点障碍。这表明，从古代"道本"教育来看，凡是遇到障碍，一定不是外面的世界不通，而是我们的心不通。心不通才有障碍，心通则时时处处皆通，这就是孟子说的"上下与天地同流"的不可思议境界。

我们简单总结一下本讲座的要点。从道本身说，只一天道，在物为天理，在人为明德，在知为智慧（良知），在意为诚意，在心为正心，在身为修身。从日用方法说，只一修身，在物是使物格，在知是使知至，在意是使意诚，在心是使心正，在身是使身修，在家是使家齐，在国是使国治，在天下是使天下平。从成就境界说，只一至善，在物称物格，在知称知至，在意称意诚，在心称心正，在身称身修，在家称家齐，在国称国治，在天下称天下平。总之，如王阳明说："盖身、心、意、知、物者，是其工夫所用之条理，虽亦各有其所，而其实只是一物；格、致、诚、正、修者，是其条理所用之工夫，虽亦皆有其名，而其实只有一事。"

面对这样的"大学教育"，今天的教育界是否应该适当反省呢？

柒 上下与天地同流——《中庸》开显的
圣境及其意义

冯焕珍

　　各位同学好！很高兴能够来这里跟大家分享我学习传统文化的一些体会。讲到传统文化，我们知道主要有儒、道、佛三家，这是传统文化的三大主干，其中影响最为广大深远的是儒家。儒家可以说形成了我们的华夏文化基因，如果我们不了解儒家的话，就不知道自己的文化基因是什么，也就枉为中国人。不同的民族在世界上之所以有差异、各有特点，是因为他们具有不同特点的文化。文化不像社会科学、自然科学，这些科学知识是按照一条公共标准、按照一套能够形成知识的逻辑理论推演出来或归纳起来的。虽然不同民族的文化，其产生也需要借助于人的理性，但是由于它跟各自生活的地域、气候、传统、习俗都有很大关系，所以这些因素只有综合在一起以后，才能形成所谓传统文化，它就跟社会科学、自然科学呈现相当不一样的面貌，各有其特点。

一、中国文化的思维方式

中国儒家文化的特点是什么呢？它最具有民族性的东西是什么呢？从思维方式上来讲，就是天人一体基础上的智慧认知方式。我们如果了解一下西方文化，从古希腊一直到现代，形成他们民族文化的主要思维方式是天人相分基础上的理性认知方式。这里的"天"是广义的天，整个跟认识主体相对的世界都叫天。换个角度可以说，通过理性将认识主体跟认识客体区分开来，在此基础上形成了主导西方的思想文化。由于这种思维方式为他们思考认识世界提供了一种向外求真的动力，他们的哲学始终要设立一个终极真理，在此基础上形成的社会科学和自然科学等也始终以向外求真为目的。

中国人的思维方式也形成了相应的思想文化。中国人的智慧认知方式不对认识主体与认识客体作二元对立的区分，我们在认知世界的时候是把自己也放进被认知对象中的。这种认知方式跟理性认知方式很不一样：理性认知方式主要通过"理"而"知"，即通过人类认知世界形成的种种道理去认知；智慧认知方式主要通过"体"而"知"，即通过认知者与所知者的整个身体去体知，所以他在认识世界时能将自己放进去。举例说，孔子的"己所不欲，勿施于人，己欲立而立人，己欲达而达人"就是这样的体知结论。他通过智慧体知生活在同一个天地中的人，感受到他们都贪生怕死、趋利避害，于是得出了这个结论。孔子体悟到的这些内容并不是一种理性认知的知识，而是人类维持自己健康生存和发展必需的准则。

由于中国人主要从智慧体知出发认知人类健康生存和发展所需要的某种共同状态和准则，这反过来又说明中国人关心的主要问题是人如何能够在天地间健康地生存和发展的问题。他们关心的人是大写的人，是集合体的人，而不是个人。比如在儒家思想中，不存在西方特别是近代以来强调的独立个体，特别是那种自由主义、个人主义意义上的个体。他们最关注的是，由"五行之秀气"形成的人的生命如何能够在这个世界上得到安顿，并由个人安顿推广到一切人的安顿。同时，既然人生活在天地间，人要安顿好自己，就意味着必须安顿好天地万物，如果天地万物得不到安顿，那么个人想在其中得到安顿是不可能的。儒家从与他人息息相关的个人推广出去，从个人到集体、人类、生物，乃至宇宙全体，全部要在一个和谐的共同体中加以考虑。

近代以来，我们经常诟病中国文化没有带来近代科学，这还成为李约瑟《中国科学技术史》中的"李约瑟之问"：中国古代的科学发明出现时间那么早、成果那么杰出，为什么近代科学不产生于中国而产生于欧洲？其实，如果我们明白了两种思维方式之间的差异，以及由此必然产生不同的思想文化，就知道以安顿人的生命为核心和目的的中国古代文化肯定不会产生近代意义上的自然科学和社会科学，因为在这种文化视野里就没有这个问题。翻看中国古代历史，你会发现很多搞机械或工艺的人地位都很低，这是为什么呢？因为在关注人类生命如何在天地间得到安顿的文化系统中，他们的工作被视为"奇技淫巧"，自然会被排到比较靠后的位置。

结果我们当然看到了，蔑视"奇技淫巧"的中国人被玩弄"奇技淫巧"的西方人打败了，而且打得真的很惨。即便如此，能不能反过来说我们祖宗的这种思维方式以及由此产生的思想文化没有价值呢？新文化运动以来，一些主张全盘西化的思想家就是这样反推的，他们目睹中国被西方列强欺负，就认定中国百事不如人，什么都不行了，甚至中国文字都不能要。他们这些举动当然是事出有因，也是事出必然。人在被强权霸凌的时候，不能及时反省强权本身的问题，就会倒过来观察自己为什么受欺负，把受欺负的原因悉数归结到祖宗身上，这叫事出有因、事出必然。但是，实际上他们的做法多有偏颇，甚至相当偏执。中国人的智慧体知方式以及由此产生的思想文化自有其独特意义，它是西方那种认知方式及其产生的思想文化、生活方式无法取代的。这种思维方式及其思想文化的价值虽然尘封已久，但只要我们把灰尘拨开，就会发现其价值所在，而且会发现这不仅是中国人需要的价值，更是全世界都需要的价值，因为没有一个人不想把自己的精神生命安顿在一个健康的精神平台上。特别是今天，当越来越多的人陷入抑郁症等各种心理健康疾病中不能自拔时，中国文化的价值显得尤为重要。

我们今天学习中国文化，要从这个高度去认识，而不能够说只是为了增加一点人文知识，或者说以后去跟人家聊天时增加点谈资，这样就没有太大意思了。

我们下面就进入《中庸》这部经典。

二、中庸之道

"上下与天地同流"这个讲座主题出自《孟子》，相关的全文如下："君子所过者化，所存者神，上下与天地同流，岂曰小补之哉？"刚才我讲的那一通话都是对这句话的注解。儒家文化要做的事情，就是要把人培养成君子。"君子"一词有广、狭两义，广义的君子就是有道德的人。儒家所说的道德，基本内涵是仁、义、礼、智、信五伦，持心要充满仁爱，处事要秉持公正，交往要恪守礼节，决疑要充满智慧，待人要诚实无欺，具备这五伦的人就是有德君子。"君子"还有一个狭义，指《周易》所说的"大人"，即能"与天地合其德，与日月合其明，与四时合其序，与鬼神和其吉凶，先天而天弗违，后天而奉天时"的圣人。在"上下与天地同流"一语中，"上"指的是天，"下"指的是地，君子处于天地之间，是为天、地、人三才。生活在天地间的君子，能够和顺阴阳之道，参赞天地之化育，是为"上下与天地同流"。通达这种境界的人就是《周易》所谓大人，也是《孟子》所谓"居天下之广居，立天下之正位，行天下之大道""富贵不能淫，贫贱不能移，威武不能屈"的大丈夫。我认为，《中庸》要展示的正是"上下与天地同流"的境界，所以就用这句话作讲座标题。

《中庸》这部经典，大家都知道是子思写的。子思是孔子的孙子，而孟子与子思是师生关系，他的思想来自子思，我们可以说《中庸》是先秦儒家的心传。这心传是什么？就是《中庸》篇名彰显的"中庸之道"。所以，讲《中庸》思想可以先从《论语》讲起。

1. 中庸的名义

孔子《论语》开显的就是"中庸之道"，里面有一句话还直接提到"中庸之道"："中庸之为德也，其至矣乎！民鲜久矣。"这句话中的"中庸"，从人禀自天来的内涵说是"德"，从天本具的内涵说则是"道"。孔子从"德"这方面感叹，"中庸"作为至高无上的道德，在人间已经很久没有见到了。那么"中庸"是什么意思呢？朱熹在《中庸章句集注》中引用程颐的注说："不偏之谓中，不易之谓庸。中者，天下之正道；庸者，天下之定理。""不偏之谓中"，指"中庸之道"具有不偏不倚的特性；"不易之谓庸"，"庸"又称为常，常就是经常、恒常的常，既然经常、恒常，当然就"不易"，指"中庸之道"具有恒常不易的特性。综合起来，可以说"中庸之道"即大公无私、永恒不变的道。

2. "中庸之道"为天道的德性

这个大公无私、永恒不变的"中庸之道"的根本是什么？《中庸》开门见山讲得很清楚："天命之谓性，率性之谓道。""天命"是上天所命，意谓天地万物的性命都由上天所命；"率"是遵循之义，万物遵循其本性而行就是"道"。显然，此"性"即"中庸之道"的本性。此"性"的具体内涵，我认为就是《中庸》说的"其为物不贰，其生物不测"。"其"指天道；"贰"是两端或者二元的意思，"中庸之道"的特性是"不贰"，也就是没有差异；"测"是测量、测度，"不测"就是不能测量、测度，即不能用理性去认识，只能用智慧去体知。这是说，天道以始终如一地长养万物为其德性，这是圣人用智慧体悟到的天道真相。

这种德性，《中庸》从天人一贯的角度称之为"诚"。《中庸》这样说：一方面有其内在理由——人的性命禀自天道，天道的德性是诚，人的德性自然也是诚；另一方面也为了便于修行——人的德性是诚，而诚在根本上是"中庸之道"的德性，如果要成就"中庸之道"，最关键的一环就是心要诚，如果心不诚，那么要想证得"中庸之道"是不可能的，要圆满显现"上下与天地同流"的境界更是妄想。

3."中庸之道"体现在天道流行中

"中庸之道"是不是一个东西，就像我们可以买回来的手机、电脑一样？不是。"中庸之道"是天道的德性，只能从天道流行中体现出来，天道流行过程中体现出的"不偏不倚，至诚不息"状态就是"中庸之道"。这样的"中庸之道"必须通过智慧去体知，不能通过理性去认识。

先看自然界中的"中庸之道"。《中庸》说："万物并育而不相害，道并行而不相悖，小德川流，大德敦化，此天地之所以为大也。"天地始终是依天道展现出来的流行不息的世界。天地为什么能够大？为什么能够长久？因为天道能够至诚不息地生养万物，万物都能够在天地之中共同生存、发展而不相伤害，万物遵行之道都是"中庸之道"，所以虽然山川草木、人畜走兽的具体表相与作用不同，但是它们能够"并行而不相悖"，构成一个高度和谐的共同体。也许有人会说，老虎吃兔子、大鱼吃小鱼、小鱼吃虾米等现象，怎么能说是并育不相害呢？这个判断是从人的我执看到的结果，实际上，只要跳出我执，就知道事物之间的相互关系和生生化化是一个自然过程。比如大鱼吃小鱼、小鱼吃虾米，大鱼并没有像人那样起一个要害小鱼的心，它吃小鱼就是单纯的生存需要，吃饱就行了，他不会像人那样希望把好东西都据为己有。鱼会有这种想法吗？显然没有。儒家的修行就是要人把"思出其位"之心修掉，做到"思不出其位"。只要能在儒家的天人一体观中做到"思不出其位"，就能够体会到"万物并育而不相害，道并行而不相悖，小德川流，大德敦化"的生生不息之境。

再看人类社会中的"中庸之道"。《中庸》讲："天下之达道五……曰：君臣也，父子也，夫妇也，昆弟也，朋友之交也。"这里的"天下"指人间，人间的大道有五个方面，第一是君臣，第二是父子，第三是夫妇，第四是兄弟，第五是朋友。儒家特别重视人伦关系，所谓君礼臣忠、父慈子孝、夫唱妇随、兄友弟恭、朋诚友信，这就是人伦中的"中庸之道"。人如果能在人伦中践行这些道德规范，就意味着"中庸之道"在人间得到了初步实现；反之，如果以下犯上、以子弑父、兄弟阋墙、夫妇反目、朋友无信，"中庸之道"就不得显现，社会就会陷入混乱乃至暴力。

再看个人身心中的"中庸之道"。《中庸》引孔子说的话说："君子之中庸也，君子而时中。"这是说君子每时每刻都在"中庸之道"上，他不会偏离此道去思考问题、说话或做事。我想由此再引申几句，或许对大家安排自己的生活有一定参考价值。在儒家，一个人思考问题、说话或做事，是按照"应—能—想"的顺序进行的。首先是应该做什么事情。儒家的世界里没有完全独立于群体的个体，都是生活在群体中的个人，实际上只有同一个生活世界中的不同角色，因此信奉儒家的人都要从角色出发思考问题、说话或做事：我现在处于这个时位，应该思考什么问题？应该说什么话？应该做什么事？这是首要的。其次是能够做什么事情。虽然有些事情应该做，但是能力不够，也不要去妄想。比如，有同学学了儒家孝道思想后，整天想父母每月给我生活费，我却不能报答他。你总是想，想到头昏脑胀，学习也搞不好，吃饭也吃不香，不光是报答不了父母恩情，反而更加对不起父母，因为父母给你生活费就是让你好好学习，不是让你在学习期间出去赚钱报答父母的养育之恩，这是空想。既然是空想，想也是白想，想久了还会出问题，不如放下不想。最后是希望做什么事情。有前面两者作为基础的愿望就是理想，反之就是妄想。很多人不善于区别理想与妄想，多半都把妄想当成理想，结果耗费了生命，最终还一事无成。

三、人的真实与现实

1. 人本具"中庸之德"

"中庸之道"这么美妙，而且能够落实到每个人的生活之中，能够给社会带来和谐，能使整个生态得到改善，那么人的真实和现实如何呢？在儒家看来，每个人都本具"中庸之道"，《中庸》就说："喜怒哀乐之未发，谓之中；发而皆中节，谓之和。中也者，天下之大本也；和也者，天下之达道也。"每个人都有七情六欲，七情六欲没有发出来时都处于不偏不倚的中庸状态，这意味着每个人生来本具"中庸之德"。既然如此，为什么有君子、小人之分呢？差别在于君子发出七情六欲皆"中节"，而小人发出七情六欲却不"中节"。此处的"节"有深、浅二义：其浅义是仪节，亦即人伦道德规范；其深义是节律，亦即天地万物之道理。君子之所以是君子，就在于他的七情六欲发出来后起码与人伦道德规范相合，能够践行基本的"中庸之道"；小人之所以是小人，就在于他的七情六欲发出来后与人伦道德规范不合，不能践行起码的"中庸之道"。虽然如此，但小人依然本具"中庸之德"。

2. 人间久缺"中庸之道"

人人本具"中庸之德"，但人间又久缺"中庸之道"。原因是什么？孔子感叹说，主要是因为社会中小人很多，小人违背

"中庸之道"，做事肆无忌惮，社会中的智与愚两类人也使"中庸之道"不能够得到很好的体现，所谓"知者过之，愚者不及也"。这里的"智者"不是仁智双美的智者，而是偏重聪明而偏废仁德的人，他们有智慧而无仁心，往往从私心出发做事，结果经常走向偏激；"愚者"则是指偏重仁心而无智慧的人，他们虽然能够秉公办事，但因为智慧不够，往往做不成什么事情。可见，要再现"中庸之道"，有赖仁智双美的君子——圣人施行教化。

四、圣人为凡人证得"中庸之道"设教

圣人面对这种状况怎么办？教化大众。圣人通过什么教化大众？经典。就儒家来说，主要是《诗》《书》《乐》《易》《礼》《春秋》六经。这六部经典很早就受到人们的推崇，如《郭店楚墓竹简·六德》就说："观诸《诗》《书》则亦才矣，观诸《礼》《乐》则亦才矣，观诸《易》《春秋》则亦才矣。"《庄子·天运》已将其尊奉为经："孔子谓老聃曰：'丘治《诗》《书》《礼》《乐》《易》《春秋》六经，自以为久矣，孰知其故矣。'""丘"是孔子的名字，因为他曾经研习、整理过六经，故这里说"丘治""六经"。秦朝焚书坑儒后，《乐》佚失，只剩下五经，汉武帝建元五年（前136）春"置五经博士"，正式将"五经"立为学官，五经成为国家教育的根本教材，从此这些经典长期对塑造华夏民族的精神世界发挥奠基性的作用。

从儒家价值追求这个意义上看，虽然六经都不是孔子所作，但都经过孔子的整理与认可，因此都可以视为圣人体悟天道后，为作育君子、化成天下而依"中庸之道"编成的教材。从根本上说，六经都是"中庸之道"的全体显现，都是以人类健康生存必需的五常或五心为起点施行教化的经典，因此各经典没有深浅、偏圆

等不同，学习者依其中任何一部经典都能明诚心、契天道、位天地、育万物；但是，由于受教大众不无习性与偏好等差异，圣人必须因材施教，因此经典间又体现出著述体式、说理方式、入手角度等区别。

关于六经教化大众各自侧重的入手处，《礼记·经解》引孔子之说做了很好的说明："入其国，其教可知也。其为人也，温柔敦厚，《诗》教也；疏通知远，《书》教也；广博易良，《乐》教也；洁静精微，《易》教也；恭俭庄敬，《礼》教也；属辞比事，《春秋》教也。"此后，人们多以此说认识六经，如《庄子·天下》说："《诗》以道志，《书》以道事，《礼》以道行，《乐》以道和，《易》以道阴阳，《春秋》以道名分。"董仲舒也说："《诗》《书》序其志，《礼》《乐》纯其美，《易》《春秋》明其知。六学皆大，而各有所长。《诗》道志，故长于质。《礼》制节，故长于文。《乐》咏德，故长于风。《书》著功，故长于事。《易》本天地，故长于数。《春秋》正是非，故长于治人。"

基于孔子的教示，结合孔颖达《礼记正义》的相关疏解，我们可以这样把握各经典施教的基本内涵：《诗经》不是通过直接表达情感和思想，而是通过赋比兴的方法褒赞讽谏，令人颜色温润、情性和柔；《尚书》通过提纲挈领地记载古来帝王史事，令人心胸宽阔、博古通今；《乐经》通过大众喜闻乐见的题材和方式演绎乐舞，令人易受感化、走向和谐；《易经》通过卦、爻、辞开显天、地、人三才之道，令人趋吉避凶、进德修业、穷理尽性、洞察天道；《礼经》通过种种仪节规范人类行为，令人谦恭节俭、事事如仪；《春秋》将同类事项聚合在一起，对相关人事进行含蓄褒贬，令人恪守名分、有所恐惧。可以看出，《诗经》、《乐经》（汉以后是《乐记》）、《礼经》、《尚书》侧重于从仁、义、礼、信四常入手施教，《春秋》《易经》则侧重从智这一常入手施教，学习者从任何侧面走进经典，最终都能契会天道。

当然，一般人仅学一部经典比较难成就，需要学习多部经典甚至遍学六经才有所成。如果是这种情况，古人认为应该以《易经》为源、其余诸经为流。《汉书·艺文志》就说："六艺之文，《乐》以和神，仁之表也；《诗》以正言，义之用也；《礼》以明体，明者著见，故无训也；《书》以广德，知之术也；《春秋》以断事，信之符也。五者，盖五常之道，相须而备，而《易》为之原。"大概因为《易经》主要是从天道下贯地道与人道来开显三才之道，其他经典则重在从人道上达天地之道，所以说《易经》是五经的本源。以本人的学习经验，这样学习六经的确有提纲挈领、事半功倍的效果。

不过，无论如何学习六经，如果没有能够传道、授业、解惑的老师传授，都可能出现偏离。如孔子说："《诗》之失，愚；《书》之失，诬；《乐》之失，奢；《易》之失，贼；《礼》之失，烦；《春秋》之失，乱。"这当然不是说六经本身存在这些问题，而是说学习者不善于学习就会导致此类现象：《诗》主"温柔敦厚"，若不以此相节制，就会沦为愚昧；《书》主"疏通知远"，若不以此相节制，就会入于诬妄；《乐》主"广博易良"，若不以此相节制，就会走向奢靡；《易》主"洁静精微"，若不以此相节制，就会造成伤害；《礼》主"恭俭庄敬"，若不以此相节制，就会流于烦琐；《春秋》主"属辞比事"，若不以此相节制，就会导致混乱。只有得到具德老师言传身教才能学好六经，学《诗》则"温柔敦厚而不愚"，学《书》则"疏通知远而不诬"，学《乐》则"广博易良而不奢"，学《易》则"洁静精微而不贼"，学《礼》则"恭俭庄敬而不烦"，学《春秋》则"属辞比事而不乱"，最终成为一个深契"中庸之道"的圣人。

可见，中国古代教育是一种以道为本的"道本"教育，其目的是如何成为一个君子、贤人乃至圣人，而不是如何成为一个人文学者、社会科学家或自然科学家。

五、《中庸》如何设教

1.知诚

为了达到成贤成圣的目的，《中庸》这样指示学习要领：首先要知"诚"。《中庸》说："诚者，天之道也。诚之者，人之道也。诚者，不勉而中，不思而得，从容中道，圣人也。诚之者，择善而固执之者也。"下面又说："诚者自成也，而道自道也。诚者物之终始，不诚无物。是故君子诚之为贵。诚者，非自成己而已也，所以成物也。成己，仁也；成物，知也。性之德也，合内外之道也。"这两段文字非常重要，它说明为什么一个人首先要知"诚"。我们刚才讲过，"诚"是"中庸之道"的根本特性，正因为天道至诚不息，所以才能平等慈爱地生养万物。人也只有认识到"中庸之道"的根本特性"诚"，认识到自己禀自"中庸之道"的人性的根本性质同样是"诚"，才能在此基础上做到诚己诚物。

不知道大家是否看过日本江本胜写的《水知道答案》这本书？他做过很多实验，发现当一个人以一片诚心、爱心去看水分子的时候，水分子之间的关系都很亲密；反之，如果一个人生出了怒气或者烦恼，再去做这个实验，就会看到水分子之间呈现"分道扬镳"的现象。他的研究结论颇能支持儒家"诚"本的道学。我没有做过他这样的实验，但我知道人与人之间确实心心相通，平常所谓"一见如故""视同陌路"等都是心与心相感通表现出来的现象，我们甚至不用说话、不用见面，你一念心诚与否，对方都能够体会到。所以，成己、成人必须先诚心，诚心必须先知诚心，知诚心必须先知诚道。

2.明善

知诚后还要明善。此处的"明"是发明的意思，即把诚心具有的至善发扬光大。如果不发扬光大人本具的至善，人在这个世界上就很难做成事情；反之，就能渐渐成己、成人。《中庸》说："在下位不获乎上，民不可得而治矣。获乎上有道，不信乎朋友，不获乎上矣。信乎朋友有道，不顺乎亲，不信乎朋友矣。顺乎亲有道，反诸身不诚，不顺乎亲矣。诚身有道，不明乎善，不诚乎身矣。"这段话是有次第的，首先要明白我们自身本具至善，至善就是"中庸之道"的具体内涵。接着，要依至善"诚"心。我们的心虽然本是一颗诚心，但由于受物欲遮蔽，久已偏离了诚实，如何能依至善令其诚实呢？只能依古圣先贤在经典里阐明的至善内容来修习，等修到一定境界，就能见到我们本具的诚心，进而体达天道。

学习经典为什么可以做到这一点？因为这些经典本身就是从圣人的诚心中流露出来的。比如，在儒家信仰世界中，孔子和子思都是见到了自己本具的诚心的圣人，记载孔子言行的《论语》和子思思想的《中庸》就是被儒者信奉的经典，修学者坚信遵照他们所讲的内容和步骤修行，一定能够认识到自己本具的诚心，最后契入"中庸之道"，与天地一体。自己修得了诚实无欺的身心，以此身心对待父母，然后再推广到朋友、同事、陌生人，乃至山川大地、花草树木，就圆满了。

3.践行

前面讲从圣人的经典知道自己本具的诚心和善德，属于知；下面要把知识付诸实践，属于行。《中庸》说："博学之，审问之，慎思之，明辨之，笃行之。有弗学，学之弗能弗措也；有弗问，问之弗知弗措也；有弗思，思之弗得弗措也；有弗辨，辨之弗明弗措也；有弗行，行之弗笃弗措也。人一能之，己百之；人十能之，己千之。果能此道矣，虽愚必明，虽柔必强。""博学""审问""慎思""明辨""笃行"是我们中山大学的校训，"博学"是广闻博见，"审问"是实事求是，"慎思"是缜密思考，"明辨"是明察是非，"笃行"是切实践履。《中庸》还进一步讲了学习过程中应该注意的问题。首先，如果没有真知，就不要随便行动。其次，要迎难而上、锲而不舍：别人一次学会的知识，自己学一百次也要把它学会；别人十次学会的知识，自己学一千次也要把它学会。比如读《中庸》这部经典，有人读一遍就过目不忘，甚至通达无碍，自己读十遍没读懂，还要继续诵读，直到将它读通为止，哪怕读一百遍、一千遍也不气馁。

谈到这里，我们不妨就研读古代经典问题多说几句。今天，很多人以为四书五经很好读，其实不然，其难懂主要不在四书五经的文字、文法、文义有多么复杂困难，而在今人的认知方式是理性认知方式而不是智慧体知方式。这就意味着，我们要读懂四书五经，必须转换思维方式，只有转换了思维方式才有可能读懂。那么，转换思维方式后是不是一遍就能读懂了？不然。我跟大家讲一个古人的例子：朱熹厉不厉害？他介绍自己读《论语》的经验时说，他读了好几十遍，还是搞不懂《论语》到底在讲什么，《论语》是《论语》，朱熹是朱熹，《论语》跟朱熹根本没关系。他就继续读，又读了几十遍，直到读通以后，此时的朱熹跟从前的朱熹判若两人。言下之意，现在的朱熹再也不是与《论语》无关的朱熹，而是与《论语》融为一体的朱熹了。中学课本里面收有一首朱熹描写读书的诗："半亩方塘一鉴开，天光云影共徘徊。问渠那得清如许？为有源头活水来。"这确实是经验之谈，甚至很可能就是他读通《论语》以后写的。

4.本分

由知而行，从哪里开始？就从自己的本分开始。前面已经讲了，不要跳出自己的本分去妄想、妄行，而要像《中庸》引孔子说的那样"素其位而行"。"素"是本来的意思，"素位而行"是说你在哪个时位就在哪个时位践行。从另一方面说，"素位而行"就是"不愿乎其外"，不要设想自己不在这个位置，而在另外一个位置。比如，学生现在老是搞虚拟辩论：当联合国秘书长怎么样？当中国总理又怎么样？在儒家看来这就属于"愿乎其外"的行为。你现在是学生就做好学生的事情，这就是所谓"素位而行"。"素位而行"涵盖生活的方方面面，"素富贵，行乎富贵；素贫贱，行乎贫贱；素夷狄，行乎夷狄；素患难，行乎患难"，如果都能"素位而行"，就能做到"无入而不自得"，即无处不自在。这样，就能"在上位，不陵下；在下位，不援上。正己而不求于人，则无怨。上不怨天，下不尤人"。在上位不霸凌下级，在下位不依傍上级，立身中正而不求人，既不怨天，也不恨人。一个人达到这样的境界还不快乐吗？太快乐了。

5.慎独

"素位而行"，要特别注意慎独。什么叫慎独？《中庸》解释得很清楚："道也者，不可须臾离也，可离非道也。是故君子戒慎乎其所不睹，恐惧乎其所不闻。莫见乎隐，莫显乎微，故君子慎其独也。"这里的"独"有独处义，也有"诚心"义。"中庸之道"无处不在，根本在每个人心中，因此要求人无论是在大庭广众之中，还是在个人独处之时，都要保持诚心，都要依诚心行善，这是"独处"义；人无论何时何地，都要守持诚心，这是慎独的"诚心"义。同样的思想也见于《大学》："小人闲居为不善，无所不至，见君子而后厌然，掩其不善，而著其善。人之视己，如见其肺肝然，则何益矣。此谓诚于中，形于外，故君子必慎其独也。"任何一个在天地间生活的人，有什么心就有什么相，小人平时无恶不作，见到君子试图掩藏真面目，那是徒劳无益的，因为他的心早已被人们看穿了。君子则不会这样掩耳盗铃，他们会通过慎独让自己的心诚实起来。孔子也说自己从不欺人，为什么？因为欺人就是欺心，欺心就是欺天。只有念念诚心，才能依诚心行善，内不欺心，外不欺人，仰不愧天，俯不怍地。可见，慎独是儒家修行的共同心法。

六、修行方式

1. 顿悟

"中庸之道"的修行方式有顿悟和渐修两种。《中庸》说："自诚明，谓之性；自明诚，谓之教。诚则明矣，明则诚矣。""自诚明，谓之性"是顿悟法门，"自明诚，谓之教"则是渐修法门。这里，先解释一下顿悟和渐修两个概念：顿悟侧重先契悟"中庸之道"，契悟后继续在日常生活中将"中庸之道"展布出去；渐修侧重先在日常中逐步修习，修到一定程度才契悟"中庸之道"。

"自诚明，谓之性"为什么是顿悟法门？我们先看郑玄对这句话的注："由至诚而有明德，是圣人之性者也。"再看孔颖达的疏："由天性至诚，而身有明德，此乃自然天性如此，故谓之性。""自诚明谓之性，圣人之德也。"注与疏都清楚地显明，"自诚明"是由诚性本身显明"中庸之道"。这一内涵可以从见地、修行与境界三个维度来把握：从见地来讲，"诚"是道体；从修行来讲，"诚"是顿悟"中庸之道"的法门；从境界来讲，"诚"是"圣人之德"。依诚心体悟天道，其实就是依道体本身体悟天道。道体本身不可分别，要悟只能全体契入，因此叫作顿悟。但顿悟并不排斥渐修，顿悟诚心前需要渐修，顿悟诚心后践行善也是一个逐渐圆满的过程，要推展到《大学》所谓齐家、治国、平天下的至善境界才算圆满。

2. 渐修

"自明诚，谓之教"为什么是渐修法门呢？我们先看郑玄和孔颖达对这句话的注疏。郑玄注说："由明德而有至诚，则是贤人学以知之也。"孔颖达疏说："由身聪明勉力学习而致至诚，而非由天性。教习使然，故云谓之教。""自明诚谓之教，贤人之德也。"这里的"明"，郑玄解为"明德"，孔颖达解为"聪明"，都解释为贤人（学而知之者）拥有的智慧。可是，如果我们问一句：学而知之者的智慧从哪里来？那就不得不回到启发贤人智慧的经典。因此，我以为此处"明"主要有两个方面的含义：一是指儒家圣人撰述的经典，比如《中庸》本身就可以说是明（智慧）；二是指我们读懂经典后所得的与经典一样的智慧。通过学习圣人遗留下来的经典，渐渐发现我们心中本具"中庸之道"、我们的德性本是至诚不息之性，这就是渐修之路。通过渐修觉悟了"中庸之道"，就与顿悟法门者殊途同归，走上了通达齐家、治国、平天下的至善境界之路，所以说是"成则明矣，明则成矣"。

七、证入圣境

1. 至诚不息

儒者修行成就以后，就达到了所谓圣人境界。这种境界如果要用一句话来表达，就是我们这个讲座标题所说的"上下与天地同流"；如果展开来讲，就是《中庸》下面这段话要传达的意旨："故至诚无息。不息则久，久则征，征则悠远，悠远则博厚，博厚则高明。博厚，所以载物也；高明，所以覆物也；悠久，所以成物也。博厚配地，高明配天，悠久无疆。如此者，不见而章，不动而变，无为而成。"天高明所以覆物，地悠久所以成物，博厚配地，高明配天，悠久无疆。圣人的境界与天地合一，在空间上无穷无尽，在时间上无始无终，这就是所谓天长地久。如果能达到这种境界，顺"中庸之道"而行，不必有任何人为造作，就能成就天下大业。一般人只知道家讲无为而无不为，其实儒家也讲无为而无不为，"无为而成"就是无为无不为。

2. 大公无私

圣人在这样的境界中，面对世界万物时是大公无私的，如《中庸》说："仲尼祖述尧、舜，宪章文、武，上律天时，下袭水土。辟如天地之无不持载，无不覆帱；辟如四时之错行，如日月之代明。万物并育而不相害，道并行而不相悖，小德川流，大德敦化。"圣人完全契合天道，知道天地万物皆由天道禀得性命，万物无论大小都同归天道、共襄造化，因此都应该平等待之。

3.无声无臭

天道广大精微、高明博厚、无形无相、无声无臭，无时不在，无处不是。究其实，这还是指我们的诚心或道心，如果我们的心完全是诚心，就是广大高明、博厚悠远、无形无相而妙用无穷的道心。我们看看《中庸》怎么描述此心："君子之所不可及者，其唯人之所不见乎？诗云：'相在尔室，尚不愧于屋漏。'故君子不动而敬，不言而信。诗曰：'奏假无言，时靡有争。'是故君子不赏而民劝，不怒而民威于铁钺。诗曰：'不显惟德，百辟其刑之。'是故君子笃恭而天下平。诗云：'予怀明德，不大声以色。'子曰：'声色之于以化民，末也。'诗曰：'德辖如毛。'毛犹有伦。'上天之载，无声无臭。'至矣！"这是从圣人境界说诚心或道心，赞叹契入"中庸之道"的圣人，其道德就跟普覆万物的天一样，无声无臭、深广不测、平等无别。

4.万世法则

"中庸之道"不仅是中国人需要的局部性改善方案，而且对其他国家的人民也有益处。这一点，《中庸》也有明确教示："本诸身，征诸庶民，考诸三王而不谬，建诸天地而不悖，质诸鬼神而无疑，百世以俟圣人而不惑。质诸鬼神而无疑，知天也；百世以俟圣人而不惑，知人也。是故君子动而世为天下道，行而世为天下法，言而世为天下则，远之则有望，近之则不厌。"在儒家传统中，三皇五帝，以及文王、武王、周公、孔子、孟子等，就是达到了这种境界的君子、圣人或大人。

我们今天学习《中庸》，要成为那样的君子当然不容易，我们

的价值判断标准也不一样。但我觉得，对于我们安顿自己的身心性
命，对于我们自处时如何减少烦恼、与别人交往时如何能够让他人
欢喜，乃至不仅仅是人，纵然是山川大地、花草树木，都能够感受
到我们这份至诚不息之心，通过努力学习和践行《中庸》，我们还
是可以做到的。

　　杨海文，哲学博士，中山大学哲学系教授、博士生导师，国家社会科学基金重大项目首席专家，尼山世界儒学中心孟子研究院泰山学者特聘专家（2018—2022），中国孟子学会副会长。主要从事中国哲学研究，侧重孟子思想研究、孟学史研究、《孟子》单章研究。著有《心灵之邀——中国古典哲学漫笔》（2000）、《化蛹成蝶——中国哲学史方法论断想》（2014）、《我善养吾浩然之气——孟子的世界》（2017）、《文以载道：孟子文化精神研究》（2022）、《四书选讲》（2022）等。近期主持国家社会科学基金重大项目"新编孟子正义"、重点项目"汉唐孟子思想解释史研究"，贵州省哲学社会科学规划国学单列课题重大课题"《孟子》深度解读及其思想研究"。

捌 心态审美化·世态道德化·生态自然化
——孟子思想要旨及其现代意义

杨海文

　　《孟子》是一部流传了两千多年的古老经典，对中华民族基本精神与中国文化心理结构产生了深远的影响。它只有三万四五千字，但包含的思想异常丰富。淋漓尽致地讲好"孟子思想要旨及其现代意义"这个主题，其实是很难的。我觉得有三个方面值得反思：一是孟子讲性善、养心，这对心态审美化很有价值；二是孟子讲五伦、平治，这对世态道德化很有价值；三是孟子讲爱物、无事，这对生态自然化很有价值。我们有必要了解《孟子》这部大经典，身体力行则是我们践行孟子思想的大根大本。唯有这样，我们与经典的亲密接触才有实际的价值。

　　这次讲座分为五个部分。第一部分是：我们如何读经典，读经典与读经是不是一回事。第二部分是：心态审美化涉及人与自身的关系，心态审美化的境界是美的境界，我们要以无欲则刚的方式抵达美的境界。第三部分是：世态道德化涉及人与社会的关系，世态道德化的境界是善的境界，我们要以孝敬父母的方式抵达善的境界。第四部分是：生态自然化涉及人与自然的关系，生态自然化的境界是真的境界，我们要以万物生长的方式抵达真的境界。第五部分是："不忘初心"，这句话来源于《孟子》。人们习以为常的"美、善、真"三个关键词，包含"以美储善，以善启真"的辩证关联。通过心态审美化积淀世态道德化，就是以美储善；通过世态道德化开启生态自然化，就是以善启真。

一、读经还是读经典？

1911年前的经学时代，学经典的方式是读经。与经学时代相比，现在是后经学时代，学经典的方式必然有所不同。我们今天读经典，这是精神人文主义的体现；如果我们读经，就有可能沦为精神沙文主义。读经是将我放在外面，读经典是将我放在里面。放在外面是放弃自我，食古不化，止步不前；放在里面是挺立自我，因革损益，与时俱进。以读经的方式对待经学与儒学，必将失去哲学之为哲学的自性；只有以读经典的方式研究经学与儒学，才能保存哲学之为哲学的自性。这是我们对"读经"与"读经典"做出的区分。

当代儒学出现了若干流派，有"政治儒学""制度儒学""生活儒学""公民儒学""乡村儒学""企业儒学"等。我们对儒学到底应该持守什么样的态度呢？儒学本身跟政治是有关的，但儒学更跟我们的生活相关。儒学的当代进展以及未来发展，要将生活本身放在首位。有了这个立足点，读经典就有了明确的目的：既是为了做大事，又是为了做小事。每个人都想做大事，但我们每天更多的是做小事。如何通过读经典了解大小之间的辩证关系，这是人生得以成长的关键。读经典，说到底，就是将事情做好，将现在、面前的事情做好。明白了这一点，我们才不会虚度光阴。

做事情，无论是做大事还是做小事，都要遵循一些基本的道理。这些道理从古到今没有太大的改变，东方的圣人、西方的圣人都讲同样的道理，古代的圣人、今天的圣人都讲同样的道理。万变不离其宗，今天的生活与古老的经典就能有机地嫁接起来。一旦嫁接起来，就意味着我们读《孟子》等经典，就是回到中国人的家，就是回到精神的故乡。如何回到家？如何回到故乡？哲学的本质是对话。经典静悄悄地躺在我们面前，而对话让经典生动活泼起来。在人之为人的本质意义上，经典与我们是平等的。只有在平等的基础上，我们才能提出问题，并将这些问题交给经典，然后聆听经典的回答。所以，哲学对话是我们得以走进经典、经典真正向我们敞开的重要方法。

儒家经典大多谈论道德问题。《论语》4·25①说道："德不孤，必有邻。"道德不是孤孤单单的，它一定有邻居。我们今天读《孟子》，要学会对话，学会与道德为邻。《论语》12·24还说："君子以文会友，以友辅仁。"有了这些理念，我们就能择邻而居、邻圣而立。

读经典不同于读经，我们应该将读经典与现代人生密切联系在一起。现代人生既是哲学的人生，也是理性的人生。通过哲学对话来读经典，是为了将自己的事情做好，将自己当下的每件事情做好，而要做好这些事情，又依赖于人与自身的关系、人与社会的关系、人与自然的关系。在此前提下，《孟子》对于心灵、对于社会、对于自然到底讲了什么呢？这些思想对我们今天有哪些启发呢？

---

① 此种序号注释，以杨伯峻《论语译注》，中华书局，1980，以及《孟子译注》，中华书局，2010为据，下同。个别标点符号略有校改，兹不一一标注。

二、性善与养心：心态审美化

很多人即使没有读过《孟子》，从《三字经》中也早就知道"人之初，性本善"是孟子的观点。[①]《孟子》5·1说道："孟子道性善，言必称尧、舜。"孟子的性善论是中国哲学史上最早旗帜鲜明地提出的人性论，后面还有荀子的性恶论，性善、性恶形成了某种对立，但性善论对中国文化的影响远远大过性恶论。两千多年前的孟子如何提出了性善论呢？

（一）以心善言性善

战国时期，谈人性论的学者很多，谈心的学者很少。一方面，孟子通过参与当时人性论的讨论，得以走进他那个时代；另一方面，孟子对心灵有了更深的体悟，有了更多的提升，得以走出他那个时代。[②]人性与心灵是密切相关的。孟子建构自身的哲学理论，就是以心善言性善，以心灵里面的善展开人性上面的善。最有代表性的说法见于《孟子》3·6。

> 人皆有不忍人之心。先王有不忍人之心，斯有不忍人之政矣。以不忍人之心，行不忍人之政，治天下可运之掌上。所以谓人皆有不忍人之心者，今人乍见孺子将入于井，皆有怵惕恻隐之心——非所以内交于孺子之父母也，非所以要誉于乡党朋友也，非恶其声而然也。由是观之，无恻隐之心，非人也；无羞恶之心，非人也；无辞让之心，非人也；无是非之心，非人也。恻隐之心，仁之端

---

① 参见赵南星注《明刻三字经》，《三字经》修订工程编审委员会修订《三字经》修订版，人民教育出版社，2008，第114页。

② 参见杨海文《我善养吾浩然之气——孟子的世界》，齐鲁书社，2017，第130页。

也；羞恶之心，义之端也；辞让之心，礼之端也；是非之心，智之端也。人之有是四端也，犹其有四体也。有是四端而自谓不能者，自贼者也；谓其君不能者，贼其君者也。凡有四端于我者，知皆扩而充之矣，若火之始然，泉之始达。苟能充之，足以保四海；苟不充之，不足以事父母。

孟子首先设定"人皆有不忍人之心"，每个人都有不想害别人的心。提出这个普遍性的命题之后，孟子如何证明呢？证明有时候很难做。对于充满大智慧的哲学家来说，证明做得好，程序就不能太复杂。如果为了这个证明，然后又加上很多证明，整个工程就会庞大芜杂，理论效果就会适得其反。孟子证明"人皆有不忍人之心"，采用了一个很简单的例子，就是"今人乍见孺子将入于井"，意思是说，现在有人看到一个小孩即将掉到井里，小孩的生命危在旦夕。如果不救，小孩的生命就会失去；如果去救，小孩的生命就能挽回。在此十字路口，在此关键时刻，你怎么做？

《孟子》这部经典既是哲学作品，又是文学作品。为什么说《孟子》是文学作品呢？因为孟子提出"今人乍见孺子将入于井"之后，并没有紧接来一句"我要救他"，而是省略了这层含义，但又将救小孩之前的种种心理表现淋漓尽致地写了出来。

孟子说：忽然看到小孩即将掉到井里，每个人都有恻隐怵惕之心。小孩的生命危在旦夕，这是说客体。对于主体而言，每个人都有恻隐之心，都有怵惕之心。正因此心，你必定伸手救这个小孩。你救小孩的动机是什么呢？置身那个瞬间，你根本来不及思考为什么救小孩。这是因为恻隐怵惕之心一旦发动，你就会义无反顾、毫不犹豫地伸手去救小孩，哪能心有旁骛！

恻隐怵惕之心即时发动，但孟子还是要将你在那个瞬间不可能想到的事情告诉他人。你不可能想到什么呢？一是"非所以内交于孺子之父母"，你救小孩的瞬间，从来没有想过这样做是为了跟小孩的父母搭上关系。二是"非所以要誉于乡党朋友"，你救小孩的瞬间，从来没有想过这样做是为了让自己在乡里乡亲那里得到好名声。三是"非恶其声而然也"，你救小孩的瞬间，从来没有想过这样做是因为讨厌小孩掉进井里的时候发出的"哇哇哇"的哭声。

孟子讲这三个"非"，不是"事后诸葛亮"，而是旨在申明：救小孩的那个瞬间，人们不可能出现这些世俗的想法。人们在救小孩的那个瞬间，唯有恻隐之心，唯有怵惕之心。正是通过救小孩这个简单到再也不能简单的例子，孟子告诉人们：无恻隐之心，无羞恶之心，无辞让之心，无是非之心，你就不是人！与之相反，因为有了恻隐之心、羞恶之心、辞让之心、是非之心，所以仁、义、礼、智分别有了自身的开端。

在孟子看来，"人之有是四端也，犹其有四体也"。这四个开端，人皆有之，就像每个人都有四肢一样。每个人都有四肢，每个人都有仁义礼智，这是孟子对性善论的建构。扪心自问：小孩即将掉到井里，我是不是救他？在此情形下，人们何尝有思考的时间？看到他人有危难，自己的恻隐怵惕之心即时就发动了。他人的危难与我的恻隐怵惕之心连接起来的那个瞬间，救人就是理所当然、义不容辞的人道使命。孟子以心善言性善，最经典的注脚就在《孟子》3·6。

（二）性善让人快乐

我们知道：经过科学家的证明，心不好的人往往身体不好、寿命很短。性善论为什么是一个好的理论？回到《孟子》，原因之一在于性善让人快乐。这个快乐体现在哪里呢？《孟子》13·21说道：

> 广土众民，君子欲之，所乐不存焉；中天下而立，定
> 四海之民，君子乐之，所性不存焉。君子所性，虽大行不

加焉，虽穷居不损焉，分定故也。君子所性，仁义礼智根
于心。其生色也睟然，见于面，盎于背，施于四体，四体
不言而喻。

君子的本性就是人性，人性就是仁义礼智，仁义礼智深深地扎根于
人的心中。心中有了仁义礼智，生发出来的气色就是温润和顺的。
这种温润和顺的气色，显露在脸上，洋溢在背上，延伸到四肢，用
不着说话就能让人们了解你。拿"性善让人快乐"这个观点解读
《孟子》13·21，就得解读"见于面，盎于背"。"见于面"，满脸和
颜悦色，这好理解；内心是善良的，为什么会"盎于背"，在背上
体现呢？历来研究孟子的学者，很少有人做过贴切而又接地气的解
释。我们读武侠小说，看到有人打通了两脉，一个是任脉，一个是
督脉，最后成了武林高手。同样道理，任脉在身体的前面，督脉在
身体的后面，"见于面"是说打通了任脉，"盎于背"是说打通了督
脉。有人称孟子是气功大师，因为孟子讲"性善"（《孟子》5·1、
11·6），讲"我善养吾浩然之气"（《孟子》3·2）。我们用任脉、督
脉解释"见于面，盎于背"，大致就会明白：如果一个人心地善良，
心中的气就是畅通的；这股气不断积淀下来的正能量，就会由心中
慢慢向身外扩散，并且在身上有所体现，使整个身体处在和谐状态
之中。所以，性善让人快乐。
　　《孟子》7·27说道：

　　　　仁之实，事亲是也；义之实，从兄是也。智之实，知
斯二者弗去是也；礼之实，节文斯二者是也；乐之实，乐
斯二者。乐则生矣，生则恶可已也，恶可已则不知足之蹈
之、手之舞之。

我们常说的"仁义之道"，又可分为两个方面：仁是事亲，孝敬父

母双亲；义是从兄，关爱兄弟姐妹。知道仁与义是做人做事的根本，这就是智。将仁与义落实到礼仪规范上，这就是礼。既知道了仁与义，又将仁与义落实到了礼仪规范上，这就是乐。此时此刻，你的快乐油然而生；快乐一旦油然而生，不仅会在心里面荡漾起来，而且会在手上脚上表现出来。手舞足蹈，手脚跳起舞来，正是快乐的鲜明体现。孟子还说过："故理义之悦我心，犹刍豢之悦我口。"（《孟子》11·7）正直的道理让我的内心快乐，就像可口的味道让我的嘴巴快乐一样。

内心有了性善，它对身体会产生什么样的影响呢？《孟子》13·38说道："形色，天性也；惟圣人然后可以践形。"什么叫形色？譬如看一个漂亮的女孩子，"形"是说她的身材好，"色"是说她的长相好。每个女孩子都希望有好的身材、好的长相，但好身材、好长相是上天赐予的。随着身体机能的衰退，好身材、好长相慢慢地蜕变。为了保持好身材、好长相，你可以化妆、可以整容，但孟子告诉你，更重要的是内心有一股善良的力量。只有依靠这股善良的力量，才能让好身材、好长相保持下来。"惟圣人然后可以践形"，大致就是这个意思。

《大学》也有类似的表述。譬如，《大学》说道："富润屋，德润身，心广体胖，故君子必诚其意。"[1]财富可以润饰房屋，这是"富润屋"；道德可以润饰身体，这是"德润身"；内心广阔、身体滋润，这是"心广体胖"。《大学》还说："此谓诚于中，形于外，故君子必慎其独也。"[2]心中有什么想法，身上就有相应的体现。心中有龌龊的想法，脸上就会有龌龊的表情；心中有善良的意念，脸上就会有善良的气色。我们常说，"心有所思，面有所示""人心不同，各如其面""相由心生，境由心造"，同样是讲"诚于中，形于

---

① 阮元校刻《十三经注疏》下册，中华书局，1980，第1673页。

② 阮元校刻《十三经注疏》下册，第1673页。

外"的必然关系。

从儒家的身体哲学来看，如果能够做到道德意义上的表里如一，那就意味着我们有了一副精神化的身体。精神化的身体，用另一个词来说，就是精神长相。看一个人，既要看自然的长相，更要看精神的长相。少男少女大多是"外貌协会"的，但在经历了人生风浪之后，外貌迟早退居其次，内心必然跃居首位，因为人与人之间的和谐相处、相互理解才是人生最重要的维度。精神长相与自然长相如何有机地统一呢？奥秘就是《大学》说的"故君子必诚其意""故君子必慎其独"，就是《孟子》说的"惟圣人然后可以践形"。

（三）性本善与性向善

前面讲到孟子以心善言性善，还讲到性善能够让人快乐。那么，孟子到底如何让性善成为一种理论呢？简单说，孟子的性善论分为两个方面：一是从本体规定看，孟子提出了性本善；二是从存在过程看，孟子提出了性向善。[①]孟子既有性本善的思想，又有性向善的思想。《孟子》11·2说道：

> 水信无分于东西，无分于上下乎？人性之善也，犹水之就下也。人无有不善，水无有不下。今夫水，搏而跃之，可使过颡；激而行之，可使在山。是岂水之性哉？其势则然也。人之可使为不善，其性亦犹是也。

水既可以往东流，也可以往西流；既可以往南流，也可以往北流。水可以往四方任意流，但总是从上往下流。正是抓住"水从上往下

---

① 参见杨海文《文以载道：孟子文化精神研究》，中国社会科学出版社，2022，第66—68页。

流"的特点，孟子一方面认为"人性之善也，犹水之就下也"，人性是善良的，就像水往下流一样，这是说性向善；另一方面认为"人无有不善，水无有不下"，人没有不善良的，就像水没有不往下流的，这是说性本善。性本善让人们坚信人的本性是善良的，这是说本体规定；性向善鼓舞人们始终朝着性善的方向开始自身的生活，这是说存在过程。

（四）通过无欲则刚落实心态审美化

与"大善""大恶"相比，所谓"不善"的定义与定位有点模糊。譬如，《大学》认为每个人"有所忿懥""有所恐惧""有所好乐""有所忧患"。[1]这四种心理表现既不属于大善，更不属于大恶，只是人之常情，但毕竟不好，所以可以称作"不善"。[2]解决人之常情中的这些"不善"，就必须养心。养心的过程复杂吗？很复杂。养心的过程简单吗？很简单。养心既复杂，又简单，正如《孟子》14·35告诉人们：

> 养心莫善于寡欲。其为人也寡欲，虽有不存焉者，寡矣；其为人也多欲，虽有存焉者，寡矣。

心就像一间房子，欲望与良知博弈于其中，但心的空间是有限的。如果90%的空间装了欲望，就只剩下10%的空间装良知了。如果能让90%的空间装良知，只让10%的空间装欲望，你的身心就会轻松得多。欲望一旦大了，就像背负两百斤的东西，身体受得了吗？欲望如果再大一些，如同千斤重的东西压在背上，那就是所谓"压力山大"。所以，每个人的内心要尽量少一些不该有的欲望。如

---

① 参见阮元校刻《十三经注疏》下册，第1674页。
② 参见杨海文《四书选讲》，巴蜀书社，2022，第242—246页。

果能将不该有的欲望全部赶走，良知在内心占有的空间就会越来越大，这个过程就是养心。人都是有欲望的，人不可能，也没有必要完全消除自己的欲望。但是，面对形形色色的欲望，尤其是面对不该有的欲望，如果真要让自己的身心变得轻松，让自己的人生过得有意味，就应当在"寡欲"的方向上多想一想、多做一做。"事非经过不知难。"每个人只有到了特定的年龄阶段，才会觉得人生当中有很多欲望其实是没有必要的。正是阅历本身，不断帮助人们理解并消化着"养心莫善于寡欲"这句格言的人生含量。

《论语》5·11记载，孔子有一次说，"吾未见刚者"，我未曾见过刚直的人。有人说：申枨不就属于这种类型吗？孔子说："枨也欲，焉得刚？"申枨还是欲望太多了，哪能刚直呢！孔子这里也表达了"无欲则刚"的意思。对于人生而言，尤其是在人生大事上，如果该寡欲的时候尽量寡欲，该无欲的时候尽量无欲，我们就能规避风险，诚实而又刚直地往前走。

审美是不带功利性的。在某种意义上，寡欲、无欲是心态审美化的必由之路。《孟子》14·25说道：

> 浩生不害问曰："乐正子何人也？"
> 孟子曰："善人也，信人也。"
> "何谓善？何谓信？"
> 曰："可欲之谓善，有诸己之谓信，充实之谓美，充实而有光辉之谓大，大而化之之谓圣，圣而不可知之之谓神。乐正子，二之中、四之下也。"

善、信、美、大、圣、神，是《孟子》14·25的关键字。意思是说：能够欲求的，叫作善良；自己具有的，叫作笃信；充盈厚实的，叫作美好；充盈厚实而又光芒辉煌的，叫作伟大；伟大而又化育自身的，叫作圣明；圣明而又不能够知道自身的，叫作神妙。其中，

"充实之谓美"是中国古代美学史上的名言。

真切地存在于自身，并且不断变得饱满，就是"充实之谓美"。正因我们的心灵是相信性善的心灵，所以不断养育心灵的最终结果必然是达到"充实之谓美"的境界。人们喜欢"美"这个字眼，更应认同"各美其美，美人之美，美美与共，天下大同"的价值观。将自己的美当回事，这是"各美其美"；将他人的美当回事，这是"美人之美"；彼此将对方的美当回事，这是"美美与共"；携手构建人类命运共同体，这是"天下大同"。从孟子的角度看，一方面，只有坚信性善，强调养心，心灵才能审美化；另一方面，只有以美储善，才能从"美美与共"步入"天下大同"。

三、五伦与平治：世态道德化

孟子讲性善、讲养心，目的在于心态审美化，这个问题涉及人与自身的关系。人是所有社会关系的总和。每个人不仅与自身有关系，而且与社会有关系。孟子讲五伦、讲平治，目的在于实现世态道德化，这个问题涉及人与社会的关系。孟子如何具体展开这个问题呢？

（一）庶之→富之→教之

孟子思考世态问题，受过孔子"庶之→富之→教之"这个观点的启发。《论语》13·9说道：

> 子适卫，冉有仆。子曰："庶矣哉！"
> 冉有曰："既庶矣，又何加焉？"曰："富之。"
> 曰："既富矣，又何加焉？"曰："教之。"

"庶"是让人口增多，"富"是让百姓富裕，"教"是让人民有教养，三者是依次递进的关系。任何一个社会，尤其是在古代，人口一定要多，人多力量大，这是"庶之"；人口多了，人均可支配的资源就会相应减少，所以，扩大财富的来源，增加财富的规模，这是"富之"；人口多了，百姓富了，整天只知道吃吃喝喝也不行，因此，推行教化，将教育作为整个社会事务的重中之重来抓，这是"教之"。其中，教育自然是最重要的。孔子在中国历史上开创了平民教育，成为所有教师的祖师爷。因为深受孔子的影响，孟子思考人与社会的关系问题，特别注重人口、财富、教育的全面协同发展。

（二）"五伦"定型于《孟子》

孟子这一思考最重要的成果，就是通过回顾古代历史，提出了"五伦"的概念。《孟子》5·4说道：

> 后稷教民稼穑，树艺五谷，五谷熟而民人育。人之有道也，饱食、暖衣、逸居而无教，则近于禽兽。圣人有忧之，使契为司徒，教以人伦：父子有亲，君臣有义，夫妇有别，长幼有叙，朋友有信。放勋曰："劳之来之，匡之直之，辅之翼之，使自得之，又从而振德之。"

后稷教会老百姓种庄稼，五谷丰登，老百姓就得到了养育。吃得饱了，穿得暖了，生活安逸了，如果缺乏教养，那就跟禽兽差不多。圣人担忧这种情况，"使契（xiè）为司徒"，让契主管教育。契"教以人伦"，将人与人之间相处的基本准则教给人们。基本准则只有五条："父子有亲，君臣有义，夫妇有别，长幼有叙，朋友有信。"父子之间要有亲情，君臣之间要有忠义，夫妇之间要有分别，长幼之间要有次序，朋友之间要有诚信。这里涉及父子关系、君臣关系、夫妻关系、长幼关系、朋友关系。世界很大，但每个人的世界很小。在孟子设定的五伦社会中，只有父母，只有上下级，只有夫妻，只有兄弟姐妹，只有朋友。他们都是自己熟悉的人，所以"五伦"是孟子相对于熟人社会提出并定型的制度设计。从今天的角度看，我们总会遇到陌生人。他们匆匆而过，你既不知道他们的名字，也记不住他们的长相。但是，古人生活在熟人社会当中，"五伦"在中国古代社会中是恰当的提法。把握好了父子关系、君臣关系、夫妇关系、长幼关系、朋友关系，就能处理好人与人之间的关系。

（三）内圣而外王

在五伦社会中，人们追求内圣外王。内圣是做好自身，外王是让自身的能力与品格影响整个社会，这是两者的不同。孟子一方面提出性善论，另一方面关心天下苍生。《孟子》4·13说道：

> 孟子去齐，充虞路问曰："夫子若有不豫色然。前日虞闻诸夫子曰：'君子不怨天，不尤人。'"
>
> 曰："彼一时，此一时也。五百年必有王者兴，其间必有名世者。由周而来，七百有余岁矣。以其数，则过矣；以其时考之，则可矣。夫天未欲平治天下也。如欲平治天下，当今之世，舍我其谁也？吾何为不豫哉？"

"夫天未欲平治天下也"，颇有无可奈何的意味。虽然置身于这样的时代，孟子坚定地相信：如果上天要让天下太平，那么，当今之世，除了我，还有谁能做到？"平治"是《孟子》4·13的核心概念。孟子针对人与人之间的关系，提出并建构了五伦社会。针对知识分子阶层，孟子提出了另外一项任务，就是平治天下。"平治"这两个字与《大学》密切相关。《大学》的八条目是格物、致知、诚意、正心、修身、齐家、治国、平天下，意思是认识事物、获得知识、纯洁意念、端正内心、修养自身、管好家庭、治理国家、平定天下，这是一个内圣而外王的过程。孟子也希望每个知识分子先修养好自身，一旦有了机会，就为整个社会的进步与发展做出自己的贡献。我们讲孟子的五伦，同时要想到《大学》的八条目，尤其是将"五""八"结合起来，明确自身的责任，做好当下的每件事。

（四）在其位，谋其政

很多人一生碌碌无为。你让他回首往事，列出自以为得意的几件事，结果他连一件也列不出。为什么会这样？原因就是做不到"在其位，谋其政"。《周易·艮卦·象传》说道："君子以思不出其位。"①《论语》8·14、14·26记载孔子的话说："不在其位，不谋其政。"《论语》14·26记载曾子的话说："君子思不出其位。"它们是"在其位，谋其政"的出处。

不在位置上就不瞎操心，这是"不在其位，不谋其政"的意思。在位置上就一定将事情做好，这是"在其位，谋其政"的意思。哪怕现在只是做一件小事，只要这件事由我来做，我就将它做好，否则宁愿不去做，这是"在其位，谋其政""不在其位，不谋其政"的精义。譬如，帮盲人过马路，就一定要安安稳稳地将盲人从马路的这边送到那边。我们的一生看起来很复杂，其实人生是由一件件事构成的。幼儿园、小学、初中、高中、大学，这难道不是一件件事吗？星期一上课，星期二、星期三、星期四、星期五再上，这难道不是一件件事吗？"事"这个概念是让我们的生活清晰化、正能量化的关键。如果认认真真地去做每件事，那么，一周下来，一月下来，一年下来，十年下来，一生下来，再回首过去，就会快乐，就有成就感。将这件事做好了，又将那件事做好了，这就

---

①　阮元校刻《十三经注疏》上册，第62—63页。

是成就，就有成就感。

孟子如何讲"在其位，谋其政"呢？《孟子》10·5说道："位卑而言高，罪也；立乎人之本朝而道不行，耻也。"举例来说，小职员操心整个公司的十年发展规划，这是"位卑而言高，罪也"，教导主任对全校的课程安排毫无所知，这是"立乎人之本朝而道不行，耻也"。所谓"位卑未敢忘忧国"，那是另外的情形。世上的事情千千万万，有多少事情真跟你密切相关呢？只有明白这个道理，你做好自己当下正在做的这件事，做到问心无愧，身心才能得到真正的安顿。

（五）通过孝敬父母落实世态道德化

从世态道德化看"在其位，谋其政"，我们最应该做的就是在儿女的位置上孝敬父母。我们常常感叹世风日下，道德沦丧。为什么有这样的感叹？因为儿女已经不像儿女，家已经不像家，"孝顺父母"竟然只是一句空洞的口号，根本没有成为我们人生的神圣义务。在这个意义上，孝顺父母，何其重要！

《孟子》5·4说道："夫物之不齐，物之情也。"《大学》说道："物有本末，事有终始，知所先后，则近道矣。"[1]世上的事物千差万别，但有先后之分。这个先后之分，就是《中庸》说的："仁者人也，亲亲为大；义者宜也，尊贤为大。亲亲之杀，尊贤之等，礼所生也。"[2]这里又讲到仁义之道：仁是指人与人之间的和谐至善，其中最重要的是爱自己的父母，这就是"知所先后"的"先"；义是指人际关系的恰如其分，其中最重要的是尊重有能力的人，这也是"知所先后"的"先"。正是因为将爱自己的父母放在首位，将尊重有能力的人放在首位，所以整个社会的礼仪制

---

[1] 阮元校刻《十三经注疏》下册，第1673页。
[2] 阮元校刻《十三经注疏》下册，第1629页。

度才能形成。

《孟子》13·15说道：

> 人之所不学而能者，其良能也；所不虑而知者，其良知也。孩提之童，无不知爱其亲者；及其长也，无不知敬其兄也。亲亲，仁也；敬长，义也。无他，达之天下也。

"良知""良心"（《孟子》13·15、11·8）是孟子首先提出的。我们常说"问一问你的良知""问一问你的良心"，就是在用孟子的术语期盼世态道德化。孟子认为：每个人的良知、良心都是先天的。小时候，没有谁不知道爱自己的父母双亲；长大后，没有谁不知道敬自己的兄弟姐妹。爱父母是仁，尊敬长辈是义，"无他，达之天下也"。孝顺父母是"知所先后"的"先"，是人们靠近大道至关重要的一步。《孟子》1·3说道："养生丧死无憾，王道之始也。"父母健在，好好赡养他们；父母离世，好好送走他们。这就是王道的开始。

（六）舜与曾子是孝道的楷模

在孟子的心中，舜是孝道的楷模。《孟子》9·1说道：

> 天下之士悦之，人之所欲也，而不足以解忧；好色，人之所欲，妻帝之二女，而不足以解忧；富，人之所欲，富有天下，而不足以解忧；贵，人之所欲，贵为天子，而不足以解忧。人悦之、好色、富、贵，无足以解忧者；惟顺于父母，可以解忧。人少，则慕父母；知好色，则慕少艾；有妻子，则慕妻子；仕则慕君，不得于君则热中。大孝终身慕父母。五十而慕者，予于大舜见之矣。

舜的父亲、继母、同父异母的弟弟象，都想害他。舜生活在这样一个不好的家庭里面，如何成了大孝子呢？孟子指出：对于舜而言，人们喜欢他，美色陪伴他，富贵跟随他，这些都不能够解除他的忧愁，唯有孝顺父母才能卸掉他的忧愁。孟子还说：最大的孝道是一生孝顺父母。"五十而慕者，予于大舜见之矣。"到了五十岁还孝顺父母，我只从舜的身上见到了，所以舜是孝道的楷模。

在孟子的心中，曾子也是孝道的楷模。相传曾子是《大学》《孝经》的作者，《礼记》《大戴礼记》讲过曾子尽孝的很多故事。曾子如何行孝道？《孟子》14·36说道：

> 曾晳嗜羊枣，而曾子不忍食羊枣。公孙丑问曰："脍炙与羊枣孰美？"
>
> 孟子曰："脍炙哉！"
>
> 公孙丑曰："然则曾子何为食脍炙而不食羊枣？"
>
> 曰："脍炙所同也，羊枣所独也。讳名不讳姓。姓所同也，名所独也。"

曾子的父亲喜欢吃羊枣，曾子于是不忍心吃羊枣。公孙丑问道：到底是羊枣好吃，还是猪肉好吃呢？孟子回答说：自然是猪肉好吃。公孙丑又问：儿子吃猪肉，却让父亲吃羊枣，道理在哪？孟子回答说："脍炙所同也，羊枣所独也。"猪肉到处可以买到，但羊枣只是在特定的季节才有。再细细体会一下：父亲喜欢吃羊枣，但羊枣只是某一季节才有，储存的条件再好，也不会一年四季都有，在仅有羊枣的那个季节，因为父亲喜欢吃羊枣，所以，儿子将羊枣全部让给父亲吃，这就是尽孝。父母有小癖好，譬如说喜欢吃某种土特产，但那种土特产很少见。如果儿女千方百计弄来那些土特产给父母吃，这就是在尽孝道。

将孝敬父母当成这么重要的事情，那是不是不关心国家大事，将整个社会抛诸脑后了呢？不是！你孝敬父母、关爱兄弟，就是在参与政治、平治天下。据《论语》2·21记载，有人问孔子："子奚不为政？"你为什么不参与政治？孔子引用《尚书》的话说："孝乎惟孝，友于兄弟，施于有政。"孝就是孝敬父母，然后关爱兄弟，将这个道理落实在政治上，就是在参与政治、平治天下。孔子又说："是亦为政，奚其为为政？"这就是在参与政治、平治天下，否则还有什么行为叫参与政治、平治天下呢？在孔子看来，孝顺父母就是齐家，家齐而国治，国治而天下平，孝道与政治原本就是密不可分的。

孟子讲五伦、讲平治，是为了让整个世态道德化，孝敬父母又是世态道德化最重要的措施。这个观点"卑之无甚高论"，但它是实实在在的。一个人连自己的父母都不孝敬，他能够管好社会吗？社会能将管理的责任交给他吗？所以，世态变得道德化，应当从每个人孝顺父母开始。更何况，爱孩子是天性，爱父母是人性。父母由衷地爱自己的儿女，可是有多少人由衷地孝顺父母呢？这种情形正在我们的社会当中不断地蔓延，我们更应将由衷地爱父母当成头等大事来做，借此建设并成就世态的道德化。

四、爱物与无事：生态自然化

我在一篇文章中曾说："孟子并未做过学科意义上的生态学理论建构，这是问题的一面；孟子的生态智慧对于当代生态文明建设富有思想启发性，这是问题的另一面。"[1]在孟子看来，"仁民爱物"是生态智慧的点睛之笔，"行其所无事"是生态治理的最高智慧，生态自然化是人与自然关系的核心诉求。

---

[1] 杨海文：《"仁民爱物"与孟子的生态智慧》，《中共宁波市委党校学报》2018年第5期。

（一）亲亲、仁民、爱物及其次第

《孟子》讲生态最提纲挈领的一段话如下。

> 君子之于物也，爱之而弗仁；于民也，仁之而弗亲。亲亲而仁民，仁民而爱物。（《孟子》13·45）

先将这段话精准翻译为："君子对于事物，惜爱它们但不仁爱；对于人民，仁爱他们但不亲爱。亲爱亲人，继而仁爱人民；仁爱人民，继而惜爱万物。"孟子在这里建构的价值序列是：最高是"亲亲"，亲爱亲人；其次是"仁民"，仁爱人民；最后是"爱物"，惜爱万物。孟子为什么要建构"亲亲→仁民→爱物"的价值序列？这个设计跟今天的生态主义是不是有点脱钩？孟子这种设计的理论依据到底在哪里？

《朱子语类》卷二十《论语二·学而篇上·有子曰其为人也孝弟章》对此有精妙的比喻。

> 但是爱亲爱兄是行仁之本。仁便是本了，上面更无本。如水之流，必过第一池，然后过第二池、第三池。未有不先过第一池，而能及第二、第三者。仁便是水之原，而孝弟便是第一池。不惟仁如此，而为义、礼、智亦必以此为本也。[1]
>
> 仁如水之源，孝弟是水流底第一坎，仁民是第二坎，爱物则三坎也。[2]

---

[1] 黎靖德编《朱子语类》第二册，王星贤点校，中华书局，1986，第463页。个别标点符号略有校改，兹不一一标注。

[2] 黎靖德编《朱子语类》第二册，王星贤点校，第463页。

好比到九寨沟旅游，看见那里有很多海子（湖泊）。我们假定只有三个海子：水首先从第一个海子流起，那是亲爱父母；接着流到第二个海子，那是仁爱人民；最后流到第三个海子，那是惜爱万物。水只有从第一个海子开始慢慢流，依次途经第二个海子、第三个海子，才能从山上流到山下。如果不经过第一个海子、第二个海子，张口就说"我要爱物"，结果你连父母都没有赡养好，连人民都没有仁爱好，那么，保护生态的意义又在哪里呢？"亲亲→仁民→爱物"依次递进，它的逻辑必然性是显而易见的；"亲亲→仁民→爱物"自然而然，它的思想深刻性是不言而喻的。

（二）爱物就是行其所无事

我们经常说：人可以认识自然，可以改造自然，可以征服自然。与此相比，在孟子的思想中，爱物就是"行其所无事"。《孟子》8·26说道：

> 天下之言性也，则故而已矣。故者以利为本。所恶于智者，为其凿也。如智者若禹之行水也，则无恶于智矣。禹之行水也，行其所无事也。如智者亦行其所无事，则智亦大矣。天之高也，星辰之远也，苟求其故，千岁之日至，可坐而致也。

孟子这里举了大禹治水的例子。大禹的父亲鲧治水失败后，子承父业，前赴后继，大禹治水成功了。按照一般的解释，父亲治水失败，是因为采取堵塞的方式，儿子治水成功，是因为采取疏导的方式。孟子将大禹治水解释为"行其所无事"，这究竟是什么意思呢？在尊重客观规律的前提下，不瞎折腾，自然而然地解决当下的问题，这是疏导。做一件事，自然第一，人为第二，将人为因素降到最低限度，事情该怎么发展，就让它怎么发展，这是"行其所无事"。话还可以这么说：疏导是治水的正确方法，"行其所无事"是治水的最高境界。

如果这样说还是很抽象，那再看看《孟子》3·2如何讲"揠苗助长"的故事。

必有事焉而勿正，心勿忘，勿助长也。无若宋人然：宋人有闵其苗之不长而揠之者，芒芒然归，谓其人曰："今日病矣！予助苗长矣！"其子趋而往视之，苗则槁矣。天下之不助苗长者寡矣。以为无益而舍之者，不耘苗者也；助之长者，揠苗者也——非徒无益，而又害之。

所谓"必有事焉而勿正，心勿忘，勿助长也"，意思是说：一定要有事做，但又不要有太高的期待；心中不要忘记这件事，但又不要人为地助长。千万不要像宋国人一样，看到自家的禾苗长得慢，就一株一株地拔高。他非常疲劳地回到家里，对儿子说："今天我太累了，因为我将禾苗都拔高了。"儿子倒是一个聪明人，赶忙跑去一看，发现禾苗全都枯萎了。禾苗的生长自有它的规律，不是你想让它长得快一点，它就能长得快一点。宋国人忙了一整天，累了一整天，将禾苗一株一株地拔高，自以为做了好事，结果禾苗全部死掉了。

宋国人到底做错了什么？与大禹治水"行其所无事"相比，宋国人揠苗助长就是多此一举。事物发展的规律是怎么样的，就让事物怎么样去发展，这是"行其所无事"的哲学含义。如果违背事物发展的基本规律，擅自加进人为的做法，事物发展要么停滞不前，要么适得其反。宋国人犯的错误，就是多此一举，结果事与愿违。

（三）通过万物生长落实生态自然化

"无事"不是一个消极的概念，因为它的实质是顺其自然。《老子》第二十五章说道："人法地，地法天，天法道，道法自然。"[①]我们到了一定的年龄，特别是到中年后，一切都要顺其自然。"自然"有两层排斥性的含义：首先不是"他然"，不能让外在的力量加进来；其次不是"我然"，不能让内在的力量加进来。[②]顺其自然，既要排除外在力量的干扰，更要排除内在力量的干扰。很多人只是知道不受外在力量的干扰，却常常将内在力量加进来，这样是很难做到顺其自然的。既不"他然"，更不"我然"，既不听命于内在的力量，更不听命于外在的力量，这才是真正意义上的顺其自然。

"顺其自然"是一种积极的态度，因为它的实质是与万物为友。《朱子语类》卷一《理气上·太极天地上》说道：

> 万物生长，是天地无心时；枯槁欲生，是天地有心时。[③]

春来草自生，春天来了，草就生长，古往今来都是如此，这是"天地无心时"；一棵枯树突然生出新叶嫩芽，梅开二度，迎来第二春，这是"天地有心时"。我们常说要做一个有心人，那是因为自己远远没有抵达至高之境。万物生长都是自然而然的，而且是在天地无心想它的时候，按照自身规律自然而然生长的。通过万物生长落实生态自然化，很多生态学的现实谜团乃至瓶颈问题就有可能迎刃而解。

（四）人机之辨

最近若干年来，机器人已经充分发展了人的功能，甚至可以"复制"出另一个你，这让人类变得警觉起来。在人类之外，怎么

---

① 王弼注，楼宇烈校释《老子道德经注校释》，中华书局，2008，第64页。
② 参见罗安宪《论"自然"的两层排斥性意涵》，《哲学研究》2019年第2期，第69—70页。
③ 黎靖德编《朱子语类》第一册，王星贤点校，第5页。

还有机器人？机器人这样的命名，是不是不太恰当？将机器人加入人类的行列，是不是误导？机器人正在替代人类，人类正在变得渺小脆弱。假如基因编辑跟机器人携起手来，后果又是什么？人类也是万物之一，有生有死，有快乐有悲伤，有优点有缺点，有的缺点甚至是致命的。这些致命缺点是天生的，而且不能讨价还价。譬如人类只有两只手，你不能讨价还价，说要三只手。也正因为人类有这些致命缺点，所以人生才让诗人悲伤地感叹，让哲学家理性地思考。但是，机器人的致命缺点是后天的，是人类基于功利心、计算心给予它的。

如何让机器人作为人与自然界的一部分，真正像万物那样如其所是地生长？这是一个大问题。为什么不能将机器人只是当成机器看待呢？飞机完成了航班，就停在机场保养；摄像机完成了拍摄，就关机充电。所谓将机器人当成机器看待，意思是说：机器的工作完成了，就好好休息，不再去想别的。如果做完事情后就让机器人休息，它就不是机器人，只是机器而已。包括机器人在内的种种现实情形，正在让生态自然化远离人们而去。如果每个人心中都有"万物生长"的理念，让万物在天地无心之时自然而然地生长，而且将这个理念一代代传递下去，生态自然化就有可能慢慢回归。

综上所述，我们首先讲了性善、养心，心态要审美化，关键在于无欲则刚；其次讲了五伦、平治，世态要道德化，关键在于孝顺父母；最后讲了爱物、无事，生态要自然化，关键在于万物生长。孟子深邃的思想要旨有重要的现代意义，我们始终能够从孟子那里获取无穷无尽的启迪。

五、"不忘初心"典出《孟子》

今天流行的"不忘初心"这个词，究竟出自哪里呢？《孟子》14·37说道：

> 万章问曰:"孔子在陈曰:'盍归乎来!吾党之小子狂
> 简进取,不忘其初。'孔子在陈,何思鲁之狂士?"

"不忘其初"的意思就是"不忘初心","其初"的意思就是"初心"。在《孟子》中,"心"属于顶层设计的概念,总计出现126次,包括众所周知的"本心""良心"。《孟子》11·11说道:

> 仁,人心也;义,人路也。舍其路而弗由,放其心而
> 不知求,哀哉!人有鸡犬放,则知求之;有放心,而不知
> 求。学问之道无他,求其放心而已矣。

家里的鸡狗到了晚上不回家,人们会满村子寻找。自己的心一直流放在外,却不知道让它回家。在孟子看来,人的一生乃至整个人类都有可能陷入心在流放而不回家的状态。正因心在流放,心一直没有回家,所以做学问的目的无他,就是将流放在外的那颗心找回来。《孟子》讲"心"那么多,加上出现了"不忘其初",这就表明"不忘初心"应当出自《孟子》。"不忘初心"这四个字在《孟子》中没有完整地出现,只是表述为"不忘其初",这是事实。但是,成语在形成过程当中有所改动,并不跟原来的版本完全一致,这也是事实。在此意义上,认定"不忘初心"典出《孟子》,显然是成立的。

"不忘初心"后面紧接的"方得始终",同样跟《孟子》有关。我们看《孟子》10·1。

> 伯夷,圣之清者也;伊尹,圣之任者也;柳下惠,圣
> 之和者也;孔子,圣之时者也。孔子之谓集大成。集大成
> 也者,金声而玉振之也。金声也者,始条理也;玉振之也
> 者,终条理也。始条理者,智之事也;终条理者,圣之事

也。智，譬则巧也；圣，譬则力也。由射于百步之外也，
其至，尔力也；其中，非尔力也。

伯夷是清廉的圣人，伊尹是负责任的圣人，柳下惠是随和的圣人，孔子是识时务的圣人。四者当中，"时"最高，"孔子之谓集大成"。所谓汇集最大的成就，孟子用音乐比喻，并且说道：开场是金钟声响，收尾是玉磬振扬。金钟声响，是开始音乐的条理；玉磬振扬，是终结音乐的条理。开始音乐的条理，是智的事情；终结音乐的条理，是圣的事情。智，譬如技巧；圣，譬如气力。犹如在百步以外发射箭矢，箭矢达至靶子，因为你的气力；箭矢射中靶心，不是你的气力。在此，集大成就是金声玉振，而且出现了"始""终"的概念。金声玉振是指音乐自始至终保持相同的精神，所以说"方得始终"也在《孟子》中出现过，至少是跟《孟子》密切相关的。

讲座即将接近尾声了。记得中山大学哲学系毕业生让我写寄语，我写了这样一句话："以道性善为本体，视执事敬为功夫。""道性善"出自《孟子》5·1，代表孟子的思想；"执事敬"出自《论语》13·19，代表孔子的思想。[①]在本体上坚信性善，在功夫上做好每件事，这是做人做事的基本准则。我们讲孟子的思想要旨及其现代意义，"以道性善为本体，视执事敬为功夫"何尝不是最好的结语？！

---

① 参见杨海文《道性善 执事敬——孔孟儒学的成人之道》，《光明日报》2018年12月8日，第11版。

晁罡，哲学博士，现任华南理工大学工商管理学院教授、博士生导师、企业社会责任研究中心主任。兼任国家自然科学基金和国家社会科学基金评审专家、博鳌儒商论坛副理事长、中国企业·管理·伦理论坛常务理事、广东省企业责任研究会副会长、广东省蓝态幸福文化公益基金会学术委员会委员等职。主要研究领域为本土化管理和企业社会责任，特别专注于中华优秀传统文化在企业中的运用。主持有国家自然科学基金3项，在《中国工业经济》《新华文摘》《管理学报》等期刊发表论文多篇。

玖 从《十一家注孙子》看儒家和兵家治道思想的整合及其历史影响

晁 罡

各位老师、各位同学：

大家下午好！

我国古代兵家的智慧，虽然有许多关于战略、策略的内容，以及权谋斗争的技巧，但是不管在技术上如何运用，都要求在道德上能站得住脚；否则如果只是技术上可行，道德立场不对，那只能取得一时的胜利，暂时克敌而已，最终还是会失败。所以，道德上站得住脚，是兵家智慧的基本立场。中国古代兵家的著述非常丰富，其中，《孙子兵法》对于战略、战术等方面的内容都有充分的论述，是中国兵家著作的开山鼻祖，是这方面最经典的代表作，而且在世界兵学史上也是非常著名、有影响力的一部著作。

《十一家注孙子》（以下简称《注》，以下凡引此书，只写篇名）又称《孙子十家注》《十家孙子会注》《宋本十一家注孙子》《孙子集注》等，是由北宋吉天保辑录而成。它汇集了魏武帝曹操，南朝梁孟氏，唐李筌、杜佑、杜牧、陈皞、贾林，五代何氏即何延锡，北宋王晳、梅尧臣、张预等11家对《孙子兵法》的注解。如果连同郑友贤的《十注遗说》，则包括了12家注释者的见解。一则由于这些注解出现较早，均在北宋中期以前；二则这些注解相互结合，相互补充，比较完备地揭示了《孙子兵法》的思想内涵，因此，《注》的流传，成了《孙子兵法》传本系统中影响较大的一支。特别是到1797年以后，清代孙星衍重新校勘并刊行《孙子十家注》，这一传本系统得到广泛传播。秦汉以后的思想家常有批判《孙子兵法》过于强调权诈者，但我认为，《孙子兵法》思想在诸多方面有与儒家相通之处，正如史家司马谈所言，"务治"是六家要旨，兵家与儒家的治道思想其实是殊途同归的。因此，曹操及其后注家，在注解《孙子兵法》时，一方面致力于阐发《孙子兵法》本义，另一方面又受到儒家思想的影响，"以儒释兵""儒兵整合"的思想倾向在《注》中表现得相当明显。

因此，今天我主要就中国古代最具有代表性的兵家著作《孙子兵法》展开探讨，主要内容分为三方面：《十一家注孙子》对儒家、兵家治国战略的整合；《十一家注孙子》和"儒兵家"的管理策略艺术；儒兵整合的历史影响。

一、《十一家注孙子》对儒家、兵家治国战略的整合

在《孙子兵法》中，战略思想是很重要的内容。其中治国战略涉及政治、军事、外交等诸多重要方面，主要包括民本论、义利论、慎战论和伐交论四点。

第一，民本论。

儒家和兵家都具有无神论的传统，认为天是自然之天。孔子有"敬鬼神而远之"（《论语·雍也》）的说法，荀子有"天行有常"（《荀子·天论》）的论断。孙子也说："天者，阴阳、寒暑、时制也。"（《计篇》）因此，在政治上，他们都重视人的作用，特别是民众的力量，儒家甚至提出了民为邦本、民贵君轻的见解；在军事上，他们认为民心的向背决定战争的胜负。

战争要消耗大量人力、物力，作为君主，要体恤百姓，因为他们才是国家的根本，《注》也比较鲜明地体现了这一思想。何氏说："国以民为本，民以食为天。居人上者，宜乎重惜。"（《作战篇》）王晳则进一步发挥了孟子"天时""地利"不如"人和"的思想："夫用兵之道，人和为本，天时与地利则其助也。"（《计篇》）"天时""地利"不过是战胜的辅助因素，"人和"才是根本。而且，"天时"只有在符合民众的要求时才算"天时"，故曹操曰："顺天行诛，因阴阳四时之制。故《司马法》曰：'冬夏不兴师，所以兼爱民也。'"（《计篇》）冬夏乃寒暑之至，爱民之君不应在此季节动兵行师。《司马法》是儒家公认的兵学经典，曹氏以之释孙，正是反映了他综合儒兵的思想特点。

孙子又曰："善用兵者，修道而保法，故能为胜败之政。"（《形篇》）唐代李筌在注解此句时说："以顺讨逆，不伐无罪之国；军至，无虏掠，不伐树木、污井灶；所过山川、城社、陵祠，必涤而除之，不习亡国之事，谓之道法也。"孙子的"修道"已经变成了李筌的仁义礼让，因此可以说，这是李氏受儒家思想影响的结果。因为，李氏的"军至，无虏掠"等解释，已经与孙子的"掠乡分众"（《军争篇》）思想有很大的出入，这在他解释孙子"重地则掠"（《九地篇》）一句时表现得更为明显："深入敌境，不可非义，失人心也。汉高祖入秦，无犯妇女，无取宝货，得人心如此。"他的解释已经完全背离了孙子的本意。当然，这并不是说孙子就不讲战争的正义性，而是说治军与治国既有共同点，又各有特殊性，一味讲仁义爱民，不懂用兵作战的具体情况（如"重地则掠"），反而会成为用兵作战的思想负担。

民本论是儒家和兵家的重要思想基础，《注》比较多地吸收了儒家的民本论，同时又保留了兵家思想的部分特色，实现了二者的融合，为统治者治国安邦提供了理论上的指导。

将上述战略推演到商业经营活动中，也是同样的道理。处理好员工、消费者等多个利益相关者的关系，这点对企业发展相当重要。举个实例，广东有家泰威公司制定了"51：25：24"的治理机制，就是说公司净利润的51%要拿出来投入社会公益事业，25%用于发放员工薪酬，24%是股东的收入分配。这个企业相当尊奉中国传统文化，该公司管理者以孟子的"民为贵，社稷次之，君为轻"为指导思想，从而制定了这样的企业经营和管理制度。社会公益事业代表"民"，关系民心向背，这是最重要的根本问题；"社稷"就是这个企业组织，因此企业员工特别重要；公司的投资者、管理层是"君"，是"当家""股东"，是三者中最轻的。这个企业我们考察了多年，它的经营发展状况一直不是暴发户式的增长，而是细水长流的健康发展，如今已经发展到相当大的规模，盈利状况良好。

第二，义利论。

利益与国民息息相关，善于维护国家和人民的利益，就是为官从政中最大的"义"。儒家和兵家都以民为本，因此，在治理国家的问题上，必须尽量满足国民的利益；慎战以安民，伐交以不扰民，都是以肯定国民的利益为前提。但总的说来，儒家"重义轻利"，而兵家则是鲜明的功利主义者。

《注》对儒家和兵家的义利思想都有所吸收。他们首先继承了孙子"利动利止"的思想。张预说："见利乃动，不妄发也。《传》曰：'三军以利动。'"（《军争篇》）于己不利，绝不出征。在古代的军征中，因运输条件落后，后勤供应十分困难，常出现粮草短缺的情况。因此《孙子兵法》主张"掠乡分众"（《军争篇》），这对于行军作战当然是有合理性和可行性的。《注》也正视这一情况，大胆继承了孙子的思想，故陈皞说："夫乡邑村落，因非一处，察其无备，分兵掠之。"张预之注讲得更明白："用兵之道，大率务因粮于敌；然而乡邑之民，所积不多，必分兵随处掠之，乃可足用。""因粮于敌"是古代用兵作战的实际情况，如果不是"随处掠之"，一切依靠本国后勤供应，那将是"因粮于敌"的数倍，这在《孙子兵法》中已有清楚的计算和描述。

《注》对儒家的义利思想也有体现。梅尧臣在注"非利不动"（《火攻篇》）时说："凡兵非利于民，不兴也。"他明确指出受利的对象必须是民。在另一处，孙子说："毁人之国而非久也。"（《谋攻篇》）贾林释之曰："兵不可久，久则生变。"这种解释尚没有脱离孙子之本义，但他接着又说："但毁灭其国，不伤残于人，若武王伐殷，殷人称为父母。"这已明显有儒家"仁者爱人"的思想在里面。

总的说来，《注》在整合儒兵两家之义利思想时，充分考虑到了军事活动的特点，对兵家的功利主义思想多有吸收发展，而儒家思想的影响则相对较少。

第三，慎战论。

战争是激烈的，常常是你死我活的争夺，会给交战各国百姓的生活带来巨大的，并且常常是不利的影响。儒家和兵家都主张以民为本，因此，他们对待战争问题都抱着谨慎的态度。他们认为，战争并不绝对就是坏事，对战争要具体分析其性质。对正义战争应积极参与和支持，对非正义战争则要坚决反对。因此，既不能"偃兵废武"，又不能"穷兵黩武"；既要反对"忘战"，又要反对"好战"。正确的做法是对待战争要始终保持冷静谨慎的态度，如孔子慎战而"好谋"，孙子慎战而"察兵"，这些思想比起穷兵黩武者和偃兵废武者都要高明得多。

《注》充分体现了儒家和兵家的慎战思想。他们首先把战争置于重要的地位。杜牧说："国之存亡，人之死生，皆由于兵，故须审察也。"（《计篇》）既然用兵作战极为重要，关系到国家的存亡和人的生死，因此必须谨慎明察。杜佑在《作战篇》中还以实际事例说明了穷兵好战的危害性："兵者凶器，久则生变。若智伯围赵，逾年不归，卒为襄子所擒，身死国分。故《新序传》曰：'好战穷武，未有不亡者也。'"何氏在评论《作战篇》时说："孙子首尾言兵久之理，盖知兵不可玩、武不可黩之深也。"何氏也比较深刻地领会了孙子的慎战思想。张预在注《火攻篇》时说："君常慎于用兵，则可以安国；将常戒于轻战，则可以全军。"君主和将帅都要经常性地对用兵保持谨慎警戒的态度，这样才可以"安国""全军"。《注》还从经济利益的角度阐明了慎兵速战的道理。张预说："师老财竭，于国何利？"（《作战篇》）长期陈兵在外，必然要耗费大量物资，给国家造成经济损失。

在慎战这一问题上，《注》中的一些解释也带有儒家的色彩。如杜牧曾借用《左传》中的一句话说："国之大事，在祀与戎。"（《计篇》）祭祀祖先和用兵作战都是国家大事，都应充分重视，但这里把祭祀活动排在用兵作战之前，其重要性被提得更高。祭祀活动是儒家极为重视的，是其强调伦理纲常的一个重要表征。贾林也借用《尚书》中的一句话说："有存道者，辅而固之；有亡道者，推而亡之。"（《计篇》）这里所谓的"道"，既是机权立胜之道，又是顺天应民之道，符合它，就能维持这个国家的稳定；不符合它，就可以推翻这个国家。以上所言，都说明《注》在解释慎战问题时体现了以儒释兵、融兵的思想倾向。

第四，伐交论。

既然要慎战，那么，为了达到国家的战略目的，就需要采取战争以外的其他手段，而伐交则是其中一种非常重要的手段。它既可以避免战争给民众带来的灾难，又可以满足国家的战略利益，是一种理想的和平解决争端的手段。

《注》吸收了儒兵两家的外交思想，并进行一定的发展。关于外交的重要性，孟氏说："得交则安，失交则危也。"（《九地篇》）王皙说："四通之境，非外援不强。"（《九地篇》）关于扰乱诸侯国政，使其疲于应付的外交手段，贾林做了细致的发挥："为害之计，理非一途，或诱其贤智，令彼无臣；或遗以奸人，破其政令；或为巧诈，间其君臣；或遗工巧，使其人疲财耗；或馈淫乐，变其风俗；或与美人，惑乱其心。此数事，若能潜运阴谋，密行不泄，皆能害人，使之屈折也。"（《九变篇》）杜牧则认为劳役敌人的外交活动必须以自身的强大实力为基础："言劳役敌人，使不得休，我须先有事业，乃可为也。事业者，兵众、国富、人和、令行也。"（《九变篇》）

《注》也继承了儒家的怀柔外交政策。陈皞说："德光四海，恩沾品物，信及豚鱼，百姓归心，无思不服，故攻城必拔，伐国必隳也。"（《九地篇》）陈氏主张"德光四海"的外交战略，但战略的最终目的也不过是有利于我方拔城伐国，实现平天下这一儒家的政治理想而已。在《九地篇》中，孙子有这样一句话："夫霸王之兵，伐大国，则其众不得聚；威加于敌，则其交不得合。"其本意是使敌国来不及战争动员，并因我方的兵威而不能充分地开展外交活动。但孟氏却把它解释为："以义制人，人谁敢拒？"这完全是儒家的思想观念。

同样，在商场中，伐交的策略非常重要，俗话说，商场如战场，商场是看不见硝烟的战场，因此各种社交营销关系相当重要。例如，肯德基与可口可乐公司联盟，在肯德基快餐店里你不会看到百事可乐；麦当劳与任天堂公司联盟，你在麦当劳快餐店里也不会看到其他动漫公司的卡通形象。这些大型国际品牌公司的合作联盟，强强联手以共同提升市场竞争力，就是伐交策略在商场中的具体体现。又如，东南亚许多国家为了国家政治、经济利益，共同缔

结了 "东南亚国家联盟" 组织，简称 "东盟"。更早的 "世贸" "欧盟" "大西洋联盟" 等国际组织，都是国家和地区间在经济上伐交合作关系的体现。

二、《十一家注孙子》和 "儒兵家" 的管理策略艺术

以上是《孙子兵法》中战略方面的启示，以下我要分享一下其策略方面的智慧。在治理国家的活动中，管理策略是为实现治国战略目标而实施的方法、手段和艺术。它包括君臣和调、通权达变、任贤用能、赏罚分明等种种具体方法，在儒家和兵家思想中都有体现。

第一，协和策。

儒家和兵家都认为，"和" 是人际关系的理想状态，是力量的源泉和成功的保证。有了 "和"，才能集中群体力量，提高工作效率，实现理想目标。

《注》继承了孙子的协同作战思想，但在解释将帅与兵民的沟通问题上，也吸收了一些儒家的思想观念。如关于协调的重要性，杜佑说："言君臣和同，勇而战者胜。故孟子曰：'天时不如地利，地利不如人和。'"（《谋攻篇》）张预也说："大凡百将一心，三军同力，则能胜敌。今小将恚怒，而不服于大将之令，意欲俱败，逢敌便战，不量能否，故必崩覆。"（《地形篇》）不服从就不能协同，不能协同必然导致失败，这是亘古不变的道理。在协调的方法上，注者受到了儒家思想的深刻影响。如张预说："将视卒如子，则卒视将如父；未有父在危难而子不致死。故荀卿曰：'臣之于君也，下之于上也，如子弟之事父兄、手足之捍头目也。'"（《地形篇》）这里显然是以儒家的伦理观念来诠释兵家爱兵如子的道理。孟氏的观点则是综合了儒兵两家的协和思想，他说："道，谓道之以政令，齐之以礼教，故能化服士民，与上下同

心也。"（《计篇》）既要"道之以政"，又要"齐之以礼"，因此它既不同于儒家忽视"道之以政"的观点，也不同于兵家忽视"齐之以礼"的观点。后世的统治者在实际操作过程中，多是采用了这种思想方法。

这样的上下级的协调关系，涉及企业经营管理方面，主要可以对应为劳资关系，就是企业主和员工的关系。作为经营者、管理者，老板要设身处地地为员工着想，譬如有员工老是迟到，老板不过问、不了解背后的原因，只是一味责罚，如果这个员工迟到的原因是小孩生病了，或其他家人出了什么问题，有不得已的原因，那么他受到责罚后就会与公司离心离德，不可能尽心为公司效力。在这方面，日本稻盛和夫创立的京瓷企业，可谓世界知名的经营者设身处地真正关心员工之企业管理精神的代表。

第二，经权策。

现代权变理论管理学派认为由于企业环境变化迅猛，管理人员必须善于变通，运用不同的管理方法和手段，以适应不断变化的环境。在中国管理哲学中，儒家和兵家也具有这方面的思想，即"经权策"。在管理活动中，"经"指基本的管理原则，"权"指随机应变的管理技巧。兵家之经权策就是奇正因变之术，即奇正相生，因势而变。儒家之经权策，即一方面要坚持一以贯之的常理，另一方面又要善于通权达变。儒家和兵家的经权策强调的是管理的艺术，是通往实现军队和国家利益以及维护民本的重要方法。

儒家在主张通权达变的同时，也强调"经"，也就是所谓"忠恕"之道，而权变是不能离经叛道的。兵家行军作战，也有其依据的"常理"。在《注》中，儒兵两家的这些思想都有所体现。王晳指出："兵有常理，而无常势；水有常性，而无常形。兵有常理者，击虚是也；无常势者，因敌以应之也。"（《虚实篇》）兵之常理就是要善于乘敌之虚，攻其不备，取得战场上的胜利是用兵作战的最直接的目的。至于奇正因变的用兵艺术，《注》也做了充分的论述，何氏说："兵体万变，纷纭混沌，无不是正，无不是奇。若兵以义举者，正也；临敌合变者，奇也。我之正，使敌视之为奇；我之奇，使敌视之为正。正亦为奇，奇以为正。大抵用兵皆有奇正；无奇正而胜者，幸胜也，浪战也。"（《势篇》）奇正相生，临敌变化，使敌人因判断错误而失败。但这里值得注意的是，何氏把"兵以义举"当作正，并不符合孙子的本义，孙子之"正"，乃"正面之兵"之"正"，它与"奇"是相对，而不是"正义"之"正"。显然，这是何氏"以儒释兵"之处。

孙子并非不讲仁义，但用兵作战与治国安邦的侧重点是不同的，针对战争的特点，孙子注重论述奇正因变以制胜的用兵艺术。儒家则着眼于治国安邦的整体需要，始终以"执经"为其临事之大体。《注》是对《孙子兵法》的注释，因此对兵家奇正之术多有分析且有发展，但儒家的仁义思想在其中也有一定体现。如张预说："虢公不修慈爱，而为晋所灭；晋侯不守四德，而为秦所克，是不以仁义治国也。"（《谋攻篇》）以仁义治国是国家兴旺所必须遵守的基本原则，违背了仁义道德，必将导致国家覆亡。他还说："用兵虽本于仁义，然其取胜必在诡诈。"（《计篇》）用兵作战，需要以仁义为本，以诡诈为用，二者皆不可少。

军事上的权谋变化，所谓"兵者，诡道也"，在商业活动中也存在相同道理，商业中技术、营销模式等都需要变通、创新，需要很多的变化，如果总是守成、守旧，就没法在现代的商业竞争中站得住脚。譬如说，在20世纪八九十年代，办一个百货商场的利润很大。随之出现很多超市，开到居民社区和街道里面去了。如今超市也趋于饱和状态，因为网络时代来了，人们都喜欢使用买卖便捷、送货上门的网络购物商店。所以说，商业活动中的营销手段也是在不断变化着的。

第三，激励策。

儒家和兵家所说的励气和赏罚等，即属于激励问题。激励既是确保实现"利"的重要手段，又是用人使众的一种方法，在管理的策略艺术中，它起着一种承上启下的作用。

《注》在许多方面都继承了儒家和兵家的激励思想。如关于士气的重要性，张预说："故用兵之法，若激其士卒，令上下同怒，则其锋不可当。故敌人新来而气锐，则且以不战挫之，伺其衰倦而后击，故彼之锐气可以夺也。"（《军争篇》）一支士气高涨的军队是难以阻挡的，而一旦士气受挫，就难免要打败仗。关于明赏设罚以激励士气的问题，各位注者都主张赏罚要及时、严明，但又不可专用一端，只赏不罚或只罚不赏都不足以统率三军。

儒家和兵家对激励的问题并无很大的分歧，但从《注》的一些解释中仍可以看出注者受到儒家思想的影响。杜佑说："赏善罚恶，知谁分明者。"（《计篇》）杜牧也说："善无细而不赏，恶无微而不贬。"（《地形篇》）孙子言赏罚，主要是从将士是否立军功或者是否违犯军纪这方面来说的，立足于事实的判断；而二杜把赏罚与善恶对应起来，已涉及儒家所强调的伦理道德问题，把赏罚看作价值的判断了。在谈到利用乡导的问题时，何氏说："凡用乡导，……厚其颁赏，使之怀恩；丰其家室，使之系心。即为吾人，当无翻覆。"（《军争篇》）这里提到不仅要厚赏其人，而且要丰其家室，以此收买人心，反映了何氏对家庭伦理观念的重视，这也是儒家思想影响的结果。

第四，用人策。

国家兴亡，战争成败，起根本作用的是民心向背，而广纳贤士，重用人才，是得民心的一个重要方面。因此，现代管理学把人才的选拔、培养和储备作为管理工作的一个重要环节。儒家重任贤，兵家重用将，讲的都是用人的问题。

《注》首先强调了将帅在国家政治生活、军事活动中的重要性。贾林说："国之强弱，必在于将。将辅于君而才周，其国则强；不辅于君，内怀其贰，则弱。择人授任，不可不慎。"（《谋攻篇》）

将帅关系到国力的强弱，贾林认为这主要取决于两个因素，一是忠君，二是有才，从孙子的原话"夫将者，国之辅也，辅周则国必强，辅隙则国必弱"来看，孙子讲的主要是将帅之才，而贾林在注中强调的却是为将要忠，当是受儒家"忠君"思想的影响。张预在注释这一句话时则比较符合孙子的原意，他说："将谋周密，则敌不能窥，故其国强；微缺，则乘衅而入，故其国弱。太公曰：'得士者昌，失士者亡。'"张预从为将要从足智多谋的角度进行分析，并借用太公"得士者昌，失士者亡"这一句话说明了将帅的重要性。关于"举贤"，《注》中还有多处论及。如曹操说："将贤则国安也。"（《作战篇》）李筌说："得贤者重，失贤者轻。"（《形篇》）。

有了贤才，如何使用，也是一个重要问题。孔子认为用人的基本原则是因材施用。孔门七十二贤，子路统军、冉求从政、子贡经商、子游从文都是突出的例子。孙子也主张"择人而任势"（《势篇》），李筌在注释这一句话时十分明确地讲："得势而战，人怯者能勇，故能择其所能任之。夫勇者可战，谨慎者可守，智者可说，无弃物也。"（《势篇》）不管是勇是怯，是谨慎还是多智，都要善于因势利导，量才用人，不要浪费了人才。杜牧也一样主张"量人之材，随短长以任之"（《势篇》）。因此，无论是君用将帅，还是将用军士，都要善于把握这一点。君主任命将帅，不仅要以礼待之，而且要充分授权，做到疑人不用，用人不疑。否则，君臣二心，就会导致战场上的失败。故梅尧臣说："君徒知制其将，不能用其人，而乃同其政任，俾众疑惑，故诸侯之难作，是自乱其军，自去其胜。"（《谋攻篇》）作为将帅，也要善于随机应变，在关键时刻敢于"将在外，君命有所不受"。至于将帅任用军士也同样要因材施用，杜牧说："谓将无权智，不能铨度军士，各任所长，而雷同使之，不尽其材，则三军生疑矣。黄石公曰：'善任人者，使智、使勇、使贪、使愚，智者乐立其功，勇者好行其志，贪者邀趋其利，愚者不顾其死。'"（《谋攻篇》）

总之，孙子的用将论与儒家的用贤论是基本相同的，所不同的是儒家以仁为首，兵家以智为先，《注》对此都有所反映，也有所整合。这在杜牧的《注孙子序》里有清楚地反映，他说："取吏无他术也，无异道也，俱止于仁义忠信智勇严明也。"他在孙子为将"五德"的基础上又加上忠、义、明三德，并且把"仁、义、忠、信"放在"智"的前面，反映了他用儒家思想整合兵家思想的趣向。

第五，统御策。

在上级管理下级的问题上，儒家和兵家有相同的观点，都主张既要爱兵恤民，又要明赏慎罚，做到恩威并举，宽猛相济。具体做法有三：其一是爱兵恤民，笼络人心；其二是严明军纪，淳化民风；其三是愚兵愚民，使其无知而为我用。可见，儒家和兵家都不约而同地主张愚兵和愚民政策，使兵民完全服从帝王将相的指挥。

《注》继承了孙子和儒家的这些思想。如关于爱兵，张预说："将视卒如子，则子视将如父，未有父在危难而子不致死。故荀卿曰：'臣之于君也，下之于上也，如子弟之事父兄、手足之捍头目也。'"（《地形篇》）关于教兵教民，张预说："将令素行，其民已信；教而用之，人人听服。"（《行军篇》）又说："将吏刚勇欲战，而士卒素乏训练，不能齐勇同奋，苟用之，必陷于亡败。"（《地形篇》）王晳也说："民不素教，难卒为用。"（《行军篇》）关于愚兵愚民和用兵机权，曹操说："民可与乐成，不可与虑始。"（《九地篇》）只能与老百姓共享胜利成果，但不能与之共谋大事。梅尧臣说："凡军之权谋，使由之，而不使知之。"（《九地篇》）还说："但用以战，不告以谋。"（《九地篇》）这几乎都是孔子"民可使由之，不可使知之"（《论语·泰伯》）的翻版。

推而广之，在企业中，企业文化就是企业家的思想，企业的经营发展走向，不是企业经营者与员工讨论出来的结果，而是企业家和高管团队的决策。个人决策虽然有风险，但是效率很高，而群体决策同样有风险，虽然风险有可能会降低，但效率低下。所以说采取什么样的策略要看情况而定，不能一概而论。

总而言之，帝王、将领、企业家等决策者，必须学会运用统御之术，这也是决策者应该承担的责任。举一案例，康熙皇帝八岁即位，一生很多事功：先后平定三藩叛乱，收复台湾，平定准噶尔叛变，平定西藏，订立中俄《尼布楚条约》；他注意河工清运，曾六次南巡，视察河工，联络汉族上层人士，确立秋狝制度，以联络蒙古族等少数民族；实行"滋生人丁永不加赋"制，注重工农业生产；他尊崇理学，编纂《古今图书集成》，但是又屡兴文字狱，以加强思想统治；他重视自然科学，任用比利时传教士制定历法。虽然康熙皇帝功绩彪炳，但是战争是非常损耗国家财富的，所以在康熙执政期间，国库就开始出现亏空，实在没有什么途径可以填补国库，最后想出了卖官鬻爵这一个对策，几年期间就卖出了大大小小五百多个官位，暂时缓解了国库亏空的巨大压力。但随之而来的问题十分严峻，这些通过买卖上位的官员，上台之后最重要的目标就是实现收支平衡，把当初买官的钱赚回来，于是大肆搜刮民脂民膏，榨取老百姓的血汗，结果出现了一大批贪官。但是，后人的评论很少有说康熙统治期间吏治败坏，为什么呢？这与康熙的帝王统御之术有关。这些买官者上台后大肆贪污，等他们搜刮、积累得身家肥厚时，就会出现有人告发等事情，于是康熙皇帝大力肃清贪污官吏，捕杀、发配、抄家等，这些贪官的财富再次进入国库。像这样先卖官再肃贪的做法，一般老百姓是看不懂的，只会称叹当权者英明，为民着想，整治贪官，大快民心，而不知道国库亏空的实情，而实际上，康熙皇帝这种统御术就是"借刀杀人"的兵法战术。

而反过来讲，管理者采用统御的策略，那下级该如何应对呢？作为下级，我们不要通过攀缘、巴结、贿赂政府官员换取特殊利益。企业外部经营要走正道，真正以经营为本，而对于企业内部的政治，除了统御决策外，还要有群体决策等其他方式，实现多元权力的平衡，这才是企业发展的长青之道，才是永续发展之道。

三、儒兵整合的历史影响

兵家重武，崇权谋诈力；儒家尚化，倡仁义德礼。二者一刚一柔，一利一义。文武兼备是历代王朝的治国之策，文治武功更是帝王渴望实现的盛世宏图。但是总的说来，儒家对兵家持一种鄙视和否定的态度，而且因为儒家在我国传统社会中长期居于主导地位，所以儒家和兵家的整合也就逐渐转变为儒家对兵家的整合，兵家同时也逐步失去了其独立的地位。

第一，儒体兵用。

兵家受到儒家的排斥，兵家自身的理论缺陷固然是其中一个重要原因，但是，儒家对兵家的这种排斥，主要还是在于其价值观的差异。儒家推崇德礼战争观，提倡礼乐征伐，信奉教化作用；而兵家却理性地看到了社会上的混乱与罪恶，提倡战胜这一具有功利主义特点的价值观。唐代实行重文轻武政策，在士大夫之间形成鄙视兵家的偏激风气。宋明理学更是从"罕言利"进而发展为"灭人欲"，对兵家的攻击也达到顶峰。陈师道认为："孙吴之书，盗术也，不足陈于王者之前。"（《后山集·拟御试武举策》）明清之儒亦是如此。特别是到了封建社会后期，儒家在这一问题上日益走向极端，失去了海纳百川的气度，致使中国的军事理论远远落后于时代的需要。儒家虽然排斥兵家，但因兵家思想的实用价值，儒家又不能不予以一定的重视。在这一问题上，儒家采取了以其仁义学说为"体"，以兵家权谋理论为"用"的方法。如宋初编的《太平御览》，首引"反利无义，以丧厥身"，以及《汉书》中"变诈之兵乃衰世之象"的说法，将儒家的"仁义"学说置于兵学之首；次引老子"夫兵者，不祥之器"以为诚；再引《司马法》，以明先王义兵之规范战道；最后才论及《孙子兵法》的用兵权谋之法。孙子之权谋只能作为操作性的应用层面而出现。这种思想的出现，致使不少文人志士讳言兵法，即使是一些兵家学者，也是一方面宣扬兵家权谋，一方面又自称"得罪圣门"（刘寅《武经直解》）。《注》正是在北宋武学因官方倡导盛行，同时儒家学者也开始激烈批评兵家思想的时代背景之下产生的。从其内容来看，多数注家仍基本坚持孙子的思想，并且也有不少新的发挥。这对以孙子为代表的兵家思想的发扬光大及广泛传播起了重要的作用。但同时我们也不难看出，《注》也受到了儒家思想的深刻影响，表现出以儒代兵的思想倾向，而这些又是与儒家在国家政治思想上所占据的主导地位分不开的。

第二，"儒兵家"的形成。

儒家和兵家在战略和策略等方面本来就有整合的基础，这在兵家人物的思想中已有体现，如吴起将儒家的"德""义"观念融入了兵家的战争观，在兵家中首先提出了"义兵"的思想；《尉缭子》将战争区别为"挟义而战"与"争私结怨"两大类；等等。

从汉武帝"罢黜百家，独尊儒术"始，儒家对兵家的影响在逐步加强，不少儒生开始"以儒释兵"，也有一些兵家人物"纳儒入兵"，而多数统治者更是霸道、王道杂用之，《注》正是这一时代潮流的体现。及至宋代，儒家思想在中国文化中确立了真正的主导性地位，它渗透到了包括兵学在内的各个思想领域。兵家自身逐渐失去了独立的地位，而出现了兵家的儒家化现象，儒家内部也出现了大量的兵家，"儒兵家"这一群体日益形成。

兵家儒家化的突出代表是岳飞和戚继光。岳飞为后人所景仰，并不仅仅因为他杰出的军事才能，更重要的是他"精忠报国"的精神。与岳飞潜移默化式的儒家化不同，戚继光的儒家化是一种自觉的追求。戚继光论将帅，德、才、识、艺，首重将德。在他看来，只有具备了将德，才能成为"真将"。这与以孙子为代表的先秦兵家显然是大异其趣的，相反，与儒家的人才观却极为一致。

另外，儒家自身也出现了大量的兵家，如宋代的范仲淹、宗泽，明代的王阳明，清代的曾国藩，等等。宋代以后的统治者吸取了历史上武官兵变的教训，开始通过以文制武、文臣统兵来实现对武官的控制，这是从儒家之中产生兵家的政治背景。同时，以经世致用为追求的一些儒家志士，也开始肯定兵家和兵学的地位，并试图将兵学纳入儒家的思想体系之中，使之成为儒家经世之学的一个组成部分。这一文化现象进一步强化了兵家与兵学的儒家化趋势，宋代以后的儒兵家群体，正是在兵家的儒家化与儒家的实学化的相互作用下形成的，其共同特征就是将儒家以忠义为核心的政治理念作为自觉的追求。

尽管如此，兵家思想文化仍然在传统文化中占据一席之地，而且它的一些理论，如顺道慎战、知己知彼、出奇制胜、欲擒故纵等，同儒家文化的仁义礼智一样，深入社会生活的众多领域，起着一定的作用。儒家对兵家思想的整合亦并非没有其理论意义和现实意义，但它对政治统帅军事、战争要有道德属性等观念，影响也是深远的。

以上便是关于兵家管理智慧的介绍与分享，希望能够对大家的工作与实践有所助益，谢谢大家！

　　毛国民，哲学博士，硕士生导师。现任中共广东外语外贸大学委员会委员、广东外语外贸大学学术委员会委员、广东外语外贸大学马克思主义学院院长、国际移民研究中心（教育部区域与国别研究备案建设中心）主任。主要从事哲学、乡村治理、移民研究，在《哲学研究》《光明日报》《现代哲学》《学术研究》等权威期刊上发表40多篇学术论文。近年来，主持国家哲学社会科学规划一般项目2项，在人民出版社、社会科学文献出版社等出版学术专著5部。2017年、2018年连续两次获得省部级社会科学研究成果二等奖。

拾 朱子《家礼》革新及其当代价值

毛国民

很多人会认为，礼仪是比较虚、没有什么实用价值的东西，甚至是种迷信、老旧陈腐的习俗而已。事实果真如此吗？刚才我进教室门，你们集体说了一声"老师好"，这就是礼仪。并不是因为老师高高在上，学生就要致敬问好。最简单的道理，老师来给学生上课，实际就是彼此交流，那么在人与人交往的日常生活中，彼此尊重是不是最基本、最必要的礼仪？而彼此尊重带来的感情沟通，是不是可以为教学相长提供促进作用？由此可见，礼仪并不是虚物，它是有实际功能和作用的。可以说，礼仪与我们的生活是密切相关的。举个例子，假如我们到一家单位去参访，下面是一张会议大厅的座位平面图，请问我们应该坐在哪个位置上合适？是A排还是B排？

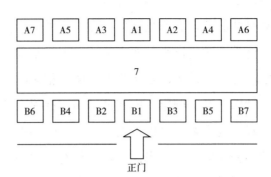

答案是作为客人的一方应坐在 A 排。为什么呢？这个座次安排古已有之，传承至今。但是，今人大多数仅知道礼仪本身，而不知礼仪背后的真正内涵。这个礼仪也许还没有确切文献可供考证，但最初的来源一定开始于早期人们的人际交往，比如一个部落的首领带着人到另一部落去谈判或者做客，他最担心的是什么？肯定是人身安全问题。所以入座的时候他要面向门口或窗户，以方便随时洞察外边或入口处的"风吹草动"。因此，作为主人的这一方，为了打消来客或谈判方的顾虑，都会主动安排客人在面向正门的那一边就座。因此，礼仪的形成是出于日常生活的需要，其形成源自日常生活的积累，与日常生活是密切相关的。如果礼仪只是纯粹的一种程序，一种"表演"的形式，那么我认为这样的礼仪就已经失去了它应有的意义与作用。

有学者认为，由于 20 世纪文化传统的流失，社会礼仪处处面临"失序"的状态，无论是冠婚丧祭还是称谓对答，因为礼仪的缺失而常常令人难堪甚至手足无措。① 举个极端的例子，最近有则消息，某地一男子给父亲办丧礼，丧礼上请来了一群女子为其亡父跳艳舞，他说他父亲生前喜欢美女，所以就想用这样的方式送别父亲。孝是什么？丧礼又应该如何？我们需要抓住孝的本义，显

① 杨志刚：《和谐社会与构建现代礼仪之邦》，朱贻庭主编《儒家文化与和谐社会》，学林出版社，2005。

然，此男子对丧礼的认识有明显缺失。在他这里，中国传统礼仪没有得到很好的传承；而传进来的西方礼仪，因为是建立在西方社会人们的日常生活方式和西方语言文化上，所以很多时候并不一定适合中国国情。例如，欧美国家人们相见习惯用握手、拥抱、亲脸颊等方式表示问好，握手倒还可以被我们接受，但拥抱、亲脸颊等方式对注重含蓄和分寸的中国人来说，就觉得有些生硬、别扭了。相反，咱们传统礼仪中的抱拳礼，就特别适用、好用。例如，我刚才一进教室门，大家向我问好时，因人数众多，我并不方便一一与大家握手回礼，而抱拳问好就是这种场合中最适宜的礼仪，简洁高效。再举例，在中国，女性与陌生男性相见时，因为握手、拥抱、亲脸颊等方式都过于亲近了，所以许多女性心里并不愿意，可能还有些许排斥。但古代女子向他人问好时，只是稍微地侧着身体，双膝弯曲道声"万福"，我认为这种问候礼不仅姿态美，意境也美，含蓄而庄重的心意都透过这"东方式"的优美的礼仪动作传达出来了。只可惜，许多礼仪并没有得到很好的传承，后人渐渐都淡忘了。

《南方周末》曾发表过一篇文章，其中说道："我们需要思考的是，为什么我们突然间变得不会说话、不会走路甚至不会吃饭？为什么这样一个大问题被长期忽视？我们的公民养成教育是否存有重大缺漏？中国究竟需要一场什么样的与人相处的礼仪启蒙运动？"①中国近代的"五四运动"，是一场思想启蒙运动。那么在这里，该作者呼吁的是一场"礼仪启蒙运动"。当代人为什么需要礼仪的启蒙呢？因为生老病死是每个人必须经历的过程，是人生大节，那么我们该如何合理、得体地面对人生不可回避的生老病死问题？这就需要"家礼"。

今天讲座的主要内容包含以下几个部分：一是《家礼》的主要

---

① 石岩、马捷婷：《中国游人，你丑陋吗》，《南方周末》2006年10月2日。

版本，二是《家礼》的条目与特色，三是朱熹《家礼》之革新，四是朱熹《家礼》的当代价值，五是《家礼》的历史影响与传播。本次讲座所围绕的宗旨是，朱子是根据什么原则、贯彻什么样的主线，在宋代的时候把传统礼仪革新的。同样，当代人也处于社会转型、生活方式大变革的时代背景之下，面对西方礼仪传入带来的冲击，那么，当代中国人该遵循怎样的礼仪？什么保留，什么不保留？怎么革新，依据的标准是什么？这些问题都需要我们深入思考。我认为根本原则是一定要符合日常生活的需要，符合基本的人性，实践起来方便简洁。

《家礼》是朱子礼学最核心、最基本的文献之一，另一部是《仪礼经传通解》。《家礼》在宋代礼学史和社会学史上都具有举足轻重的地位，被视为"庶民之礼"的标志性成果，也就是说，其与"士族之礼"是相对的。儒家所讲的传统礼仪，是贵族士大夫的礼仪，在宫廷和权贵家庭中严格实行，平民老百姓跟着做就行了，并没有系统或严格的要求。明代一位大臣夏言向国君提出，号召民间要广泛地建立祠堂。此后，民间建立了大量祠堂，并日益兴盛。遗憾的是，20世纪六七十年代，无数的祠堂被烧掉或砸毁了。直到近十多年，有些地方又开始恢复祠堂的建设。广东在这方面有得天独厚的人文优势和地理便利，可以说它是祠堂保存状况最好、最完整的内地省份之一。

一、《家礼》的主要版本

《家礼》版本较多，有宋刻本、《性理大全书》版本、《四库全书》版本、明代万历年间的精刻本《朱子家礼》（《四礼初稿》与《四礼约言》并刊）、《纂图集注朱文公家礼》（此版本的最大特色是有朱子亲笔手书的序言）、元禄本《家礼》三卷本（此版本流传到了日本）、《朱子全书》版等。清朝有位学者王懋竑曾说，《家礼》

一书非朱熹所作，是他人托名之作。我在《现代哲学》上发表专文反驳清人王懋竑的这一观点，我怀疑他没看过《纂图集注朱文公家礼》这个版本的朱子《家礼》，因此，有朱子本人手书序言的版本，非常具有历史研究价值。今人有了标注的版本，但不是单行本，而是收录在《朱子全书》系列中，由王燕均、王光照校点。我自己也有一本《朱子〈家礼〉点校与考证》，但不是根据《四库全书》版本校注，而是根据《性理大全书》版本来校注的。

二、《家礼》的条目与特色

首先，朱子把"祠堂"设为《家礼》的内容，并且放在开篇，作为《家礼》第一个条目。祠堂是区别于古礼的最大不同，意味着把传统礼仪由"贵族之礼"改造成"平民之礼"，朱子把它放在如此重要的位置，是《家礼》艺术结构上的最大特色。另外，朱子把全书分为五章，第一章讲"祠堂"，后面按人生必经的生老病死历程中的重大问题分为"冠""婚""丧""祭"四章，很有特色。

此书不同于朱子所作的另一部礼仪之书——《仪礼经传通解》，从版本结构到内容义理都不一样。大家都知道朱子是儒家思想史上著名的理学大家，那句名言"存天理，灭人欲"估计不少同学也听过，但许多人并没有真正理解朱子这句话的含义，以为朱子否定自然人性，全盘否定人的欲望，由此认定朱子是个封建专制的道德卫士。其实这是对朱子的误解，朱子说的"人欲"是指人的欲望不受天理支配，而为外物所牵役，把生命封闭于狭隘时空；所说的"灭人欲"，并不是要求人们泯灭、杜绝所有的正常生理需求或正常情感需求，而是要去除那些不符合、违背天理的"人欲"。这样说来，饥食渴饮属于天理，"刻意"苦行禁欲反倒是"灭人欲"。因此，人饿了要吃饭，这是符合天理的人欲，不能被禁止，但固执地要吃山珍海味来满足自己的口腹之乐或"刻意"苦行禁欲，这便是超出天理的人欲，是要被"禁"的。

《家礼》理念上的特色，是明确了礼学即理学（礼即理也），朱子说："礼者，天理之节文，人事之仪则也。"

三、朱熹《家礼》之革新

《家礼》如何革新？为何要革新？有其历史背景。朱子之前的古礼传承以"三礼"为主，《仪礼》、《周礼》和《礼记》，那么到了宋代，朱子为何要重新整理礼仪之书？不妨先设想一下，我们能否直接照搬朱子《家礼》中的礼仪套用到今天的生活中？肯定行不通。因为时代背景不同，生活方式如起居、器具等都发生了巨大的变化。我作为当今学人，研究《家礼》一书，光阅读和搞懂文中记载的内容已经觉得不容易了，更何况我们要依葫芦画瓢照着做。那么，朱子在宋代面临的困境是一样的，社会结构发生巨大变化，孔子修订的礼仪传至宋代已有上千年历史。用专业术语来说，叫"古礼失灵"。

（一）朱熹《家礼》革新的原因

第一，建立在均田制和井田制上的古礼，在唐宋社会转型后的土地私有制和商品经济下开始"失灵"。经济会影响政治、文化、习俗等意识形态的方方面面。譬如说，在计划经济体制与商品经济制度下，老百姓的生活变化大不大？非常大。可能在座的年轻的同学们感触不深，但可能也听爸爸妈妈或者其他长辈提到过，计划经济那时候，买肉和粮食需要肉票和粮票，买布还有布票，等等。再说今天，网络发达的前后、智能手机出现的前后，信息社会的结构与人们日常生活的改变是巨大的。同样，唐宋社会转型前后也大，因而古礼需要在宋代进行革新。

第二，原有血缘与地缘结构被逐渐破坏，士族分离现象普遍，特别是连续不断的战争使原有社会士庶界限逐渐模糊。在古代，某个地方的大家族，几百年甚至上千年来都生活在一处，是普遍现象。那时候，族谱清晰、社会结构稳定、文化传承、人员更替有序。例如我姓毛，我老家所在的毛氏村落共有一百多户人家，几百人都姓"毛"，按照辈分大家相互称呼，这些传承都是清清楚楚的，井然有序的。但随着唐宋土地私有和商品经济的发展，开始出现越来越多的人员流动、阶层变动，例如新兴的大商业主成为新的权贵士族、人员外出务工等，血缘与地缘结构不再稳定，士庶的界限也不再是不可逾越的了。战争、自然灾害、朝廷贬谪等因素，也会加剧这种变化，而这些变化会导致原来的礼仪制度不再适用。

第三，科举制的实行使古礼中大宗的特权地位、文化独特性等"观念"受到严重冲击。长期以来，长子长孙的"嫡"地位是优越的，在家族中享有特权。科举制度实行以后，许多步入仕途的人，未必是"长"或者"嫡"。如果士族家族观念和世袭制度没有发生改变，即使这些人在仕途中位高权重，在家族中的地位也是卑下的。因此，这个群体的人会有改革这种礼仪制度的动力和意愿。

第四，日常饮食习俗等观念，也在唐宋时期发生了重大变革。

以上四种社会变动因素不是在宋代一蹴而就的，是历朝历代逐步发生着的变革。到了宋代，朱子面临"古礼失灵"的现实困境，还有当时的王安石变法以及排佛运动。王安石变法的一个重要内容是，在科举取士中削减关于礼仪的考察，并且降低《仪礼》的地位，这点朱子是极力反对的。宋代排佛运动，是要对抗佛教对日常生活的渗透和影响，朱子作为儒家的一员，看到当时儒家礼制陈旧、没落，而佛教昌盛，导致民间在面对生老病死问题时大量采用佛教仪规，甚至是许多歪曲佛教义理和仪规的民俗做法，这些民俗做法广泛地深入民间生活。朱熹看不下去了，决定要革新儒家礼仪，让老百姓能在日常生活中贯彻实施。这也是其作为儒家思想传承者，为儒家争取文化主权必然会做的事。

简要归纳起来，朱子在宋代重构《家礼》的缘由，有以下几项：一是从理论来说，礼已偏道，礼制未修；二是从现实来说，由于古礼失灵、王安石变法、排佛运动，社会急需礼之规范；三是从实践来说，混乱之伦，礼俗须相济；四是从使命来说，狂乱之世，须"复礼"。综上所述，人们还需不需要礼仪？需要。能不能完全照搬前人礼仪？不能。因此，需要保留的是礼仪的内涵与精髓，对外在的形式可以进行创造性转化、创新性发展。

（二）朱熹《家礼》革新的原则

那么朱子怎样革新？其革新的内容，此处不详细展开，核心原则是：从俗、从简、从宜。

从俗原则。朱子认识到，礼在民间，要能为老百姓在日常所用，礼才有其价值，才能长久发扬、传承下去。因此，古礼要与俗连接在一起。如果礼仪只停留在条文上，那么只是写在纸上的规则。礼要内化于心，外化于行，礼必从俗，在日用之间。

从简原则。礼要从简，礼之条目从简、程序从简、器物从简。古人说，"大道至简，简则易从"，繁文缛节违背人心和人性，人们会失去实践的动力。

从宜原则。礼要从宜，适合环境、时代、文化等，例如古人丧礼抬棺材要八人，嫁娶抬轿子要八人，那么今人奔丧或娶亲，如果完全按过去的人力形式，则不切实际，很不方便。因此，今人用灵车、婚车代替，这是从宜之礼。

总之，我们要把握婚礼、丧礼的本质是什么？只要抓住了这点，形式就是可以变的。所谓"礼，时为大"，因时而宜（酌古今之宜）、因地而宜（合天理自然）、因人而宜（顺人情人性）。

（三）朱熹《家礼》革新的内容

根据上面的原则，朱子《家礼》对古代"三礼"提出了改革，里面的内容我举几例给大家讲讲。

冠礼革新。冠礼，就是男子的成年礼，表示男子成年了，可以婚娶，并从此作为氏族的一个成年人，可以参加氏族各项活动。冠，意味着男孩已长大成人，要承担相应的责任了。现在日本和韩国还很流行与古人冠礼类似的成人礼，广东省有些高中也在举办这种礼仪。我认为这很有意义且必要，对培养现在年轻人的责任意识大有帮助。首先，《家礼》中说："男子年十五至二十，皆可冠。"朱子把冠礼的年龄限定变革为年龄段，从十五岁到二十岁都可以举行冠礼，我认为这是非常通达人情的合理革新，看看我们现在的青少年就知道了，确实存在个体差异性，有些孩子十一二岁就非常有想法了，人确有早熟、晚熟之分。所以，把男子冠礼年龄革新为年龄段，反而符合青少年心智发育水平不同的实际情况。我们当今法律规定，统一划定十八周岁为成年，已经有不少案例反映了低龄化犯罪在量刑上遇到的困境，不少有识之士曾呼吁把法定成年年龄降低才符合当今实情，为的是对越来越早熟的当代青少年起到更好的警示作用，让他们及时意识到自身责任而非凭借低龄而胆大妄为。其次，考虑到"主人"财力，冠礼"礼宾"之厚薄随意。意思是说，以前举办冠礼的主人家，请人来举办仪式所要支付的报酬标准是统一的，给多少钱、什么东西、分量多少，有统一的规定。有钱人家不成问题，贫困家庭就难了，举办冠礼会成为负担。因此，朱子的这条"主张节俭""量力而行"的革新也很合理，合乎人情。再次，《家礼》"冠礼"主要减少了"筮日"程序、"筮宾"程序以及"母拜"礼仪等，皆缘人情而为也。

婚礼革新。《家礼》提出"议昏"年龄为："男子年十六至三十，女子年十四至二十。"① "古者，男三十而娶，女二十而嫁。今令文，男年十五，女年十三以上，并听昏嫁。今为此说，所以参古今之道、酌礼令之中，顺天地之理，合人情之宜也。"② 以前婚嫁之事都是"父母之命，媒妁之言"，所以朱子提出男女婚嫁可在一个年龄段里进行，并且增设"议昏"这个环节，即双方家庭都可以有时间为这桩婚事考察、商讨，朱子这一革新也是很人性化的。也就是说，按古礼，新娘嫁过来三个月后只有在男方宗庙祠堂叩拜，才能正式成为男方家族成员。那为何朱子要对这一礼仪进行改革？左氏认为"先配后祖"，③ 朱熹则主张"亲迎用温公，入门以后则从伊川"，④ 坚持"今妇人入门三日即庙见"。⑤ 究其缘由，主要是因为女子过门三个月才"告于祠堂"，存在诸多风险和问题，对女性不公平。比如在此期间女子若出现变故，如死亡等，那么女子的利益无法得到有效保障，甚至死无"葬身"之所。《白虎通》亦曰："娶妻不先告庙者，示不必安也。"⑥ 由此，朱子变三月为三日的改革是进步了，抓住了礼仪的内涵而不是形式。

丧礼改革。譬如对于棺材埋进土里多深、方位如何选择等问题，古礼中虽有统一的规定，但朱子说这些方面南北方丧礼不宜求同，因为南北水土不同、气候不同，丧礼的一些具体礼节应按当地环境而定。朱子改革后的中国丧礼，对日、韩两国影响深远，日、韩两国至今还保持良好的丧礼仪式。

---

① 毛国民：《朱子〈家礼〉点校与考证》，四川辞书出版社，2021，第87页。
② 毛国民：《朱子〈家礼〉点校与考证》，第87页。
③ 毛国民：《朱子〈家礼〉点校与考证》，第94页。
④ 毛国民：《朱子〈家礼〉点校与考证》，第94页。
⑤ 毛国民：《朱子〈家礼〉点校与考证》，第94页。
⑥ 毛国民：《朱子〈家礼〉点校与考证》，第94页。

祭礼革新。我曾在《光明日报》上发表过一篇文章——《从"非礼"到"不甚害义理"》。"非礼"指不符合礼仪，这篇文章主要就是探讨朱子《家礼》提出的对祭礼的革新。古代祭奠、祭祀，要供奉代表历代祖宗的灵位，也就是牌位。大家在电影中可能也见过这样的情节，如果某家族因战乱或饥荒等因素，被迫离乡别井去流浪、逃难，那么家中的祖先牌位都是要带走的，到哪里都不忘祖，牌位在，祖宗神灵就在。古礼认为，后人到坟墓处去祭祀，不能称为祭祀，因为牌位才是祖宗魂灵所在，墓地埋葬的只是先辈的肉身。到朱子处，他认为"墓祭"虽然"非古"，但并不害义理，可从俗。因为墓地埋葬着后人的先辈，后人在此同样可借环境寄托哀思，慎终追远，与祭祀牌位的义理是一致的，因此可以顺应民间俗情，承认"墓祭"合理。另外，《家礼》云："凡祭，主于尽爱敬之诚而已，贫则称家之有无，疾则量筋力而行之，财力可及者，自当如仪。"①朱子提倡祭礼也要量力而行，尚俭反奢。

关于教育，朱子也进行了革新，谓之合人生理自然，而从教育之宜。首先，根据性别，从宜而教。男子始习书字，女子始习女红之小者。女子则教以婉娩。古之贤女，无不观图史以自鉴，如曹大家之徒，皆精通经术，议论明正。今人或教女子以作歌诗，执俗乐，殊非所宜也。其次，根据年龄，从宜而教。譬如七岁时，男女不同席，不共食。始诵《孝经》《论语》，虽女子亦宜诵之。自七岁以下，谓之孺子，早寝晏起，食无时。八岁，出入门户，及即席饮食，必后于长者，始教之以谦让。男子诵《尚书》，女子不出中门。②也就是说，朱子根据不同的生理、心理发育层次与特点，以及男女有别的原则，对各个年龄段的教学内容做了细致的区分。

---

① 毛国民：《朱子〈家礼〉点校与考证》，第222页。
② 毛国民：《朱子〈家礼〉点校与考证》，第70—71页。

四、朱熹《家礼》在当代

（一）存在的一些不合理的社会礼仪现象

当下存在一些不合理的社会现象。首先，陌生人社会之忧，即当今社会已经是陌生人社会，农村原有的熟人社会也逐渐被解构，随着类似"城镇化"而发生变革，然而在冷漠的钢筋水泥社会森林里，难以寻找熟人社会中一份属于人的温情。前面我提到过，我出生在一个百多户人家都姓"毛"的宗姓乡村，记得小时候我要是调皮被爸爸打了，第二天全村人都会知道，有些人会笑话我；谁家今天吃了肉，全村人也知道。小时候我可苦恼了，觉得生活在这样的熟人社会很烦，可长大后却意识到这里面充满温情。我们现在同一栋楼里住着的人互不认识，甚至连隔壁邻居都互不相识。熟人社会与陌生人社会所遵循的礼仪是很不一样的。大家先考虑一个问题，为什么现在人们见到老人摔倒不敢扶了？中国人缺德了吗？邓晓芒教授就分析过这个问题，他认为中国人骨子里并不缺传统之德，传统之德即熟人社会中大家共同遵守的道德行为规范。但中国人确实缺失现代意义的"公德"，即陌生人社会中大家要共守的道德行为规范。比方说，我在我们村见到有位老人摔倒了，大家说我会不会扶？肯定扶，因为我不担心被讹。因此说，中国人不缺乏通过亲缘关系、地缘关系等建立的道德行为规范。

其次，家庭危机之忧，即当下中国家庭出现了诸多危机，如农村"上阵妇孺兵"（青壮年外出务工，农村多是留守儿童、妇女和老人，乡村"空心化"问题严重）、农村妇女自杀率高（20世纪七八十年代为高发期，当时留守乡村的妇女是家中照顾老小和打理农活的重劳力，生活压力大，丈夫外地打工，情感得不到及时回应）等。相对而言，在当今农村多多少少还可以保留熟人社会的状况，在我老家，邻里之间有纠纷，大家知道该请谁（长老等）出面调解。每年村里举行宗庙祭祀或其他集体活动，大家会上报统计新生儿或孤寡老人的生活状况，基本不会出现城市里夫妻吵架无人劝、独居老人死在家中很久之后才被发现等情况。

最后，社会转型之忧。中西文化碰撞向文化交融转型，旧的礼仪秩序看似失去，而新的礼仪秩序又未被最终确立，社会礼仪秩序有待进一步建构。事实上，我国已经颁布了《新时代公民道德建设实施纲要》，但问题是现在有多少人真正懂得、了解、认识这份纲要的重要性？如果纲要尚不知晓，更谈不上礼仪能用于日常行动了。之前我们就提过，礼仪要内化于心，外化于行，不能仅仅停留在"条文"之中。

（二）以马克思主义指导《家礼》的创造性转化

那么，因为古老文本中礼仪的内容和形式与现代人的生活差距巨大，我们如何对待朱子《家礼》这一传统经典文本？我们读《家礼》之书，须反求之礼意，以推知古今因革之宜而达其变。宋代之社会变革远不比今日社会变革小，朱子如何"因革之宜"而达其"变"，其内在之宜、之变，甚或不宜、不变，如何把握得如此之好，并为后世所用，影响近千年？意思是朱子在宋代革新古礼，写下《家礼》一书，影响绵延千年，为我们树立了很好的典范。如果今人礼仪革新做好了，同样可以助益后人。我认为，以求合乎人心之安，而通乎事变之会，使人不敢疑礼之难行，以乐于"复古"或传承礼之精髓，形成当下国人之规范，便可重塑微时代之"礼仪之邦"。至于如何改革，还是必须以马克思主义为指导，向朱子《家礼》学习，抓住传统礼仪的核心和精髓，改革遵从的原则还是那六个字：从宜、从简、从俗。

科学引导宗亲会和乡贤理事会。朱子《家礼》可启发现代人的智慧，如果我们能很好地继承优秀传统文化，挖掘古人智慧，必定能为创建和谐社会发挥效用。现在可见的一些礼制，如宗亲会，流行于新加坡和马来西亚，国内较少，广东一带有。这就是典型的利用宗姓血缘作为内在纽带关系，把本来陌生的人群聚拢起来，通过举办一些集体活动，实现群体成员之间资源互通、困难互助。这种方式能部分缓解当今陌生人社会缺乏内在联结的问题。还有乡贤理事会和村民理事会，不是在城市，是在乡村实行的。我曾到广东省的清远、罗浮、揭阳等地做过为时几个月的调研。大家知道，中国现在许多乡村的情况都大致相同，青壮劳力外出打工，年轻人不愿意留在乡村发展，留守的基本是"老弱病残"，因此乡村发展亟待改变。其中，我的一篇调研报告提出"乡贤理事会"的模式，即提倡乡村里外出发展后事业做大、有头有脸的人物，应担任自己家乡的乡贤，组成乡贤理事会，由理事会班子负责带领整个村子搞好发展建设，他们本人要出力、出资源，还要协调村中事务。在我调研的过程中，发现罗浮、清远等地在这方面做得相当不错：村中有小孩考上大学，村里有奖励；老人看病，家中晚辈都外出打工了，村里有专人专车、专项资金接送老人到县医院看病；垃圾处理，免费；村中学校修建，有专门款项……社会上有钱人是不少，但还是要靠血缘关系、乡情亲情，把资源汇聚在一起，建立起熟人社会的礼仪规范，这些建设思路在乡村十分管用。

修宗谱、建祠堂和保护祠堂，也是延续朱子《家礼》的优良传统，很有价值。修宗谱、建祠堂和保护祠堂，可以把村落中同姓、同族的人联结起来，祠堂是乡村宗族的精神家园。这一点广东省做得比较好，例如沙湾的大祠堂、肇庆的八卦村，至今仍发挥着为全体村民提供公共资源的社会功能。

公共祭祀。举清明节为例，有报道说大学生回家问候长辈清明节快乐，这是祝福吗？甚至有些银行、通信公司等，也会在清明节到来的时候，发来"恭祝您节日快乐"的短信，甚至我的学生还曾在清明节发来短信说，"祝老师节日快乐"，很尴尬。所以说，问题就在于人们不懂得清明节并不是"祝福节日"。还有祭拜中存在不正之风，如晚辈给家中过世的老人制造了一张结婚证，照片中的女子为某著名女影星，有记者问他为什么要这样做，他说因为自己父亲生前喜欢美女，这是在祭拜父亲时让父亲高兴。还有人会请别人代自己在清明节去扫墓，甚至订制全套哭丧跪拜服务。这种荒唐的闹剧会出现就在于他们完全不懂祭拜的内涵，为什么要祭祖？祭祀的意义何在？还有存在争议的祭祀模式，有人提倡网上祭扫，网络上有专门的平台如"中国清明网"，供人们祭祖；还有人在互联网上为逝者创建虚拟墓地或个人纪念馆，然后在逝者陵墓前可以通过上香、献花、行礼等方式扫墓祭拜。这些是革新还是乱来？因此，我们很有必要搞清楚，祭祀到底是祭什么？是为什么？网络是工具，是中性的，不分好坏、对错，如果互联网有利于帮助后人在祭祀中表达对先辈的追思、怀念，能有儒家所说的"祭神如神在"的那种在祭祀中应保持的庄重恭敬的态度，就是有益的革新。

革新当代的冠礼、婚礼。我认为，在冠礼中不一定要使用古代传统的服饰，这是为了避免增加额外的负担，要把握其核心含义，就是举办一个庄重的仪式告诉孩子你已经成人了。最后，说一下当代婚礼的革新。现代有年轻人结婚，喜欢去教堂或其他宗教场所举行婚礼，认为在那样的场所中庄严、气派、精致、浪漫……但我们恰恰忽视了里面的文化内涵——"责任"与"爱"。当我们在举办传统婚礼时，我们偏偏又忘记了传统礼仪的一些重要环节。例如，古人说夫妻成亲时要三拜，一是拜天地，二是拜高堂，三是夫妻对拜。为什么要三拜？一拜天地，古代人信奉天地，也敬重天地，是华夏民族所信奉的最终极神祇；二拜高堂，感恩父母的恩情，让家族见证婚姻；而夫妻对拜，则是要表达除了感激天地恩、父母恩，禀告神灵和父母从此会承担家庭责任之外，自己对伴侣也要表示自己余生将会承担家庭的责任，表达爱的承诺。这三拜，是借此仪式表明自己的承诺，从而提醒和鞭策自己日后担负家庭责任。这就是礼仪的意义和价值所在!

五、《家礼》的历史影响与传播

朱子《家礼》的革新,带来了深远的历史影响,主要表现为几方面。第一,官方意识化,建构礼制秩序。官方逐渐认同并接受朱子重新梳理制定的礼仪,将其意识形态化,用以构建当时社会的礼制秩序。第二,学界经典化,建构道统合法性。就是说,学界将此书作为经典文本,不断进行注疏、解读和演绎。第三,民间规范化,建构世俗权威。譬如说,民间祠堂大量兴建,更加巩固了朱子《家礼》对世俗的影响力,并成为民间礼仪的权威。第四,传播儒教圈,影响东亚人伦。日本、韩国、朝鲜及越南,在这些国家的礼仪传统中,许多还沿用朱子《家礼》的礼制,除了从宜的一些形式变动,传承状况良好。

总之,天下之本在国,国之本在家。"不论时代发生多大变化,不论生活格局发生多大变化,我们都要重视家庭建设,注重家庭、注重家教、注重家风。"①因此,在中西文化碰撞、现代与传统交叠的时代空间里,在流传近千年的朱熹《家礼》呈现当下"古礼失灵"之社会背景下,探索朱熹《家礼》庶民化智慧,力求对《家礼》进行创造性转化,对推进家风建设和我国社会治理现代化意义重大。

---

① 中共中央党史和文献研究院编《习近平关于注重家庭家教家风建设论述摘编》,中央文献出版社,2021,第3页。

　　陈椰，哲学博士，现任华南师范大学马克思主义学院讲师。研究方向为宋明儒学、岭南历史文化。编校《薛侃集》（上海古籍出版社，2014），参与编著《葛洪与罗浮山》（光明日报出版社，2016）、《廉洁齐家：党员干部教育读本》（广东人民出版社，2016）等。

拾 壹 潮汕祠堂祭祖礼俗概说

陈 梛

我是土生土长的潮汕人，对家乡的文化风俗自幼耳濡目染，跟在座的同学一样，在我20岁左右的时候，对家乡文化其实有隔阂，甚至反叛，但我成长在一个传统乡土社会，我家也有祠堂，但是祠祭已经废止了半个多世纪，一直到今天都没有恢复。而人活到一定的岁数，就会有终极疑惑——如保安经常询问的三个问题：你是谁？你从哪儿来？你要去哪儿？这可是非常形而上的三个哲学问题。

近年我经常回到乡土，慢慢了解乡土，逢年过节回乡，参加一些传统民俗活动，尤其是在祠堂举行大祭，我就在想我从哪里来？我是谁？我爷爷的爷爷的祖先是谁？就开始思接千载。我多次去参观、调查祠堂祭祀礼仪，慢慢发现一个现象：目前在广东省内保存得比较完整的传统祠堂祭祖仪式，就在我们潮汕地区。因为客家地区我也去看过，珠江三角洲广府地区我也有看过，这些地区相对简单，不像潮汕把整套古礼相对完整地保留下来。

所以今天给大家分享的题目是《潮汕祠堂祭祖礼俗概说》，希望大家可以从这一讲里了解中国传统礼仪文化。我们总说我国是礼乐之邦、礼仪之邦，但是礼乐、礼仪是什么东西，在我们日常生活中基本缺席了。现在哪些日常的礼仪是跟我们的传统有关的？我们连见面都是握手礼，代替了拱手鞠躬礼。好像除了过年有时候拜年会作揖做个姿势，我们毕业典礼、校长拨穗、毕业生穿个学士袍，都是照搬欧美大学的礼仪。我们结婚大部分人穿婚纱、西装，当然在广东、福建还能看到新娘穿旗袍、新郎穿马褂长衫，还有一些传统礼仪，但大部分礼节也简化乃至消失了。可以说，古礼中只有丧礼和祭礼还很顽强地保存着，尤其存活在乡下。我接下来要给大家展示的内容，第一是关于祠堂祭祀的起源；第二是潮汕地区祭祖礼仪的一般流程，我会给大家展示很多图片，也会有视频；然后第三是明代潮州儒家士大夫的乡族实践和祭祖改革；第四是我这一年来对自家祠堂的改造与活化的经验，希望得到大家的关注、支持与指正。

一、引言

我先问第一个问题：你们有没有祭过祖？什么时候拜祖先？清明节、重阳节、中元节、除夕、春节、元宵节？所以一年算下来大概有五六次吧。祖先的忌日拜不拜？举个手。现场算起来，保留祭祖习俗的还是比较多。我家以前基本是每个月都有祭祀，除传统大节外，还有祖先的忌日。我们这代年轻人都已经在外地工作或在城市里生活，每次回乡成本不低，所以干脆就缩短为一年六次：除夕、清明节、中元节、春分、秋分、冬至。删减后还是不少的。

第二个问题，祭祖是不是一种信仰？为什么是或为什么不是？为什么说是，这里面涉及一个核心问题，他们死后去哪里？他们灵魂在不在？在哪？如果你认为不是，那就是觉得死后其实什么都没有了，那要这套仪式干什么呢？如果说只是一种仪式，安抚活人而已，那背后难道没有一个信仰问题吗？这是一个非常大的问题，它涉及我们中国的传统信仰与西方天主教、基督教的一个核心争议。教徒是不拜祖先的。为什么不拜？因为他们信仰唯一的真神——上帝。明朝天主教传入中国之后，发现中国人是祭祖、拜孔子的，这简直是挑战了基本的教条：只允许信仰唯一的真神——耶和华，不允许信仰其他神灵。罗马教廷明令禁止拜祖先。这样规定很麻烦，我们中国的皇帝——康熙也恼火了，中国人自古以来，拜祖宗、拜孔子是天经地义的，这就爆发了所谓"礼仪之争"，到了后面就闹翻了，到了雍正皇帝的时候就开始驱逐传教士，拒绝他们来中国传洋教，他们居然不允许中国人拜祖先，简直是不孝。天主教徒也不妥协，认为中国人祭拜祖先就是在偶像崇拜。后来这禁令其实慢慢也松开口子，最早的松绑是在日本，日本天主教徒、基督教徒要效忠天皇怎么办？他们不断抗争，最后，罗马教廷松口说：拜英烈、朝天皇、祭先人只是一种纪念，不涉及超越性、神圣性层面。今天大部分中国人似乎也是这样看的，祭祖只是纪念性的民俗活动而已。

我个人认为，祭祀本身就是一种信仰。他预设祖灵一定是"存在"的，但是这种"存在"很有意思，是一种中国式的"存在"。孔子说："祭如在，祭神如神在。"在祭拜的时候，神灵好像就来了，平时是"敬鬼神而远之"。中国人对鬼神的态度很暧昧，追问到底：究竟有没有呢？如果相信佛教轮回说，死后的灵魂投胎去做阿猫阿狗也是可能的。这怎么可以接受？但中国人一方面接受佛教的轮回，一方面又觉得在我要祭拜的时候祖灵还是会降临。那究竟是怎样一种"存在"来享用这些供品呢？家里祭拜、祠堂祭拜、上坟祭拜来享用供品的是同一个主体吗？祖先究竟在哪里？哪一个才是他的真身呢？有什么区别？哪个更重要？带着这些问题，我们来了解祭礼起源和依据。

二、宗祠文化的起源

在座的同学你们有无去过自家的宗族祠堂？你们的家族有无族谱？其实在中国南方，特别是广东、福建，目前还保留着传统的宗族生活与组织方式。宗族是维系中国社会结构的纽带之一，我们靠亲缘、血缘与地缘维系起来。老外学汉语最困扰的问题是：如何搞清中国人的关系和称谓？比如姨婆、姑婆、舅公、伯公、叔公、表姐、堂哥等。这些是宗族社会的特点——亲疏远近有别。

宗族有三个标志：祠堂、祭祀、族谱。宗族文化除了包括一个姓氏的血统关系，更是宗族经过长期演变后形成的具有自身特色的文化内涵与生活方式。

如果你有乡居生活经历，或许就不会因年纪轻轻而被比你年长的人称为"叔公"或"姑姑"而感到奇怪，因为你的辈分比他高。我上中学时，有位老师论辈分比很多调皮的学生都低，但为了保证教学质量与纪律，他曾向那些同学说：到宗祠里按辈分得称呼你们叔叔或姑姑，但在学校里我是你们的授课老师，不要在课堂上胡闹与摆谱。在宗祠跟学校里能有如此神奇的角色互换，有没有觉得挺有意思呢？

现代跟传统的称谓不同，那是现代生活方式的体现。可以说，宗族文化是中华传统文化的根本，祠堂与祭祀是其内核，因为宗族文化的价值观与精神内涵都体现在祠堂与祭祀里。西方人的信仰圣地是教堂，中国人则是庙宇与宗祠，宗祠是中国人的家庙。宗祠里存放着中国人的精神密码，宗祠祭祖又是和祖先进行高度精神性沟通的祭祀方式。

不知大家是否看过《寻梦环游记》这部动画影片。其中就有涉及祖先灵魂的片段。其实世界各个民族或多或少都有祖先崇拜，但中国人的祖先崇拜很有特点，有何特点？比如迪士尼电影《花木兰》里有这样的场景：花木兰代父从军前需要去祠堂里跪着祈祷，跟祖先辞别并祈求保佑。在老外心目中这就是中国人信仰的宗教，通过动画形式慢慢展示中国人对祖先崇拜的虔诚等特点。

值得一提的是，祭祖不是中国独有的，那些受中华优秀传统文化影响的地区基本都有祭祖活动，且仪式高度相似，例如有将祖先牌位放置到龛里供奉与祭祀的。日本从中国学习了佛教思想，对其影响甚大；韩国则完整保留了中国古代尤其是明代的一整套传统礼仪。清华大学的礼仪专家彭明教授说，他十几年前去过韩国，发现其葬礼、祭礼跟中国古代特别是明代以来的礼仪完全一样，想到从国内传出去的这些礼俗还没有异邦保存得好，内心感慨万千。

日本祭祀礼仪

韩国祭祀礼仪

　　明朝万历年间帮助高丽（朝鲜）抗击日本，前后历时六七年，赢得胜利后朝鲜对中国感恩戴德，每年都祭拜中国明朝的皇帝，李朝皇帝把中国皇帝称为父母，把中国称为父母之邦。后来明朝虽然灭亡了，但是朝鲜还在祭拜明朝皇帝，这套礼仪也一直在他们民间传承与延续。

朝鲜祭祀礼仪

　　还有越南的祭祀礼仪，这是他们的墓祭，他们在坟墓旁摆贡桌，这套礼仪也是受中华文明尤其是儒家文化的影响。

越南祭祀礼仪

　　中国从周朝开始，祭礼一般是在庙寝里进行，古代的宗庙分两部分，前面是庙，后面是寝。庙寝就是安息的地方。前面祭祀的地方叫庙，后面放置祖神与先人遗物的地方叫寝，合称庙寝。儒家的礼一共分五个等级：天子、诸侯、大夫、士及庶人。这五个等级的祭祖场所与可建造的庙宇数量和规模都有严格规定，甚至能祭拜至多少代先祖也是有规定的，并非想祭始祖就能轻易实现。比如我姓陈，如果想要祭姓陈的始祖，那我得是诸侯、大夫级别及以上才可祭，普通庶民只能祭拜几代人以内。庶人有时也只有祭祀自己父母的权利，不同朝代有不同的规定。庶民能够祭祀到始祖或开基创业的先祖，也得等到明朝才可以。

　　那什么时候能够祭祀到自己的高祖呢？什么是高祖大家知道

吗？父亲往上是爷爷，书面语写的是祖父，往上是曾祖父，曾祖父往上是高祖父，高祖父考妣，如丧考妣，考就是父亲去世。能够祭到高祖，也是等到宋朝才可以祭祀，所以祭祀有很严格的规定。庶人一般是没资格建庙的，只能在家里拜，在房屋的正厅摆放祖先的灵位。

（一）祭祀的神学依据

祭祀的神学依据是什么？古代的阴阳学说：人由阴、阳二气构成，魂是阳，魄是阴。人死后，魂归天，永生不灭。魄是阴气，归于地，是有生死之分。所以，我们去拜坟扫墓是拜祖先的魄，而在家里祭祀，香炉或牌位上是他的魂。祭祀的对象是永生的，祖先的灵魂安置于庙寝，目的是安葬祖先魂魄。宋朝理学家、哲学家程颐曾言：葬只是藏体魄，而神则必归于庙。既葬则设木主，既除几筵则木主安于庙，故古人惟专精于庙。所以，墓重要还是庙重要？魂重要还是魄重要？一年要在庙里祭祀多次，是拜祖先的魂，去墓地只要拜一次，有的是重阳节，有的是清明节，只要拜一次就行，所以魂更重要，它意味着去世后人的灵魂何去何从。

这个照片是我们普宁的一个祠堂，叫明德堂，他们在祭祖。他们打开一个非常大的神龛，要把里面的牌位请出来，目的是敬请祖先出来吃饭，所以要放在椅子上面来享用。

（二）朱子《家礼》的创制

宋朝的朱子有一本叫《家礼》的书，里边提及"创制祠堂"。所以，祠堂称呼，真正在民间普及开来是等到朱子的《家礼》成书后开始的。朱子说，士大夫可以立家庙，祠堂是在正寝之中，士大夫跟庶人都可以建祠堂。他还为祠堂的规制画了图，祠堂之内要有四个龛，然后从西到东依次排序。如果是坐北朝南，左边是东，右

普宁明德堂

边是西，高、曾、祖、祢（父亲）以西为大，然后依次排过去，这是祭祀神主的重要主张。

1.朱子《家礼》首篇"祠堂"

我们来看里面的第一篇——"祠堂"："君子将营宫室，先立祠堂于正寝之东。为四龛，以奉先世神主。旁亲之无后者，以其班祔"。班祔是什么意思？如果没有后代怎么办？无人来祭拜怎么办？自己死后跟谁吃饭？自己的灵魂跟谁吃？这叫班祔。为什么说不孝有三，无后为大？人死后，后人没来祭拜，没东西吃怎么办？班祔就是把牌位安放在爷爷那，跟爷爷一起吃，可能哥哥弟弟的后代来祭祀的时候顺便能拜到你，然后拜爷爷的时候，可以跟着蹭饭吃。置祭田，具祭器，置祭田又是什么？这块田地的收入是用来供养庙内活动的，每年的祭祀和其他活动，就像我们今天可能创建一个基金会或建造一栋楼，有固定的收入供养祠堂。"主人晨谒于大门之内。出入必告。正至朔望则参。"每月的初一、十五都去拜，俗节则献以时食。每个节日都要去祠堂里拜，有事则告。我们今天还是这样，有华侨回来，第一件事就是去祠堂拜祖先。要离开家乡，可能又要去祠堂告别祖先。所以，我们有事则告，或有水火盗贼，先救祠堂，迁神主、遗书，次及祭器，然后及家财。如果家里面发生变故，第一件事情就是要抢救祠堂里面的神主，神主比你的家产还重要。

2.明代嘉靖朝的改革

到了明朝，嘉靖皇帝对此做了改革，普通老百姓都可以突破朝廷只能够祭祀高、曾、祖、祢四代的界限。老百姓可以建祠堂，祭祀到多少代以前的先祖都可以，甚至可普遍祭祀第一位迁到你们村的祖先，民间开始掀起合族盖祠的热潮。

3.祭祀一般分为墓祭、祠祭和家祭

祭祀一般分为三种，一个是墓祭，一个是祠祭，一个是家祭。什么是墓祭？墓祭就是去扫墓，祠祭就是在祠堂里祭祀，家祭就是在自己家里祭祀。我相信很多同学主要是家祭，陆游说"家祭无忘告乃翁"，也就是在家里祭祀。这是我们普宁的一个张姓宗祠，他们每年的墓祭很夸张，每年九月初九重阳节去扫墓，他们的祖坟在这里，航拍图就有几千人，他们敲锣打鼓上山，一路很热闹，这是墓祭。什么是祠祭？以前说的士大夫祭于庙就是在宗祠里祭祀。这是我自己家的家祭，我家的神龛，这是我爷爷以前在的时候，我也在拜祖先，这种就叫家祭，就是在家摆贡品祭祀。平

时主要是用香炉做一个象征，我们没有牌位，祭祖的香炉会放在神龛里，所以祭祀香炉就代表祭祀祖先。

祠祭

墓祭

家祭

（三）祭祖有什么意义与功能？

祭祖有什么意义跟功能呢？让祖先吃饭，他们需要吃饭，我们觉得他活着喜欢吃什么，应该喜欢吃什么，就买他生前喜欢吃的东西去祭祀。它有什么社会功能？祭祀很重要的一个功能就是教育，教育子孙后代不要忘本，这是中国人祭祖的核心观点。还有什么现实功能？每年祭祖那么多人，可以团结大家的力量。为什么潮汕人以前会有重男轻女倾向，一个很重要的原因是男丁人多力量大，在传统社会里代表劳动力与宗族势力，不会被人欺负。通过祭祀把人重新整合，这是很现实也是很容易理解的一些功能。《论语》有云："慎终，追远，民德归厚矣！"要非常慎重地处理死人的事情，追思远去的亲人，可以使老百姓的品德变得淳厚，这是一个有道德教化意义的事。

"报本返始，寄托孝思"，你们有没有经历过亲人去世？有时候你很想念他，在他的忌日怀念他，拿东西去寄托一种怀念之情。"敦睦宗族，社会整合"，就是刚才所说的要把各种资源整合在一起。这是我们祠堂的一个牌匾叫"见位闻声"，意思是看到祖先的牌位，就好像听到、看到他活着的时候的声音和面貌。祭祀，其实是在培养一种悌恭、虔诚的心！

"见位闻声"牌匾

我们来看中国的两位哲学家，他们对祭祖意义的阐释。祭礼之所以重要，是因为就如现代哲学家梁漱溟先生所说的：要咏人念旧之情，培养人的一种怀旧、念旧心情。他说，孔子把别的宗教的拜神变成拜祖先，这样郑重的做法让我们轻浮缥缈的人生增添了千钧重量。我不知道在座各位祭祀的时候是什么心情？我当然是虔诚的，我的感觉是沉甸甸的，因为我的生命是从祖先那里来的，我不是一个虚无的个体。细想你会觉得很神奇，你身上的基因传承了多少代？你想想来到你这一代，是不是需要感恩与珍惜生命，这是千钧重量的责任与关爱的教育。意味绵绵而又维系得十分坚韧，我们培养出生命的一种韧性。

　　另外一位哲学家唐君毅，他说通过祭祖可以跟列祖列宗的生命相通，可憬悟一己生命的源远流长及绵延无穷之意义。个体的生命，会觉得很短暂，但是如果放到列祖列宗跟你的子孙后代里来，就会发现原来已经串成了一条线，"子子孙孙，无穷匮也"（《列子·汤问》）。他讲"感通"，通过祭祖先感觉那种超越与悠久的圆满。一种交感相通天、地、人，这是一种类似于宗教的感觉。宗教的意义就是永恒，在那一刻通过天人感应你获得了生命的某种永恒感，这就是基础性的意义。

　　接下来我们来看一个宣传片，这是中国新闻社广东分社、中译互动传媒联合拍摄的一个纪录片《潮汕祠堂》。这个纪录片拍的意义是什么？他们一直想通过国际潮团总会，申报联合国的文化遗产项目。因为潮汕人遍布全球，单在潮汕地区就有几万所祠堂，物质文化遗产就是祠堂，里面的祭祖仪式则是非遗。基于此，拍出这样一个纪录片，但同时也有很大的现实意义，希望能让海外华侨华人联合起来推动共建"一带一路"稳步发展。

三、潮汕祭祖礼俗概览

　　我们接下来进入第三部分，潮汕祭祖礼俗概览。主祭的是礼生，礼生是祭祀里的主角，礼生分很多角色，比如说通引，就是司仪引路人，还有普通礼生，我们一会儿看视频，就知道他们各自的角色，他们拿着各种礼器，使用不同的祭仪。我们一起来看看，礼生手中拿的叫"引"，引入的"引"，他手里面拿的是扇子，扇子上面写的是什么呢？是祭祖的每一个环节，就类似于主持人的提示小卡片，各个程序都写在了扇子上。这四位祭祀的人中有主祭与陪祭，一般中间这两个是主角——主祭人，谁有资格去祭祀？谁最有资格？怎么去选？德高望重！也可以选祠堂里最老的，这是一个高强度的跪拜活动，太老了的人身体不行，经常后面有两个人搀扶着。所以最老的叫寿星，有时候不用跪，他坐在旁边，表示尊老。一般是选辈分最高的人，什么是辈分最高？长房长子，嫡子嫡孙，他可能年纪很老，也有可能年纪很小，但是他地位崇高。还有一类人，族里面做官的，叫族宦，谁做的官比较大，谁来当主祭人，宗族里面做官的人，他可以参与祭祀。所以不是随便一个人就可以站在那里，这些都是有身份、有地位的人，礼是有别尊卑的，这是宗旨。

祭祀人员

神龛

　　这是神龛，非常精美。在广东省博物馆里面，有一个潮州木雕展厅，里面最豪华、最漂亮、最震撼人心的还是这些祖宗的神龛，安奉在祠堂的正中位置，供奉写着祖先名讳的神主牌位，我们俗称家神牌。潮州的木雕神龛就是镇馆之宝，雕得非常精细，一般这种家神牌，我们潮州人喜欢用金花插在上面做装饰。

（一）神主样式

　　这种牌位传统上要放在一个椟里面。这种椟平时是关着的，祭祀的时候才开神龛，打开椟，把它从里面恭恭敬敬地请出来。后面是很小的椟，然后两个牌位。我们看牌位有什么乾坤？这是样品，我们感受一下。没有什么高科技，可以打开，拆开的下面叫基座，然后牌面里面叫内涵，正面写名字，朱砂直接点在牌面上，内涵写的是生卒年月，其实这些在宋朝、明朝的礼书里面就有记载，前贤高祖某某府君，然后神主牌里面写贤祖考妣某某，以及他的功名。比如昭武骑位，这是他的官名，明善杜公就是姓"杜"，名"明善"。然后，打开里面，公生于前清同治壬戌某年十月十九日，卒于民国壬戌十八年四月十六日，背面是他老婆，生于哪一年，去世于什么时候，这种叫内涵。

神主（木主、神位、神牌）

点主

这叫点主，什么时候点主？牌位进祠堂的时候就点主，主要在上面点。这是点主的各种礼器，这种是金漆木雕的帖盒，盒里面可以放一些红帖，可以放十二榜红帖，有什么事情可写在帖上，然后放到里面跟祖先禀告。这是插香烛的灯，都是清朝的旧物。宗祠里放着的是馔盒，馔盒放五色糖供品，是非常精美的漆器，我们会把最好的东西放在祖先牌位前面。

点主

帖盒

金锡灯

馔盒

果盘

供品盘

　　这是一个狻猊盒子，可以打开，用来烧祝文。我们祭祖最后要读一篇文章。那篇文章烧了之后放在这里面，把它盖上，盖上之后，烟就会从狻猊的嘴里喷出来，传说狻猊喜欢烟雾缭绕。供品怎么摆放有严格规定，潮汕的猪肉、鸡、鱼、鸭、鹅，各种粿、红豆面条、木耳，素的甜汤、酒、茶，仪式感满满。小时候很馋，每个月祭祖时很开心，可以去偷吃贡品。祭祀的这些猪叫标的，出高价的人可以把这些猪买回去，这笔收入支持着祠堂。这些供品都可以成为标的，贡品基本上都被买断了，大家请回家觉得很吉祥，收入可用于祠堂下一年祭祀。

狻猊盒子

（二）一般流程

一般的流程是祭祖前一天晚上要省牲，然后降神，省牲是审查牲口，把猪跟羊杀掉，现场非常血腥，在祠堂里一刀子捅进去，可能现在觉得太残忍，一般都是先打镇静剂再宰；降神需要血食，祭祖拜荤要取血，把猪或羊的血滴在祠堂门口请祖先。现在这个环节很多都省略了。

我们看下面主要的环节，各个宗族各个姓氏会有不同的细节，但大体相同。

全体序立、鸣贡、捧主就位、鸣炮、击鼓三通、鸣钦敲锣、奏乐。主祭就位、参神鞠躬、降神盥洗、上香、酹酒。宗主（宗子）初献礼、族长亚献礼、族宦终献礼，就是所谓的初、亚、终三献礼。这三个是主角，宗主就是宗子，是所有祭祖人员的核心，然后读祝文，把美好愿望写在祝文上，请祖先来吃饭，祈求保佑。侑食（劝祖先吃饭），献香茗、刚鬣柔毛、槟榔甜馔给祖先吃。

这个环节叫嘏辞，什么叫嘏辞？一般是由族长来读，或者是族宦来读，族宦受命致福于众裔孙之辞，希望宗亲好好做人。他代表祖先饮福受胙，一碗饭吃一口，一杯酒喝下去，代表祖先吃，这是一个非常古老的传统。一般是小孩代表祖先吃东西，但由族长或族宦来代表祖先吃东西更稳重，最后烧纸钱、放鞭炮，把祖先送走。

我们来感受一下奏乐，这就是礼乐，跪兴再叩首，再叩首，兴就是平身站起来。他们是每年的 11 月 15 日这一天，从早上 4 点多搞到天亮，有各种祭器，鸣钦敲锣、打鼓，每家每户绕一圈，通知每家每户说祠堂的祖先要吃大锅饭了，各家的祖先全部集中到大祠堂吃集体饭，要鸣钦、鸣炮、起鼓、奏乐，也有一些年轻人加入做进馔的礼生。我们看录像，大概是这样的流程。

四、以礼化乡：明代儒家士大夫的乡族实践

接下来我讲第四部分，这套礼仪是怎么来的？潮汕地区这套礼仪究竟是怎么来的？我发现基本是明朝时那些儒家士大夫留下来的。潮州在明朝出了很多科举人才，文风兴盛。有全国影响力的一些读书人、儒者推动了一波宗族建设的热潮，各个学派的思想家做的事情都类似，建祠堂、合宗族、明祭礼、修族谱、行乡约、编礼书。本来广东是蛮夷之地，通过乡村建设，他们把整个国家的一套礼仪贯彻到这些地方来，因此有了这些世家大宗族。

周光镐：躬行家法

我举个例子：潮阳姓周的这一家，在明朝有一个大官，叫周光镐，他官做得很大，文武双全，做到大理寺卿，他寿命很长，活了81岁，他60岁之后回到乡下，除了讲学、读书、写作，其他时间基本是在潮阳峡山编族谱、修祠堂。

周光镐像

1.修祠堂、置祭田

周光镐的乡下泗水有周氏大宗祠，每年冬至都会祭祖，2018年冬至，我去看他们这种大祭礼。周氏的祠堂都是族里的乡绅大宦带头捐钱，族人众筹集资。除了盖修大宗祠，周光镐还给他曾祖父、爷爷奶奶、爸爸妈妈建了另外的庙，给三代人建了一个三代诰封家庙，因为他官做得大，朝廷诰封他们一家三代，所以往上三代建了一个家庙。

2.修撰《泗水周氏宗乘》

他花了三年编了《泗水周氏宗乘》族谱，里面记载了很多祭祀礼仪。在祭祖方面，他开始改革，认为可以拜始天祖，始天祖永远不祧。不祧是什么意思呢？就是不用请出去，原来只拜到四代祖先：高、曾、祖、祢。以前的规定是这样的：只祭祀往上四代，我祭拜我的高祖，但我儿子只祭拜我的曾祖，即他的高祖，那就得把我的高祖神位请走。以此类推，我去世之后，到了我曾孙下一代"玄孙"之后，我也得被请走，就没有人祭拜我了。那怎么办？无嗣者的牌位去哪里？这时他进行改革，牌位可以跟始祖一起在大宗祠里拜，这是他的一个创造。对神位的创设，他也进行改革，刚才说朱子家里是高、曾、祖、祢从西到东排序，改革后高是中间，曾下一格，祖再下一格，而祢在祖的下一格，错开、分开放。今天的祠堂也基本设计为"每一代一格"。另外，各种祭品、祭礼也都进行了一些改革，这是他们周氏的祭祀。

3.以礼化俗

周氏祭祖，下图是另一个祠堂，周光镐纪念馆，这里有一个专门祭祀他的祠堂，现在改成纪念馆。

4.缔造强大的姻亲社会网络

他还缔造了强大的姻亲社会网络，当时潮汕地区所有的大宗族基本都跟他们周家有联姻，所以这些宗族现在还在。这些宗族的祠堂有潮安林氏祠堂、潮阳肖氏祠堂、澄海唐氏祠堂，这些大宗族到现在出过很多有钱人，他们的祠堂都盖得富丽堂皇，在当地有很大的社会影响力。

潮阳峡山周光镐纪念馆（周氏家庙）

五、我的祠堂调研与祖祠活化

最后一部分，我再谈谈祠堂调研跟祖祠活化项目。

我这些年不断在跑潮阳周氏家庙、郭氏宗祠，主要看他们祭祖。我2019年去新西兰参加"国际潮学研讨会"，在大主题下我们做的报告就是《潮州的理学跟宗族祠堂建设》。我们每两年开一次国际潮学研讨会，即潮州的历史文化研讨会，一年在国内开，一年在国外开。

林玉裳女士有点名气，她在马来西亚的槟城做了很了不起的事，她保护潮汕人在海外建的一个大家庙——韩江家庙。林玉裳女士在2018年《国家宝藏》节目介绍她在马来西亚修家庙的故事。她是我的好朋友，她家族的故事我知道，我家里的故事她也知道，因为她在马来西亚槟城，那边很多亲戚都跟她从小玩到大，我们认识不久（可能有两年），但一说到某某就觉得世界很小，我现在跟槟城的亲戚好友联系，有时候是通过林女士实现的。我现在面临的事情跟她做的事情很相似，我也有我的祠堂，目前在修，需要"化缘"，怎么办？我请林女士给我当信使，让她帮我联系我的堂伯父，我的堂伯父在槟城，我们通过微信视频聊天、递送文件。

接下来是我自己的事情，前些日子我跟彭林教授调研自己的老宅，现在面临的问题是怎么把它弄活？大概如下图这一片，中间是祠堂，一边是别墅，一边是书斋，最西侧是大夫第，但问题是我们现在全家都没有在里面住，我们已经搬出来了，原来是爷爷奶奶在里面住，2016年，他们去世后整座宅子就空置出来。这是我曾祖父建的房子以及他和他叔叔两个人建的书斋，在汕头市澄海区东里镇樟林古港塘西村，整个家族聚居的地方就叫林，但后代子孙都散落在各地，海外也有不少，现在如何去保护、活化我家的祠堂是一件令人头痛的事情。

汕头市澄海区东里镇樟林古港塘西村德和里

我家的祠堂已经被破坏得很严重，墙面都惨不忍睹了，幸好上面的金漆还在，因为新中国成立后用作粮仓使用，上面的金漆还保留得很完整。下图是我家祠堂的正面，叫起凤陈公祠。起凤是我高祖父的爸爸，再往上我不知道叫什么了。这是我的书斋，我小时候在这里长大，但是现在修复古建筑要花很多钱，修复之后，硬件足够了，软件怎么办？这也是个问题。

起凤陈公祠

　　我开始努力做一些事情，我在祠堂里讲过很多课，并联合这边的义工清扫卫生，组织社工站做亲子活动，比如做红桃粿等各种小吃，很多小孩现在都不懂怎么做了，我自己都不会做（哈哈），因为这是祭祖时才会做的糕点小吃。新中国成立后乱搭乱建，破坏了建筑的原貌，而且还堵在我家门口，原来门口是很大的一个空地，被盖了工厂，把它推掉以后我回家都是在干活的，比如平整土地等。我不满足于只做一个坐在书斋里的老师，我觉得真正的学问是在你拿起锄头去干活的时候，那才是学问，体力活很难。清点我爷爷的遗物，就在我2019年生日那一天，我在我的抽屉里面找到两万多块钱的红包，我觉得这是他的打赏，很开心，所以这笔钱我用来修复祠堂，但远远不够，我还在继续"化缘"。我整理一些以前海外亲人寄回来的家书，半夜里读有时真的泪流满面，觉得以前的人真是很重情义，比如寄的钱怎么分配、用来干什么，写得清清楚楚。然后每个月都有这种问候。下图是新加坡的姑婆寄给我爷爷的侨批。接着就是跟社工合作，开一些研讨会。

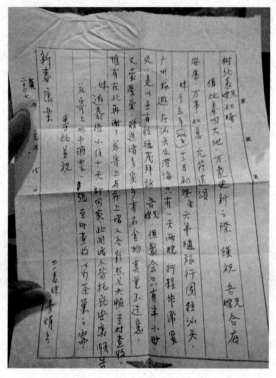

家书

我们当地的一些文史研讨会也在祠堂里召开，2019年，中山大学老师带了一个两岸历史研习营去我们那里考察。我招待他们在祠堂吃饭，祠堂摆八仙桌吃饭，因为我不可能恢复祭祖，所以我就想怎么把祠堂变成一个公共活动空间，让它活起来，不然门锁起来很快就破落。我们还把祠堂变成妇女公共空间，给她们检查眼睛，排查白内障。我们还申报市级文物保护单位，希望政府能够拨点钱用于维修，继续搞一些做糕点的活动，然后恢复原貌，继续开研讨会，还可以做一些活化的工作。我还在我家门口搭了一个秋千，每天一到下午、晚上，周边很多小孩都会来玩秋千。我搭了一个最传统的木架子秋千，央视节目《新闻调查》对广东的社工站有一个专题报道，也在我家取景，社工对我帮助很大。一到星期五晚上，祠堂里有很多阿姨跳广场舞，反正我不在，我说你们用就是了。

开展活化祠堂的第一场讲座

　　我们会跟汕头大学合作，做一些文献征集活动，暑期我会给大学生志愿者培训。我们在书斋里开会、开讲座、开工作坊，接待一些修学团在书斋里上课。我对祠堂有感情，我希望知行合一，我的愿景就是能够把我的祖宅作为一个传统文化的研究基地，或是侨乡艺文馆、乡土历史展览馆与礼乐工作坊等。欢迎各位对礼乐有兴趣的朋友来这里研究祠堂的各种礼仪，把它传播出去，这是我的愿景。

　　最后，宋代有一位儒者叫谢良佐，他说："我之精神即祖考之精神。"祖先的精神其实是需要我们当代的人把它活化起来的，这是我最后的一点感受，也希望大家保育好自家的宗族祠堂与宗祠文化，这些都是非常宝贵的历史文化遗产与精神文化遗产，我们一起努力把它们好好地保护起来与传播出去，我今天的分享就到此结束，谢谢大家！

　　曾大兴，文学博士。广州大学人文学院教授，硕士生导师。担任广州大学人文学院文学地理学研究中心主任、广州大学广府文化研究中心常务副主任、中国文学地理学会会长、中国词学研究会常务理事等职务。主要从事文学地理学、词学与广府文化的研究。先后主持3个国家社会科学基金项目，6个省、市级项目；出版学术专著12部，主编教材与教学研究著作3部，发表学术论文100余篇。

拾贰 用文学地理的方法分析诗词的空间结构

曾大兴

文学地理学是近年来在中国本土产生的一个新兴学科，也是文学领域里一个热门的学科，有人称之为"显学"。用一句话概括，文学地理学就是研究文学和地理环境的关系。

一、文学地理学的空间分析法

文学地理学作为一门学科来讲，分析的方法很多，今天我们就讲其中的一个方法：空间分析法。空间分析法主要用于对文学作品的地理空间的分析和解读，包括各种空间元素及其结构（组合）与功能。使用空间分析法分析文本，可以有很好的效果。但是在使用的过程中，应该坚持以下两个最基本的原则：一是不和时间脱离开来，我们要坚持"时空并重"的原则，虽然重视空间，但是不忽略时间；二是以人为主体，人是空间的主人。下面以宋代著名词人周邦彦写的《苏幕遮·燎沉香》为例，运用空间分析法解读这首词。

　　燎沉香，消溽暑。鸟雀呼晴，侵晓窥檐语。叶上初阳干宿雨，水面清圆，一一风荷举。
　　故乡遥，何日去？家住吴门，久作长安旅。五月渔郎相忆否？小楫轻舟，梦入芙蓉浦。

　　这首词的内容讲的是乡愁。"燎沉香，消溽暑"，沉香就是沉水香，用沉水木做的香料。燎，就是点燃。点燃沉香是为了"消溽暑"。溽暑就是湿热的天气，又热又潮湿的夏天，就是我们岭南经常出现的天气。作者这个时候在开封，开封是北宋的首都，又叫汴京。这个作品就是写在夏天，又热又潮湿，古人通过点沉香就可以消溽暑，把湿热的空气冲淡一下。在古代，许多人居家都要点香，点香不一定是要祭祀，是有多种用途的。既然是消溽暑，下面就要写溽暑的天气，"鸟雀呼晴，侵晓窥檐语"。早晨的时候，鸟雀在很欢乐地呼唤晴天，预示晴天的到来。"侵晓"则是一个时间的概念，就是破晓，刚刚天亮的时候。词人把鸟雀描写得很生动，鸟雀在房檐下面窥探，呼唤晴天。再看"叶上初阳干宿雨"，"宿雨"就是前一天晚上下的雨，到今天还没有干，还留在荷叶上面，当朝阳出来的时候，荷叶上的宿雨就晒干了。当荷叶上的宿雨晒干之后，荷叶是什么样的状况？"亭亭玉立"，因为荷叶上已经不再存在雨了，它就很轻盈了，所以"水面清圆，一一风荷举"，"清圆"就是描写荷花的形象，荷叶既清新又圆，水面上清圆的荷叶，一个一个都挺拔起来了。因为之前的荷叶上有宿雨，所以就显得比较沉重，现在朝阳出来之后把宿雨晒干了，荷叶就很轻盈了，所以一个一个就挺拔了，亭亭玉立。大家可以想象这番情景，荷塘里面亭亭玉立的荷花，不就很美吗？所以我们读文学作品的时候，要调动想象，根据你的生活经验想象你所看到的夏天荷叶是什么样的情景。

词人看到这样一番情景之后，他会有什么感触？他想到了自己的家乡。词人由开封荷塘的亭亭如盖的荷叶，想到了自己的家乡，他的家乡在哪里呢？在钱塘，就是今天的杭州。杭州是一个江南水乡，那里的荷叶比开封要多得多了，所以他想"故乡遥，何日去？"，故乡那么遥远，什么时候才能回去？"家住吴门，久作长安旅。"这里有两个地名需要大家注意，我们读诗词一定要注意地名，地名就是一个空间。词人说"家住吴门，久作长安旅"，"吴门"泛指太湖流域，今天的苏州、杭州一带都叫"吴门"，三吴之地。长安在今天的西安，唐代的首都。词人说"长安旅"，实际上他当时是在开封，词人用唐代的首都来比喻宋代的首都。词人家在杭州，而自己长期在开封做官，这两个空间就有了距离，所以"故乡遥"。

"五月渔郎相忆否？"还记得五月渔郎吗？因为这个时候写的是开封五月的天气，所以他在这里是问自己，也可能是问五月的渔郎，他说五月渔郎还记得自己吗？或者说自己应该还记得五月渔郎，就是家乡杭州的五月份的渔郎，他们是什么样的生活呢？他们就在水乡里生活，他这样想的时候就进入梦乡了，做了一个梦，梦见自己架着一楫轻舟，楫就是船上的桨，舟就是船上的家。"小楫轻舟，梦入芙蓉浦"，芙蓉就是荷花，正是因为看到开封的荷叶，所以想到了自己的家乡，之后就梦见自己到了大片荷花的地方。这个作品就是写他的乡愁。

如果我们分析这首词的时空结构，就知道词人的匠心所在。首先这首词营造了两个空间，一是他所生活的开封，是词人工作的地方；还有一个空间就是吴门，是词人的家乡。在这两个空间里，词人的地理印象和空间的地理景观是不一样的。在开封的空间里有沉香、鸟雀、房檐、荷叶、初阳等，那么在家乡的空间里有什么呢？有渔郎、轻舟、芙蓉。词人营造的两个空间的地理印象有相同的地方也有不相同的地方。因为有相同的地方，所以就引起了他的乡愁，就是荷花、荷叶引起的乡愁。他建构这样两个地理空间，并为这两个地理空间设置众多的相关要素，目的是满足他这个人（即作品的抒情主人公）表达思乡之情的需要。所以这两个空间是并置的，一个北一个南，一个京城一个家乡，恰好形成一种对比，这对表达词人久客京城的厌倦以及对家乡的深切向往，无疑具有不可替代的作用。因此，建构文本的地理空间，就必须以人为主体；认识文本的地理空间，也必须以人为主体。

再看这首作品的时间，这首词除了写开封的时候，用了"侵晓""初阳"等写早晨的时间，那么最重要的一个时间是什么呢？就是"久"字，"故乡遥，何日去？家住吴门，久作长安旅"。"吴门"和"长安"是一南一北两个不同的地理空间，作者之所以身在"长安"这个空间而心念"吴门"这个空间，就是因为在"长安"这个空间生活得太"久"了，也就是离开"吴门"这个空间太"久"了。"久"字是一个时间概念，"遥"字是一个空间概念。因为时间太"久"，所以才深切地感受到空间之"遥"。因为"故乡遥"，家人不知自己的情况，自己也不知家人的情况，彼此牵挂，彼此思念，所以不宜"久作长安旅"。时间意识与空间意识是互相生发的，时间概念与空间概念是互为依存的。没有时间，空间就是虚幻的，反之亦然。

以上就是我们用空间分析法分析这首词的文本，使用空间分析法分析文本，可以有很好的效果。中国学术长期以来就有"天人合一""时空并重"的传统。中国最伟大的史学家司马迁在《报任安书》中讲过这样一句话："究天人之际，通古今之变，成一家之言。"所谓"究天人之际"，就是讲做学问要考究天人关系，要阐明人与环境的关系，要有广阔的空间意识。所谓"通古今之变"，就是讲做学问要贯通古今，要把握历史的变化规律，要有深邃的时间意识。只有达到天人合一、时空交融，上下五千年、纵横八万里的境界，这个学问才有可能"成一家之言"。司马迁的这一句话为人们所广泛认同。所以中国的学问或者学科，一般都有时、空两个维度。文学地理学批评也应该继承这一优良传统，不能因为重视空间分析，就忽略了时间这一维度。

二、诗词作品的四种时空结构

诗词的地理空间各式各样，其内涵丰富多彩，其结构也不拘一格。但就其时空组合来讲，主要有以下四种结构模式："寒江独钓型"、"重九登高型"、"西窗剪烛型"和"人面桃花型"。我们用空间分析法分析诗词的时空结构，不妨从这四种结构模式展开。

（一）寒江独钓型

第一种类型，寒江独钓型。"寒江独钓"的概念就来自唐代柳宗元的这首诗《江雪》。

千山鸟飞绝，万径人踪灭。
孤舟蓑笠翁，独钓寒江雪。

柳宗元（773—819），祖籍蒲州河东（今山西永济），生长在京师长安。永贞元年（805）九月，因其所参与的"永贞革新"失败，被贬为永州（今湖南永州）司马。一贬就是九年，内心非常苦闷和孤独。这首诗就写在贬官永州期间。作品建构了一个广大寥廓的地理空间，"山"是"千山"，"径"是"万径"，既多且大，几乎没有边界。在这个广大寥廓的地理空间，还有一条覆盖着大雪的寒江，江上有一叶孤舟，孤舟上有一个穿着蓑衣、戴着斗笠的渔翁，在那里静默无声地垂钓。通过"千山""寒江""雪"等景观和"舟""蓑""笠"等实物，我们即可判断这个地理空间不是在北方。在北方的大雪天里，江面上会结厚厚的冰，冰上甚至可以行车，因此只能凿冰求鱼，如何能泊舟钓鱼？既能泊舟钓鱼，就表明雪虽然很大，但是气温不太低，落到江面就融化了。再说在北方，如何会有穿蓑衣、戴斗笠的渔翁？因此这个地理空间只能是在南方，而且不是在终年无雪的岭南或闽台，也不是在山水秀丽的吴越，而是在山水绮丽的湖湘。在这个广大寥廓的、大雪覆盖的地理空间，看不到鸟的踪影，也看不到人的行迹，只有一个在寒江上垂钓的蓑笠翁。这个蓑笠翁就是诗人自己，他就是这个地理空间的主体。作品正是通过上述一系列富有地域特色的景观、实物和画面组合，凸显这个因政治改革失败而贬官南方的北方诗人的清高、执着、冷峻与孤傲。

这个作品在时空上有一个特点，它只有一个空间（大雪覆盖的空间），也只有一个时间（下着大雪的冬天）。它的景观、实物、人物、事件都出现在这个单一的时空里，它的思想、情感也由这个单一的时空生发开来。像这种空间单一、时间单一或者说空间相同、时间相同的结构模式，可称为"寒江独钓型"。这种结构类型在一些小诗、小词、小散文、小小说、独幕剧里是比较常见的。

（二）重九登高型

独在异乡为异客，每逢佳节倍思亲。
遥知兄弟登高处，遍插茱萸少一人。

这是初唐著名诗人王维的一首七言绝句《九月九日忆山东兄弟》。王维（约701—761），祖籍山西祁县（今山西太原），后随父徙居蒲州河东（今山西永济），因此他真正的家乡是蒲州河东。为求功名，王维十几岁就离开家乡，来到京师长安。这首诗就是他十七岁那年在长安写的，具体时间是重阳节那天。作品营造了两个地理空间：一个是"异乡"，也就是长安；一个是"山东"，这个"山东"不是今天的山东省，而是华山以东的蒲州河东，也就是他的家乡。在"异乡"（长安）这个空间里，只有他一个人，而在"山东"（蒲州河东）这个空间里，则有他众多的兄弟。在重阳节这个特殊的民俗节日里，"山东"的兄弟们按照家乡的习俗，结伴登高，在山上采下茱萸这种有香气的植物，然后佩戴在身上，用以避灾祈福。而他自己呢，虽处在一个繁华的大都市，人口众多，热闹非凡，但是长安有重阳登高、佩戴茱萸的习俗吗？即便有，也是长安人家的习俗，与他这个"独在异乡为异客"者无关。诗人正是通过这样两个不同的地理空间的对比，来表达自己"独在异乡为异客"的孤单和寂寞，以及对家乡亲人的深切思念。

这个作品虽然建构了"异乡"和"山东"这两个空间，但主导性的空间还是"异乡"这个空间，主导人物还是"异客"，即诗人自己。诗人因为"独在异乡为异客"，所以"每逢佳节倍思亲"。而现在又逢重阳佳节，所以孤单、寂寞和思乡的感受就油然而生。因此，诗人就营造了"山东"这个空间。他设想在"山东"这个空间里，兄弟们不仅结伴登高、采摘茱萸佩戴身上，而且还清点人数，发现少了王维这个兄弟。"王维怎么没有来呀？""他在长安还好吗？"可见兄弟们没有忘记他。另造"山东"这一空间，使作品的情意更丰富，在艺术表现上更委婉，也更有张力。而实际上，"山东"这个空间，以及这个空间的地景（高处）、实物（茱萸）、人物（兄弟）、事件（登高、遍插茱萸、清点人数）等，都是诗人虚构的，都是诗人为了表达自己的孤单与思乡之情而设置的，现实中的山东兄弟们未必如此。他虚构了这一切，他才是作品的主体，才是作品地理空间的主体。

这个作品有两个空间，但只有一个时间，即重阳节。这两个空间是共时的。这种空间不同、时间相同的结构模式，可称为"重九登高型"。这种结构模式比"寒江独钓型"略为复杂一些，在所有的抒情文学和叙事文学里都比较常见。

（三）西窗剪烛型

君问归期未有期，巴山夜雨涨秋池。
何当共剪西窗烛，却话巴山夜雨时。

这是晚唐著名诗人李商隐的一首七言绝句《夜雨寄北》。李商隐（约813—858），怀州河内（今河南沁阳）人，唐宣宗大中五年（851）六月，任东川节度使柳仲郢幕府判官、检校工部郎中，大中九年回京师长安。东川节度使府驻梓州（今四川三台），这首诗就是大中五年至九年在梓州写的。关于这首诗的标题，《万首唐人绝句》作《夜雨寄内》，"内"即内人、妻子。而现传李诗各版本均作《夜雨寄北》。"北"即北方的人，可以指妻子，也可以指朋友。有人经过考证，认为此诗写于作者的妻子王氏去世之后，因而不是"寄内"诗，而是赠给长安友人的。但是从诗的内容来看，按"寄内"理解，似乎更确切一些。

这首诗营造了两个地理空间，一个是南方的"巴山"，一个是北方的"西窗"。一个尺度很大，一个尺度较小。在"巴山"，诗人收到了妻子从北方寄来的信，问他什么时候才能回家。什么时候才能回家呢？他不好说，也说不准。眼前正下着好大好大的夜雨，把秋天的池塘都涨满了。这在北方是没有的，北方的秋天哪会有这么大的雨？妻子的信和秋夜的雨，触发了他的羁旅之愁与难归之苦。这愁苦也像秋夜的雨一样，涨满了他的心田。在愁苦难耐之中，他虚构了一个温馨的画面，就是有朝一日回到"西窗"那个空间，在与妻子剪烛夜话的时候，他会把此时此地的"巴山夜雨"，还有此时此地的羁旅之愁与盼归之心，都一一告诉妻子。告诉她，自己是如何度过这个既凄苦又怀着希望的漫长雨夜。这个温馨的画

面，既显示了此时此地的羁旅之愁与盼归之心，又在一定程度上释
放了此时此地的心理压力，同时也给彼地的对方一个承诺、一个安
慰。作品所营造的这两个空间，是与不同的时间紧密联结的。先是
妻子在"西窗"给他写信，然后是他在"巴山夜雨"中给妻子回
信，接着是设想有朝一日回到"西窗"与妻子剪烛夜话，最后又回
到"巴山夜雨"的现实情境。其时空运行轨迹是："西窗"（过去）
→"巴山"（此时）→"西窗"（未来）→"巴山"（此时）。空间上
往复对照，时间上回环对比。随着时空的不断变化，作品的情意内
涵层转层深。这种空间不同，时间也不同，空间变化，时间也随之
变化的模式，可称为"西窗剪烛型"。这种模式比上述两种模式都
要复杂，尤其为那些感情深沉、风格委婉的作家所乐用。

（四）人面桃花型

去年今日此门中，人面桃花相映红。
人面不知何处去？桃花依旧笑春风。

这是中唐诗人崔护的一首脍炙人口的七言绝句《过都城南庄》。
崔护（772—846），博陵安平（今河北安平）人。关于他的这首
诗，在孟棨的《本事诗》里有这样一段记载："护举进士不第，清
明独游都城南，得村居，花木丛萃。叩门久，有女子自门隙问之。
对曰：'寻春独行，酒渴求饮。'女子启关，以盂水至。独倚小桃柯
伫立，而意属殊厚。崔辞起，送至门，如不胜情而入。后绝不复
至。及来岁清明，径往寻之，门庭如故，而门扃锁矣。因题去年今
日此门中之诗于其左扉。"这个记载不一定可靠，很有可能是根据
诗的内容附会的，但是对读者了解这首诗的内容和传播效果，还是
有帮助的。

这首诗虽然篇幅不大，但故事性强。它写了两个故事：一个是
寻春艳遇，另一个是重寻不遇。它所表达的是人生的一种失落感。

在日常生活中，这种故事虽不常见，但是人生的失落感是许多人都有的，因此很容易引起共鸣。

这首诗只有一个地理空间，即"都城南庄"。但时间却有两个：一个是"去年今日"，另一个是"今年今日"。在"去年今日"这个空间，有桃花、门（人家）、人面（美女）等要素，人面桃花交相辉映，给诗人留下了极为深刻的印象；而在"今年今日"这个空间，就只有桃花和门（人家），没有人面（美女）了，"人面不知何处去"。正所谓"物是人非""人去楼空"。空间还是那个空间，地理位置没变，但是由于时间的流逝，空间的核心要素（美女）没有了。没有了核心要素，这个空间就显得很空洞、很荒凉，给人一种深深的失落感和虚幻感。这种空间相同但时间不同的模式，可称为"人面桃花型"。这种模式反映了人类的一种相当普遍的失落感，很容易引起共鸣，因此在各种文学样式中得到广泛应用。

最后，我再归纳一下四个模式：第一个模式是"寒江独钓型"，空间不变，时间也不变；第二个模式是"重九登高型"，时间不变，空间变了；第三个模式是"西窗剪烛型"，时间变了，空间也变了；第四个模式是"人面桃花型"，空间没变，时间变了。所以，不管是中国古典诗，还是其他的作品，时空不同的组合就形成不同的结构，我们在欣赏古典诗词的时候，就要注意时空分析，这是分析文学作品的一个很重要的方法。

陈咏红，中国古代文学专业博士。广州大学人文学院副教授、广府文化研究中心研究员，硕士生导师，中国屈原学会理事。主要从事中国古代文学与岭南、广府文化的教学和研究工作。出版专著《周秦汉时期文士疏离现象与文学流变研究》《唐宋讽刺寓言》《唐诗宋词名篇注评》等。另有约40篇学术论文在《学术研究》等刊物上发表。主持2021年国家社科项目"商周隐逸观念与文学书写演化研究"、广东省哲学社会科学"十二五"规划项目"广府文人思想发展史论"等。参与撰写的《春秋文学系年辑证》获上海市第十二届哲学社会科学优秀成果奖（2012—2013）著作类一等奖。

拾叁 中国古代山水田园文学探析

陈咏红

看到"山水田园文学"这个主题，相信大家脑海中都会浮现出陶渊明、孟浩然的作品，但这只是一种感觉、一种印象。准确来说，以山水田园为题材的诗歌、散文等，就称为山水田园文学。经过研究，我发现学界对山水田园文学的认识存在一些争论，例如此类文学什么时候兴起？有人说《诗经》中已有山水田园的描写，有人说东汉末年庄园出现后才出现山水田园文学，还有人说东晋陶渊明的作品才是比较典型的山水田园文学，总之，争议比较大。我谈谈自己的看法。

一、"中国古代山水田园文学"的定义

我把中国古代山水田园文学的定义分为广义和狭义两个层面：

从广义上来说，就是以山水田园为主要题材的文学；而从狭义上来说，则是指以山水田园为主要题材的表达文人主体性的文学。

广义的中国古代山水田园文学，其实早就有了，因为人类的眼睛所接触到的自然环境和居住环境，都有山水田野，只是那时候还没有土地私有制之后大量涌现的田园、庄园。所以早在《诗经》中，就有许多关于山水的描写，只不过这些山水描写多数是局部的描写，而且多为了比兴。不妨欣赏《诗经》中的一首爱情诗——《国风·秦风·蒹葭》。从艺术特点上来说，这首诗采用了托物起兴、寓情于景的手法，换句话说，这首诗中的山水描写（写景）的功能是起兴。什么叫起兴？先言他物，以引起所咏之辞。先看全诗的第一章。

蒹葭苍苍，白露为霜。
所谓伊人，在水一方。
溯洄从之，道阻且长。
溯游从之，宛在水中央。

这里写了一个伊人，就是一位美丽的女子，她站在水边，被白色的雾气笼罩着，就像披着轻纱，若隐若现，扑朔迷离，带有朦胧的色彩。全诗就在这几句的基础上，改变个别字眼，重章叠句延伸下去。继续看第二章、第三章。

蒹葭凄凄，白露未晞。
所谓伊人，在水之湄。
溯洄从之，道阻且跻。
溯游从之，宛在水中坻。

蒹葭采采，白露未已。

所谓伊人，在水之涘。

溯洄从之，道阻且右。

溯游从之，宛在水中沚。

读完这三章，大家感受到其中的变化了吗？蒹葭，就是芦苇，诗歌一开始描写"蒹葭苍苍，白露为霜"，也就是芦苇上带露凝霜。在接下来的两章中，作者笔下的白露有了变化，从"为霜"到"未晞"再到"未已"，这是白露从凝结为霜，到融化成水，再逐渐干涸的过程。写这个山水变化即白露逐渐消失的过程就是为了起兴，用此景物引出所咏之词，此诗是表达一个男子在秋天的早晨对一位美丽女子的爱慕与追求。从白露的变化，可以看出时间的推移，自然在变迁，就如同男子对女子长时间不懈追求的意志，而在重章叠句中，通过转换字面、声韵与对景物和环境基本不变的反复咏唱，利用语言的音乐性、优美性、动人性，该诗生动地表达出一种缠绵无尽的感情。

这种文学形式在《诗经》之后仍常出现。再看几首优美的诗歌。

崔护《题都城南庄》

去年今日此门中，人面桃花相映红。

人面不知何处去，桃花依旧笑春风。

赵嘏《江楼感旧》

独上江楼思渺然，月光如水水如天。

同来望月人何处？风景依稀似去年。

晏殊《无题》

油壁香车不再逢，峡云无迹任西东。

梨花院落溶溶月，柳絮池塘淡淡风。

几日寂寥伤酒后，一番萧索禁烟中。

鱼书欲寄何由达？水远山长处处同。

前两首诗歌自然景象单一，比较易懂，我们重点体会一下宋代词人晏殊这首《无题》，他用大量对自然景象的描写，如香车、峡云、梨花、院落、月亮、柳絮、池塘、风、烟等来表达对远方所爱之人的思念。这些都可包括在广义的中国古代山水田园文学中。

狭义的山水田园文学，实质上是文人的山水田园文学，准确来说，就是以山水田园为主要题材的表达文人主体性的文学。何谓文人的主体性？文人，是在春秋战国时期出现的一个阶层，随着阶层的形成，这类人的属性也逐渐形成。文人作为主体所特有的属性，指文人在追求理想，与外界相互作用中表现出来的自主性、能动性和创造性。具体到春秋战国时期的文人主体性，其是对君权王朝的抗衡与博弈。那时候出现了诸子百家，文人各抒己见，用文字表达各自的治国策略，百家争鸣，主体性十分鲜明。而文人的职责是从政为官，以实现自己的治国策略，正如孟子说："士之仕也，犹农夫之耕也。"但从公元前221年秦始皇统一中国至汉武帝时期，中国从封建制度向中央集权专制制度的社会转型基本完成，文人主体性的实现途径受阻，文人常常焦虑"年华老大而功业未成"。战国时"士无常君"的相对自由局面变为以文化传承者自居的士阶层向朝廷求仕的格局，这时候，疏离文人开始出现，通过对皇权及朝廷的疏离、对仕途保持疏离的态度，他们以文化传承者自居来实现文人的主体性。

历代疏离文人一直寻求拥有主体性的生活方式。在汉末专制主义政治制度渐趋成熟、土地兼并严重的情况下，仲长统顺应时代经济条件的变化，设计了疏离文人山水田园生活方式的蓝图，到东晋时期，这一蓝图得以实现。下面我们欣赏一首狭义的、典型的中国古代山水田园文学作品，即孟浩然的一首五律田园诗《过故人庄》。

故人具鸡黍，邀我至田家。
绿树村边合，青山郭外斜。
开轩面场圃，把酒话桑麻。
待到重阳日，还来就菊花。

这首小诗风格清新，描写的景色是十分典型的山水田园。用词浅白，但含义隽永。第一联点出访友的原因，并且从"故人"置办的饭菜可以看出其款客之盛情。黍，指黄米。黄米和土鸡，是农家最为常见的食材，只用新鲜又朴实的菜肴招待友人，是文人的交友观。所谓君子之交淡如水，不需贵重，自有真情，没有拘束。这种文人交友观，还在许多古代文学作品中有所展现。例如杜甫《赠卫八处士》："问答未及已，儿女罗酒浆。夜雨剪春韭，新炊间黄粱。"另外，"鸡黍"本身暗含隐逸的典故，《论语·微子》载：子路遇丈人，丈人"止子路宿，杀鸡为黍而食之"。路边的丈人，是一位隐士。《后汉书·独行列传》提到范式和张劭的事迹，流传下一诺千金的成语。范式，字巨卿，山阳郡金乡县（今山东省济宁市金乡县）人。范式年轻的时候在太学游学，成为儒生，和汝南郡人张劭是好朋友。张劭，字元伯。后来两人一起告假回乡，范式对元伯说："两年后我要回京城，我会去拜见您的父母，看看您的孩子。"然后就共同约定了日期。后来约定的日期快到了，张元伯把事情全都告诉了母亲，让她布置好酒食恭候范式。母亲说："都分别两年了，千里之外约定的事情，你怎么就这么相信他呢？"元伯回答说："巨卿是讲信用的人，一定不会违背诺言。"母亲说："如果真是这样，那就该为你们酿酒。"到了那天，巨卿果然来了，二人升堂互拜对饮，喝得十分畅快后才相互告别。后来，元杂剧作家大名开州（今河南濮阳）宫天挺写了《死生交范张鸡黍》一剧，该剧取材于《后汉书·独行列传》中的《范式传》。剧中写道，东汉山阳（郡治昌邑，今山东菏泽市巨野县东南）人范式与汝阳张劭友善，结为生死之交。范式跋涉千里赴张劭家登堂拜母，张家以鸡黍相待。约定来年张劭去山阳范式家，同样以鸡黍相待。不料，张劭不久即病故，托梦于范式，并告知他的死讯和下葬日期。范式千里迢迢赶至张家，为张劭主丧下葬，并为之守墓百日。后经第五伦的推荐，官拜御史中丞。于是，后世用"鸡黍之交"比喻友情深重。因此，这"故人"不是普通的农家，而是隐居乡野田园的文人，与士大夫孟浩然是昔日的朋友。由此可见，疏离文人并非与世隔绝，隐逸只是为避世俗之麻烦。可以说，开头这两句背景交代看似简单，但用典深，透露信息多。

第二联"绿树村边合，青山郭外斜"，描写了访友途中所见景色。先写了近景，树木环抱的村庄，远景是一片青山，开阔清旷。在简单的写景中，包含了佛家的哲学观念。佛家《圆觉经》中提到，人对于生存环境应该保持不即不离的态度，既不过分靠近，也不会完全离开人群。这是一种很完美的生活状态，既能保持独立性，又能在整个环境中自由进出。那么这对隐居田园的疏离文人而言，无疑是最高的生活理想。

第三联"开轩面场圃，把酒话桑麻"。故友之间的宴饮，心地淡泊，恬然自适，就闲聊一些关于粮食的农家话题。这看似平常，但实质上表达了诗人高洁的情怀，不谈论时政朝野之事，不谈论科举及第、功名富贵等事，就是不与污浊官场为伍的情操。"话桑麻"在文人山水田园诗中已经成为一种文化符号，成为归隐田园、高洁自爱的精神象征，例如陶渊明："时复墟曲中，披草共来往；相见无杂言，但道桑麻长。"（《归园田居·其二》）

而"把酒"，也是山水田园文学中描写朋友交往时经常出现的，因为它是文人隐逸生活中的重要内容。文人喝酒，是一种文化现象。西方的酒文化，强调的是酒神精神，即追求醉酒时的身心放纵和精神昂扬。在中国的酒文化中，酒的作用是丰富的：佐餐、解忧、行乐、助兴、宣泄、陶醉等。文人纵饮，是及时行乐的代名词，如在曹操、陶渊明、李白的作品中多有表现，这当中包含文人对生活的哲学思维。前面提到，文人与封建体制是存在矛盾的，文人走上仕途是为了践道，是为了实行自己的政治理想、治国策略，但中央高度集权的体制与文人的经世理想是有根本冲突的，在皇权拥有绝对话事权的时候，文人的仕途充满了不稳定因素。所以文人往往对时间、人生存在一种普遍的焦虑感，担心年华早逝而功业未立、人生虚度，因此，及时行乐就成了文人作品中常见的主题。这种焦虑，本质上是一种生命意识，因为生命是有限的，人终有一死，该如何度过此生，是深刻的哲学问题。

此外，文人宴饮还有增进友情的作用，因为在喝酒过程中，可以借酒消除人己差别，增强群体协调感，不拘常礼，陶然忘机。所以文人喝酒有两种方式。

一种方式是群饮。

过门更相呼，有酒斟酌之。（陶渊明《移居·其二》）

另一种方式是对酌。

两人对酌山花开，一杯一杯复一杯。我醉欲眠卿且去，明朝有意抱琴来。（李白《山中与幽人对酌》）

我醉君复乐，陶然共忘机。（李白《下终南山过斛斯山人宿置酒》）

绿蚁新醅酒，红泥小火炉。晚来天欲雪，能饮一杯无？（白居易《问刘十九》）

同学们可以发现哪些文字是在说文人饮酒时不拘礼呢？不错，"一杯一杯复一杯""我醉欲眠卿且去"，这些都是朋友之间饮酒时不拘束礼节的表现。喝醉了想睡觉就让朋友先回家去，明天如果还想对饮，就带着琴来吧。这样的无拘无束，与文人士大夫平日谨慎克己的礼教是完全相反的。对酌之时，不仅李白醉酒醺畅淋漓，朋友同样也是高兴的，"我醉君复乐"，两人都是行乐解忧，情绪奔放，直至"陶然共忘机"。所以邀请好友把酒对饮，共诉衷肠，是文人之间的乐事。如白居易在一个大雪即将来临的夜晚，看着自家新酿的还没过滤的色绿香浓的米酒，红泥炉的小火苗烧得正旺，他诚恳亲切地对朋友发出邀请，"晚来天欲雪，能饮一杯无？"这朴素亲切的语言，把邀友前来共饮的渴望生动地表达出来了。

第四联"待到重阳日，还来就菊花"，同样言简义丰。先提一个问题，你们觉得到别人家做客，对主人最高的赞美是什么呢？我认为，最高的赞美就是客人主动说下次还要来，说明客人对主人家的招待感到心满意足。因此，此处诗人与故友相约，再定赏菊之期，约好重阳节的时候再来赏菊。而菊花，在中国传统文化中同样具有深刻丰富的内涵，是隐逸的象征，陶渊明写过大家都很熟悉的名句"采菊东篱下，悠然见南山"。同时，赏菊也代表了文人高洁的情怀和不屈的性格，因为菊花性耐寒，每年农历九月开花，此时百花已谢，唯有菊花傲霜枝，所以文人用耐寒植物比喻自己抗挫折的能力强和高洁自处的情怀。中国传统文化中有"岁寒四君子"之说，梅、兰、竹、菊，用这些耐寒植物来做高洁、不屈的文化象征。另外，此联中的"就"字用得妥当，与本诗前面的"过""邀"呼应，很亲切，因为"就"字传达出一种豪放的野人之兴。

综上所述，该诗就是一首典型的、狭义的山水田园诗，是明确表达文人主体性的文学，里面蕴含和表达了文人在生活中的抉择、对待人生以及朋友的态度等。

二、"中国古代山水田园文学"的缘起

狭义的中国古代山水田园文学是怎样发展起来的呢？也就是

说，山水田园如何能表达文人的主体性呢？我们可以简要地梳理一下。

春秋战国时期，士阶层分化，原来士阶层是贵族，后来部分贵族权势没落，于是这部分有文化的士阶层与其他一些社会成员组合在一起，成为文人群体，并因为其有了一定的主体性，遂成为文人阶层。文人，泛指那些掌握了较高文化知识，并对内试图寻求"仕本位"意识之外的新的人生价值标准、对外代表一定社会道义的人文知识阶层的成员。当一个阶层形成，其组成人员的主体性就更加鲜明了。文人的主体性，是指文人作为主体所特有的属性，指文人在追求理想、与外界相互作用中所表现的自主性、能动性和创造性。

而"士"阶层的主体性（社会属性）有两点。一是"士"开始重新定义自己的身份，"志于道"者方可称"士"。孔子《论语·里仁》云："士志于道。""道"有两个主要内涵：当"道"的内涵指"宇宙运动的过程"时，称作"道"，犹如道路、行径，引申为规律、方法、原则等；当"道"指"宇宙万物的本体"时，又称"大""一"。所以文人阶层要致力于对本体论上道的认识，要有追求与道合一的精神。

二是"士"以知识（立言）与社会交换利禄和地位。从公元前221年秦始皇统一中国至汉武帝时期，中国从封建制度向中央集权专制制度的社会转型基本完成，文人主体性的实现途径受阻。战国时"士无常君"的相对自由局面变为以文化传承者自居的士阶层向朝廷求仕的格局，也就是说，君主与文人之间形成了雇佣关系，皇权对文人的仕途乃至生活具有绝对的决定权。到了汉代，土地私有和兼并、庄园产生是疏离文人山水田园生活方式出现的物质前提。这个阶段文人主体性的指导思想就是，不要被官本位思想主宰、诱惑，要保持高洁、不同流合污，这就是隐逸思想。经过王室内乱、种族战争，西晋灭亡。公元317年，元帝渡江，在今日南京建立新的王朝，即东晋。北方世家大族突然发现南方山水之秀丽大胜于北方。王羲之、谢安等家族转而在南方经营山水园林，建立世袭的庄园。那么，隐逸在庄园、田园的文人凭借什么让自己觉得对社会有贡献、令人生有意义呢？那就是转向学术研究和文学艺术创作，还有文人式的娱乐消遣。于是，一些成为独立的审美对象并被品级定格的文艺雅事演变为文人独特的休闲交友方式。一是品诗。南朝的钟嵘《诗品》是第一部以"品"评诗的诗学专著，品评汉至梁五言诗人。二是品园。私园多模仿自然山林景观，所以古代文人喜欢造园子，很讲究庄园、家居庭院的建造。山水诗人代表谢灵运在《山居赋》里描述了他在会稽的庄园别墅。三是品画。东晋顾恺之《论画》提出"传神"论，使中国画从"状物存形"要求中解放出来，这一点可说是在世界艺术发展史上领先的观念，要知道西方艺术是发展到毕加索的时候才彻底颠覆了西方传统绘画对"形似"的重视与桎梏。四是品书法。从汉末到南北朝时期，书法转入文人之手，出现了张芝、钟繇、王羲之父子等书法大师。晋代二王行草是中国书法史的第一个高峰。五是品棋。品棋就是评定棋艺，当时就有国君举办棋艺大赛。因此，魏晋南北朝之后，中国的古典文学、艺术创作及学术研究都得到了很大的发展。例如，刘勰的《文心雕龙》、钟嵘的《诗品》这两部品评诗歌的文学批评名著，都产生在魏晋南北朝时期，这并不是偶然的。

学界有一观点认为，狭义的中国古代山水田园文学发展成熟是在东晋末南朝初期。那时候，文人有意识、有技巧地描写庄园、田园生活以及游玩周边山水名胜的游历及体会，熟练地通过对山水田园的描写，反映和传达自身的文人主体性。孟浩然的《归园田居》就是通过山水田园风光表现和传达了文人的主体性。再来欣赏这方面代表人物陶渊明的一首诗《饮酒·其五》。

结庐在人境，而无车马喧。

问君何能尔？心远地自偏。

采菊东篱下，悠然见南山。

山气日夕佳，飞鸟相与还。

此中有真意，欲辨已忘言。

《饮酒》是一组诗，共20首。在全组诗作之前有一篇序文，说明这是陶渊明酒后所作，并且非成于一时，写作年代大概在其辞官归隐后，约晋安帝义熙十三年（417）秋冬，时陶渊明53岁。

第一联"结庐在人境，而无车马喧"，主要叙述诗人隐居躬耕的生活。重点是第二联"问君何能尔？心远地自偏"，一实一虚，一问一答，不加雕饰而浑然天成的纯淳真情扑面而来，而作者悠然自得、自足自信的神情也跃然纸上。这表明了作者的生活志向和人生态度：居身人境而尘杂不染。也就是说，只要自己对道有所追求，也就是保持自己的内心高洁、安定，自然而然就能与中央集权抗衡，与仕途和人群保持距离，这是道自然无为的属性和特点，道是万物之母，按自己的规律运行，"心远地自偏"就是与道合一的自然、自在的状态，实现了道的真谛。陶渊明在另外的诗歌中也有过很多类似的表达，如"富贵非吾愿，帝乡不可期"（《归去来兮辞》）。第三联"采菊东篱下，悠然见南山"，有人说"悠然见南山"能否改为"望南山"？"望"是刻意的、有预想的动作，而"见"是没有预想的偶发性行为。试想黄昏时分，诗人在东篱下满手把菊、自赏自得之际，偶一抬头，匡庐（南山）秀色飘然而入眼帘，一个"见"字非常传神地表达出那种心物交融、兴会悠然的情感，没有刻意，一切都是自然的，所以此字可谓"化工之笔"。"见"，透露出诗人心态的平静和自然，是超然冥邈、神逸方外的悠闲心情。寓弦外之响于一俯一仰、无意有意之间。改"望"即与前句所说的"心远"本意大相径庭。正如苏轼《东坡题跋》所说："则此一篇神气都索然矣。"而自然，正是道运行时候的特点，这就表明文人对道的追求这一思想内涵。而采菊也是文人隐士作品中经常出现的象征，正如前面我们提过，菊花盛开在深秋之时，中原大地已经非常寒冷了，凌霜傲立，是菊花的风骨，因此文人隐士喜欢用菊花传达自己安贫守道的高洁情操，所以此处陶渊明也用采菊象征自己的品格。如果说前一联中"心远地自偏"是作者在刻意阐发，那么这一联就是作者用白描手法写自身所见所闻，兼含比兴深意：诗人和大自然在刹那间的交感共鸣，是田园生活优雅闲适的绝妙写照。

下一联"山气日夕佳，飞鸟相与还"，写的是"悠然见南山"所见之景，傍晚时夕岚的变化和飞鸟的动静，太阳下山、百鸟归巢，诗人借此传达宁静恬淡、祥和宽解之情。换句话说，在与皇权的博弈与文人应守之道中，他已经寻得了自己的平静，文人的主体性能够安立了，他能在人世间安排自己的生活而不失道义。

最后一联"此中有真意，欲辨已忘言"，这句话很有道家思想的韵味。《庄子·外物》中说："言者所以在意，得意而忘言。"既然领会了此中"真意"，又何必"辩言"呢？意在言外，深得含蓄隽永之美。此处的语意，指诗人从采菊见山和目送归鸟中所得之感受，可谓对田园生活的总结，但此中的"真意"，"欲辨已忘言"。

陶渊明以自在之笔写自然之趣，有技巧而不见技巧之用。可以说，这种通过对山水田园风光与生活的描写，以传达文人对道的追求之艺术形式及技巧，在他手里已经相当成熟了。典型的、狭义的山水田园文学实际上就是文人山水田园文学，表达文人的主体性以及对道的追求，东晋陶渊明的诗歌恰恰符合这个标准，所以我们可以比较有把握地说，中国古代山水田园文学成熟于东晋末年即陶渊明所处的时代。

当代学者李泽厚先生在《试谈中国的智慧》中的一段话，对我们理解中国古代文学很有帮助。他说：中国哲学"在感性世界、日常生活和人际关系中去寻求道德的本体、理性的把握和精神的超越、体用不二、天人合一、情理交融、主客同构"。正如前面提到的文人，不是有钱才可以做隐士、拥有自己的庄园，东吴的时候虽然对江南大地有所开发，但还是有许多荒山野岭可由个人去开垦、种植。当隐逸的文人能够自给自足时，就已经摆脱了对中央集权的依附，不必再仰赖官场俸禄，这时候他们的人生就已经是生活与哲学、艺术的统一和融合，这就是中国文人的生活智慧。山水田园的自然美，成为文人心灵的归宿，因为道是万物之母，其自然属性和规律，在山水田园的大自然中得到淋漓尽致的体现，这内化成了文人阶层的人生哲学。因此，山水田园不仅是文人生活的乐土、生活的情趣，还是文人艺术的灵感与源泉。

三、"中国古代山水田园文学"的本质

经典的、狭义的中国古代山水田园文学的本质，概括来讲，就是东晋以来文人在山水田园中采取疏离生活方式的文学表现。这与前面所讲《诗经》中会用局部的自然景色描写以起兴的文学手法在本质上是一致的。换言之，在经典的、狭义的山水田园文学中，山水田园生活环境及周围的山水成了"道"的外化，具有本体论性质并成为文人的独立审美对象。文人有意识地借用山水田园表达自己对自然之道的追求，抒发和弘扬文人主体性。由此，我们也能更好地理解，为什么在魏晋南北朝时期，文学、艺术及学术研究都得到了极大的发展，在烦琐的同时，又会有一种淡远的风格，这恰恰是山水田园文学的影响。对道的追求，就是对自然属性的追求，在对山水田园、日常生活的清淡描写中，就可以传达出道的自然之特点。因此，文学的音韵学、训诂学、词源学等烦琐的学术研究与淡雅清远的诗风同时并存。

发展至唐代，山水田园文学更加成熟，出现了山水田园诗派。我以盛唐山水田园诗派代表作家孟浩然的另一首诗作《夏日南亭怀

辛大》为例说明。

山光忽西落，池月渐东上。
散发乘夕凉，开轩卧闲敞。
荷风送香气，竹露滴清响。
欲取鸣琴弹，恨无知音赏。
感此怀故人，中宵劳梦想。

此诗写的是夏夜水亭纳凉的感慨，诗人此时隐居山中，所以首句便说"山光"，写了时间推移之下山上的日光和池边月色的变化。夕阳西下与素月东升，为纳凉设景。古人在诗词歌赋等所有文学样式中，几乎无一例外地在开篇就要交代时、地、人、事。同样，这里首句就交代清楚在傍晚，在山中池边，一个具有隐逸情怀的文人在纳凉，为下文提供了背景。随后，作者着重表现的是一种闲情适意，"散发乘夕凉，开轩卧闲敞"，写的是诗人沐浴之后披散着头发，开窗闲躺着纳凉。下一句是名句"荷风送香气，竹露滴清响"，因为开着窗，空气流通，外面的香气和声音就传进来了，由细写嗅觉、听觉、视觉来传达纳凉的感受——闲适，间接反映作者心灵的宁静，表现净化了的情思，如果心不静就根本无法捕捉、体会这些细微的景致。值得注意的是，诗人笔下的这些景致，是提纯了的景物，怎样提纯呢？就是浓缩在此二句中的景物，都是能代表文人高洁情怀的象征。"荷"，出淤泥而不染，而且佛家用荷花来象征智慧；"竹"，中空外直且耐寒，所以文人喜欢用其来表达内心虚空谦卑而容纳万物的人生态度及高洁的情操。风送来荷香，露滴带来竹响，诗人用"送""滴"二字巧妙地传达出山水自适的情怀，因为当时诗人内心恬淡而闲适，所以他能感受到自然山水，并且他只是在感受着自然山水，而并非刻意。同时，这些景物描写的提纯，还包含了多种动力方向，荷香是横向的蔓延，竹露是纵向的下落，从而使画面更加丰富而和谐。在众多感受当中还包含了通感，嗅觉上是"香"的，听觉上是"清"的，视觉上的"荷"和"竹"都是高雅清远的，因此诗人表达自己净化了的情思，实际上这是一种清高自赏的寂寞心绪。所以后人称此为名句，正是因其文辞简单却大有文采与内涵。

下一句"欲取鸣琴弹，恨无知音赏"，由周围境界的清幽想到弹琴，自然又联想到"知音"，于是就从纳凉过渡到怀人。为何在这样一种闲适清幽中，会想到弹琴？这就是文人的交友情怀。《吕氏春秋》卷十四《孝行览·本味》中讲过这样一个故事："伯牙鼓琴，钟子期听之。方鼓琴而志在太山，钟子期曰：'善哉乎鼓琴，巍巍乎若太山。'少选之间，而志在流水，钟子期又曰：'善哉乎鼓琴，汤汤乎若流水。'钟子期死，伯牙破琴绝弦，终身不复鼓琴，以为世无足复为鼓琴者。非独琴若此也，贤者亦然。虽有贤者，而无礼以接之，贤奚由尽忠？犹御之不善，骥不自千里也。"用琴曲《高山流水》表达朋友间相知相惜的知音之情，是中国文化的传统，因此，"欲取鸣琴弹"是诗人孟浩然对朋友到来的渴望，希望有知音共享美景。由此也可知，中国传统的隐士文人不是与世隔绝的，他同样还是有家庭生活、亲朋好友，只是与官场、人群保持距离。因此，诗人在最后一句直接点出，"感此怀故人，中宵劳梦想"，是希望与友人共度良宵而生梦。

很明显，孟浩然这首诗清晰地借山水田园表达了文人的主体性，也就是他作为文人的高洁情怀以及对生活的抉择，还有对道的追求，这方面主要是通过对道法自然的嘉许来表达身为文人志于道的精神。山水田园诗看起来都比较浅显易懂，但是文字背后充满了丰富的思想内涵，文人的哲学思想、人生态度、主体需求以及表现"道"的方法，都包含在其中了。可以说，山水田园文学是文人关于如何表现"道"以及传达文人主体性十分成功和成熟的艺术形式，当然，其经历了相当长的历史发展过程。

四、"中国古代山水田园文学"的构图艺术

"中国古代山水田园文学"的构图艺术主要有三个方面的特点：线条的多样性、动力方向的多样性、开阔感和纵深感。下面以王维的《山居秋暝》为例说明。

空山新雨后，天气晚来秋。
明月松间照，清泉石上流。
竹喧归浣女，莲动下渔舟。
随意春芳歇，王孙自可留。

王维在终南山的北坡有一处庄园，他这首诗写的是在那里的生活场景，所以这首诗的题目叫《山居秋暝》。秋暝，即秋天的黄昏。第一联"空山新雨后，天气晚来秋"，山上有树林、房屋和行人，为何诗人会写作"空山"呢？因为此时是雨后黄昏，山上人迹罕见，故曰"空山"，并且"空"字很有佛家的禅意，佛家讲"色即是空"，色就是现象，而现象为什么是空的呢？因为一切现象无时无刻不在变化，万事万物一直都在变动，当然这是从绝对意义上说的。因此，"空"不是说它不存在、没有，而是说一切现象的本质都在不断变化，换句话说，没有固定的、实在的、永恒不变的本质，从这个角度来说，色即是空。王维欣赏并悦纳这个佛家的观念，所以他写"空山"，并且不止一次地在说"空"，这个字眼经常出现在他的作品里，因此他的诗歌总是带有一种佛家的禅意，他也被后世称为"诗佛"。那么，这秋山黄昏的迷人景色和诗人陶醉的心境，因刚刚下过一场秋雨而清澄得有透明感，"空山"一语非常妙。而且，在山中秋日、黄昏、新雨的大背景铺垫下，全诗所有的事物和景色都散发着清幽明洁之气。接下来，全诗就开始对首句描写的大环境开始细化了。一切的文学作品，开头写了总体性

的印象后，后面还要分述和描写细节，因为细节才能打动人，令人印象深刻。

第二联"明月松间照，清泉石上流"也是一个名句，从线条上来说，明月是圆的，松树是直的，而清泉是曲线的，石头是折线的，这就体现了山水田园文学构图特点的第一条"线条的多样性"。同样，第二条特点"动力方向的多样性"和第三条特点"开阔感和纵深感"也体现出来了，因为三者其实是和而不同的关系。明月的光辉是往下遍洒的，是纵向的；清泉是往远处、低处流的，是横向的。另外，诗人王维比一般人更能精确、细致地感受到和把握住自然界美妙的音响和景物，并将之表现出来。这"明月松间照，清泉石上流"的林泉景色，是多维度的和谐描写，月色泉声，在俯仰之间，视听交织、动静结合。

第三联"竹喧归浣女，莲动下渔舟"，这里也是视听交织、动静结合。与前句有所变化的是，此句不仅描写了自然景物，而且还描写了人事生活。竹林发出喧响，才知道洗衣服的女子们回来了，莲叶在动，原来是渔舟出发去捕鱼。只闻其声不见其人，只见莲动不见行舟。由此可知，从距离上来说，不是前面两句所描写的远处山景，也不是很近的距离。和人群保持不即不离，整个环境宁静而又不是死寂，十分传神地描绘出当时深远宁静而清新活泼的优美意境。而此句中的动力方向也是多样性的，浣女是返回的方向，而渔舟是远去的方向；线条也是多样性的，竹子笔直，荷叶浑圆；浣女和渔夫不同方向的活动，带来的场景同样具有开阔感和纵深感。所以说，此句写景也具备了以上的三个构图特点。而且从整体看，此联中的"莲动下渔舟"与上联中的"清泉石上流"互相呼应，是一个更大场景中的纵深感。这与道家思想中道的千变万化以及佛家思想认为大千世界总是无常的，都是相同的，中国文人写景不会拘束于一个角度，即使是同一处景物，也有时间推移带来的变化，或者对同一处风景从不同角度、不同局部进行描写，一定会把大自然的场景做无尽的延伸，而不会堵于一处，就像古人说的"行到水穷处，坐看云起时""山重水复疑无路，柳暗花明又一村"，这是中国传统的文化思想和审美情趣。

最后一联"随意春芳歇，王孙自可留"，此典故出自《楚辞·招隐士》："王孙兮归来，山中兮不可以久留。"作者觉得避世躲在山中的生活很苦，因此呼唤隐士早日归来，可见当时还没有盛唐时所流行的隐居田园、庄园的闲适生活。诗人王维故意反着说，他自比王孙，说春天的芳菲随意开落吧，在这样的秋光中，自可以留下，表达了对山居生活的迷恋之情。这也是佛家禅宗思想和道家齐物论的思想，花开花落都是美的，都是万事万物不断变化过程中的一个环节，花落与花开具有同等的地位，他同样喜欢。所以花落在中国古代山水田园文学中也是个经典的意象，从审美的角度说，花落有何寓意呢？为何会觉得落花美呢？正因为有凋落，所以花的开放这宝贵的光阴，我们尤其要用真诚来好好珍惜。而喜爱花落，是因为喜爱花落时心中被生命的真实激起的那一声繁华落尽的回音。同样，人生终有大限来临的一天，那此生该如何度过，生命的价值要体现在哪里，这些都是事关我们自身生存的大事，是深刻的哲学思考。所以看见花落，我们容易触景生情，会令我们更加珍惜生命。

最后，我再简要地带大家鉴赏一首非常成熟的山水田园词：苏东坡的《定风波·莫听穿林打叶声》。我们可以从中看出文人主体性的完整表达。

三月七日，沙湖道中遇雨。雨具先去，同行皆狼狈，余独不觉。已而遂晴，故作此词。

莫听穿林打叶声，何妨吟啸且徐行。竹杖芒鞋轻胜马，谁怕？一蓑烟雨任平生。

料峭春风吹酒醒，微冷，山头斜照却相迎。回首向来萧瑟处，归去，也无风雨也无晴。

从此词序言的交代中我们可知，宋神宗元丰五年（1082）的农历三月七日，苏轼因乌台诗案被贬到湖北黄冈。乌台，即御史台，因为此处的树上聚集了许多乌鸦，所以被称为乌台。在乌台诗案中，朝廷说苏轼用一些诗文诽谤了朝廷。苏轼在黄冈遭遇了许多人生的挫折，但是他对人生领悟得很透彻，并用诗文表达出来，所以是一种文人主体性很强的表达。此词就写于这样的人生背景下。这一天，苏轼在沙湖道中遇上下雨，沙湖位于黄冈东三十里处，离目的地还远，而大家没有雨具，其他同行的人都很狼狈，唯独他不觉得。整首词中，苏轼正是要通过自己对风雨的态度的描写，表达通达豪放的人生态度。

首先上片"莫听穿林打叶声，何妨吟啸且徐行"，这是以自然界的风雨象征人生坎坷，表现履险如夷、不为忧患所扰的生活态度。那么如何能做到不惧他人声威（穿林打叶声）呢？就是"莫听"，不要去听太多敌对势力的声音，不如自己且吟且行，按照自己的节奏信步走下去就是了，不要让对方看出你的心乱了。正如许多罹患癌症的病人，最后不是被癌细胞击垮了身体，而是因为过于害怕失去生命反而加快了死亡的速度，所谓"不是病死而是吓死"。"竹杖芒鞋轻胜马，谁怕？"说的是保持平常的普通行头就行，改变太多反而让他人觉得你虚张声势、乱了方寸。只要自己神态怡然、心态旷达就好，由此便可"一蓑烟雨任平生"。为何苏轼能在雨中与众人不同，能如此神情自若呢？因为文人有坚强的主体意志。下片"料峭春风吹酒醒，微冷，山头斜照却相迎"，风雨之后必有晴天，风吹云散，总有雨过天晴的时候，这是自然之道，诗人对此深有领会，因此能超越眼前人生的挫折与局限，他借雨后初晴隐喻人生经历的变化多端，表现出处之泰然、忧乐两忘的精神境界。但文人主体性的表达，到这个程度就完成了吗？阳光总在风雨后，领会到这个程度不是已经很豁达、很超然了吗？否也，至少在苏轼身上，我们看到了更完整的表达以及他所具有的更高层次的人生态度。全词的最后一句很关键，"回首向来萧瑟处，归去，也无风雨也无晴"，一般对人生有所觉悟的人，也能看见风雨过后有彩虹、乌云背后有太阳的辩证变化，具有一定的超然情怀，人们容易接受阳光总在风雨后，却很难接受阳光之后有风雨。而其实对于人生来说，乌云、风雨、阳光、彩虹，这些都是平等的现象，都具有平等的逻辑地位，我们能平等地看待和接受这些现象，才是真正领悟有无转化的人生辩证法，真正领悟关于祸与福、顺与逆的超脱的处世哲学。这才是最高层次的超然，你才能在人生的一切变化中淡然处之，才能抗衡中央集权对个人仕途、名利、生活的倾轧与诱惑。所以苏轼的高明之处在于，他领悟了"也无风雨也无晴"这种相互转化的自然之道，也是在人生处世中保持超脱品格的真谛。综上所述，从苏轼这首词中，我们清晰地看到了文人主体性的一次完整的表达，内容表达与文学技巧高超结合、浑然天成。

　　李杰荣，文学博士，广东第二师范学院文学院副教授。研究方向为古代文学与绘画，已出版专著《丹青意境——绘画背后的故事》《诗歌与绘画》，发表论文20余篇。

拾 肆 有声画与无声诗——以题画诗为例

李杰荣

大家好！我今天讲座分享的题目是《有声画与无声诗——以题画诗为例》。什么是有声画和无声诗？其实就是诗歌与绘画的互称，把诗称为"无色画""有声画"，将画称为"有形诗""无声诗"。在中国传统文化中，诗歌与绘画二者经常被相提并论，因为二者相近、相通、相融，我们从小上语文课时就经常听到老师说"诗中有画"、"画中有诗"或者"如诗如画"。而诗歌与绘画的范围太大，所以这次我专讲题画诗。首先会简单介绍一下中国传统文化中诗歌与绘画两者的关系，然后我们再详细了解题画诗的内容。

我博士期间所攻读的专业方向是诗画比较，而选择这个方向是受到了我的博士生导师邓乔彬先生的一本专著——《有声画与无声诗》的影响。中国诗画之关系非常密切，只是"诗中有画""画中有诗"的关系吗？比这复杂。伍蠡甫先生在《中国画论研究》一书中对诗画的关系进行过一番总结："回顾前人所论诗与画之间的关系。它大致有以下几方面：诗和画的并列或对照；诗、画相通，但各有特征、功能以及界限；诗胜过画或画胜过诗。"换句话说，中国诗画之关系主要分为三个方面：一是诗画相通相融，也就是我们惯常所说的"诗中有画""画中有诗"；二是诗画异质，诗歌属于语言艺术，而绘画是线条与色彩的艺术，二者有本质上的不同，虽然它们在艺术审美上有共同的追求，这是二者相通相融的基础，但毕竟本质有异；三是诗画之优劣比较，只要是两种有同又有异的东西，就会有人对它们进行比较。有人认为诗比画好，有人认为画比诗好，到底是诗好还是画好呢？这个话题从古至今争论不休。

今天我们着重要了解的是题画诗，这就涉及诗画相通相融的关系。诗画融合主要有四种形态。

一是诗意画。从诗向画的转化和诗与画交融的角度来看，诗"有发于佳思而可画者"，即"采其诗意景物图写之"，"以曲尽潇洒之思"，此即诗意画的形态。也就是说，诗歌能触发一个人的佳思，当我们读到一首好诗，脑海中会浮现一幅相应的、生动的景象，这会触发我们艺术创作的灵感和激情，希望把诗中所写的景象实实在在地描绘出来，这就是诗意画。

下图是明代陈裸的《画王维诗意图》，现藏上海博物馆，画的就是王维诗句中"闭户著书多岁月，种松皆作老龙鳞"的景色和意境。大家看，画中有座房子，里面有人正伏案读书，而苍劲挺拔的古松围绕在房子四周。松树的生长速度很慢，枝干这么高大遒劲的松树必然生长了很漫长的时间。当年种下的松树都长出"老龙鳞"了，历经了多少岁月不言而喻，一下子，古人"闭户著书"多年的那种幽静沉稳、沧桑厚重的岁月感具体、形象地被画面表现出来了。

　　二是题画诗。从画向诗的转化和画与诗交融角度来看，所谓"助骚客词人之吟思"，"展卷便可令人作妙诗"，即题画诗的形态。看到一幅好画，我们的思绪和灵感也会被激发，出口成章句，下笔如有神，这就是题画诗。

　　下图为元代倪瓒的《六君子图》，画有松、柏、樟、楠、槐、榆六树，这些树木在中国传统文化中都具有一定的文化含义，比拟的都是君子"正直特立无偏颇"之德。黄公望根据倪瓒的这幅画，成诗一首，并题在了画上，诗歌的意思就是以树喻君子来赞誉倪瓒。画上除了黄公望的题诗，还有朽木居士、钱云、妙香道者等人的题诗，这些诗就是题画诗。

三是图像诗。诗歌借鉴绘画的表现手法，绘画直接进入诗歌的形式和内容，诗画融为一体，即图像诗的形态。

下面这幅画大家可能比较少见，是一幅刻在石碑上的画——《关帝诗竹》，现藏于西安碑林博物馆。它上面刻有传为关羽所作的一首诗歌："不谢东君意，丹青独立名。莫嫌孤叶淡，经久不凋零。"大家如果对传统书画艺术不够了解的话，一下子可能还看不出关羽的这首诗到底刻在哪里了，只看见几枝竹子而已。其实诗的文字就隐藏在画里，稀疏错落、横斜穿插的竹叶实际就是一个一个汉字，大家仔细看看，发现没有？这个艺术构思相当巧妙，是很生动的诗画融合的图像诗。前几年我国网络上非常流行图像诗，大家感兴趣的话可以自行搜索现代图像诗的作品看看。

四是文人画。诗歌走入画面，从形式到内容，与绘画全面融合，即文人画形态。也就是说，在一幅作品里，既有诗歌也有绘画，还有书法，诗画从形式到内容全面融合，我们称之为文人画。也许你会觉得奇怪，一幅作品中既有绘画又有题诗，那不就是题画诗吗？区别在于，有些题画诗并未把诗作直接题写在画上，但文人画上一定是诗画并存的。相对来说，文人画是诗画相融形态中比较完善的一种艺术形式。

给大家看一幅明代徐渭的《墨葡萄图》，现藏故宫博物院。徐渭用大写意的方式勾勒出一幅水墨葡萄图，再用狂草题诗一首："半生落魄已成翁，独立书斋啸晚风。笔底明珠无处卖，闲抛闲掷野藤中。"这幅画形象地表达了徐渭一生失意的心态，是比较有代表性的一幅文人画。

如上所述，题画诗就是这四种诗画交融形态中的一种。简单来说，题画诗是因画题诗，也就是说，这首诗是因画而创作出来的。这次讲座我们重点要了解的就是题画诗。

　　首先，要明白什么是题画诗，题画诗是怎么发展起来的。题画诗指缘画而作的诗歌，但题画诗最早出现在什么时候，学界各抒己见，一直存在争议而未达成一致的看法，因为这涉及文献发掘与文体认定的问题。展开来讲，关于题画诗的起源有各种说法，我在此罗列比较有代表性的六种看法。

　　1.战国屈原的《天问》。为什么有人会认为屈原这篇辞赋是一首题画诗呢？东汉王逸《楚辞章句》中曾提到屈原创作《天问》的缘由："《天问》者……屈原放逐，忧心愁悴，彷徨山泽，经历陵陆……见楚有先王之庙及公卿祠堂，图画天地山川神灵，琦玮僪佹，及古贤圣怪物行事，周流罢倦，休息其下。仰见图画，因书其壁，呵而问之，以泄愤懑，舒泻愁思。"屈原生平两次被流放，心情苦闷。他在楚地游览了一些先王之庙及公卿祠堂，那里面有许多壁画，画中包罗万象，如天地山川、神灵鬼怪、古圣贤人的怪异行事等，屈原看后大为震撼，最后提笔在墙上题诗，《天问》一赋横空出世，以泄心中愤懑，抒发愁思。很显然，《天问》是一篇诗赋，而此诗缘壁画而作，故有人认为它是题画诗的源头，有其合理性。

　　2.东汉画赞或画颂。唐代以前的很多绘画作品，并没能保存并流传至今，因此今人所能见到的汉代绘画，大多是砖画，而砖画上常常有画赞或画颂这些文字。譬如东汉武梁祠有一块画像石——"曾参杀人"，下图是它的拓本。画面中间是一个女子，她手臂张开，有东西掉落在地，一个男子跪在旁边似乎在对她说着什么。据《战国策》记载：有一次，孔子的学生曾参告别母亲，离开了家乡，到费国去。不久，费国有个和曾参同名同姓的人杀了人。有人听到这个消息，也没弄清楚情况，就去告诉曾参的母亲："听说你的儿子在费国杀死人了。"这时，曾子的母亲正在织布，听了这个消息，她头也不抬地回答说："我儿子是决不会杀人的！"照样安心地坐着织布。过了一会，又有人来说："曾子杀人了！"曾子的母亲仍不理睐，继续织她的布。过了不久又跑来一个人，同样说道："曾子杀人了！"听了第三个人的报告，曾子的母亲害怕了，立即丢下手中的梭子，急急忙忙跳墙跑了。这就是"曾参杀人"的故事。我们可以看到这块画像石的左上角有赞文："曾子质孝，以通神明，贯感神祇，箸号来方，后世凯式，以正抚纲。"这几句赞文根据画像中的内容而作，因此有人认为东汉时期的画赞或画颂是题画诗的源头，也有其合理性。

3.东晋陶渊明《读〈山海经〉》。因为陶渊明曾在诗中说自己"泛览周王传，流观山海图"，而他作有一系列的《读〈山海经〉》组诗，因此有人认为陶渊明的这组诗，正是看了《山海经》的图像后创作的，因此是一组题画诗，我认为此说法也可成立。根据相关史料和流传至今的一些山海经图像，我们可以确定《山海经》的古代版本就是配有画像的。例如，东晋郭璞《山海经图赞》中，有"图亦作牛形""在畏首图中""今图作赤鸟"等文字，可知古本《山海经》原有配图。如下图所示。

4.六朝咏画扇、画屏的诗歌。古人喜欢在扇子或屏风上绘画，因此就有人会给这些画像题诗。例如，东晋桃叶的《答王团扇歌》三首，第一首"七宝画团扇，灿烂明月光。与郎却暄暑，相忆莫相

忘"。这里提到团扇上是有画的。桃叶相传为东晋书法家王献之的爱妾，她在画扇上题诗，借此抒发二人之间的浪漫爱情。又如，北周庾信的《咏画屏风二十五首》组诗，为屏风上各幅不同的绘画赋诗，举其第九首大家欣赏一下："徘徊出桂苑，徙倚就花林。下桥先劝酒，跂石始调琴。蒲低犹抱节，竹短未空心。绝爱猿声近，惟怜花径深。"即使我们没有见到那座屏风，但这幅屏风画之景已经由此诗宛然映现在我们眼前了。

5.东晋支遁《咏禅思道人诗》："蔚荟微游禽，峥嵘绝蹊路。中有冲希子，端坐摹太素。自强敏天行，弱志欲无欲。玉质凌风霜，凄凄厉清趣。"支遁是东晋时期的一位出家人，光看这首诗，我们完全看不出这是一首题画诗。但此诗有一序言："孙长乐作道士坐禅之像，并而赞之。可谓因俯对以寄诚心，求参焉于衡轭。图岩林之绝势，想伊人之在兹。余精其制作，美其嘉文，不能默已，聊着诗一首，以继于左。"诗序相当于一个题跋，支遁在此说明了自己作诗的缘由，大意是说东晋名士孙绰画了一幅道士坐禅之像，并作画赞一首，自己见后，继作此诗于左。那么就很明确了，这首诗就是一首题画诗，是高僧支遁为一幅画像所题咏的诗句。

6.清代王士祯、沈德潜认为题画诗始创自唐代杜甫。王士祯在《蚕尾集》中说："六朝以来题画诗绝罕见，盛唐如李白辈，间一为之，拙劣不工……子美始创为画松、画马、画鹰、画山水诸大篇，搜奇抉奥，笔补造化……子美创始之功伟矣。"也就是说，王士祯认为题画诗是由唐代杜甫始创的。沈德潜也认可这种说法，他在《说诗晬语》中亦说："唐以前未见题画诗，开此体者，老杜也。"

以上六种关于题画诗起源的说法，都有其合理处，为什么对"最早的题画诗"仍然难以定论呢？一则涉及文献的发掘。因为年代久远，书籍散佚，又无实物考证，只能从文献记载中考索，每有新的发现，又将前说推翻，所以题画诗最早出现的时间一直在向前追溯。二则涉及题画诗的界定问题。题画诗，简而言之即缘画而作的诗歌，包含两个条件：一是因画而作，二是文体属于诗歌。比如说，六朝咏画扇、画屏的诗歌以及陶渊明的《读〈山海经〉》组诗，介于咏物与咏画之间，所以有学者认为此类诗歌并不属于题画诗。而画赞、画颂、画赋之类，学界对其文体界定一直有争议，有人认为应属于诗歌这一文体，有人持否定意见，因此屈原的《天问》、东汉的画赞或画颂等，有人并不认同它们是题画诗的起源。因此种种，学界对此问题尚未达成一致的看法，面对现状，我们不应草率地认定哪种说法完全正确、哪种说法完全错误，一切留待历史资料的继续发掘和时间的检验。

虽然目前对"最早的题画诗"尚无定论，但可以肯定地说，在唐代以前题画诗就已经有所成形、有所发展了。而题画诗虽非创始于唐代，但唐代是题画诗发展史中的一个重要时期。虽然学术界对王士祯、沈德潜认为题画诗始创于唐代杜甫的说法大多持否定意见，但这恰恰可以佐证唐代的确是题画诗发展的一个重要时期。当代学者刘继才对题画诗的研究颇有造诣，他认为题画诗成熟于唐代，而且"自唐以后，题画诗才引起人们的重视和研究"。我认同这种看法，因为直至唐代，才出现了大量的题画诗，并且具有相当高的艺术水平。

到了宋代，题画诗又有什么发展呢？宋代"兴文教，抑武事"，极大地促进了文化的繁荣，尤其是文人士大夫介入绘画，将文人的学养和审美趣味融入绘画创作当中，并在理论上阐述诗画的互渗和融合，引导诗画走向统一融合的发展方向。而且文士之间喜欢雅集酬唱的传统，也促进了诗画创作和题跋。有人说"题画诗三唐间见，入宋浸多"，意思是唐代或能看到题画诗的创作，到了宋代几乎随处可见。

关于唐宋题画诗的发展，我们可从一本史料中得到更具体的感知。南宋孙绍远《声画集》是我国最早的一部题画诗集，共收有唐宋题画诗八百零五首，其中收有唐代十九位诗人六十一首诗、宋代八十五位诗人七百四十四首诗，仅苏轼一人就有一百四十首诗，由此可见宋代题画诗之盛，可以说题画诗在宋代得到了长足的发展。

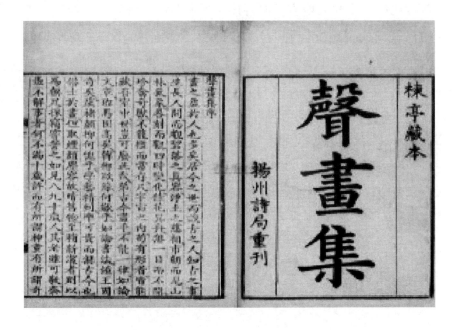

更重要的一个发展是，题画诗开始并不题于画上，由宋徽宗开始，方直接题诗于画面之上。到元代，题诗于画，诗书画一体，渐成风气。

以下这三幅画：第一幅是东汉的一幅砖画拓本，可以看见画像石上有字，我们称之为榜题，主要是告诉人们这幅画像是什么内容、叫什么名字；第二幅是宋代的《采薇图》，是宋代李唐创作的一幅历史题材的绘画作品，是以殷末伯夷、叔齐两位贤臣"不食周粟"的故事为题而画的，大家可以看到这幅画的构图已经十分饱满，没有留白的空间，所以这幅画中没有题诗；第三幅是元代吴镇的《草亭诗意图》，画面中的留白很多，还有作者吴镇的一首题诗。这三幅图可以说是中国题诗于画的变化过程的一个缩影。东汉砖画上所描绘的人物和场景过于简单，如果没有一些文字提示的话，人们很难了解绘画的内容，甚至会理解错误，所以上面会有榜题。而绘画艺术发展到唐宋，技术日趋成熟和高超，绘画作品中的内容表达十分饱满，不需要题跋对其进行说明。虽然从唐代到宋代，题画诗的发展有了长足的进步，宋代题画诗的数量比起以往大大增多，但直接于画上题诗、将诗书画融为一体的风气渐成，是发展到元代的时候。从第三幅元人之画作我们就可以看出，元代绘画特点的转变，也为题画诗的发展奠定了基础。

那么，诗歌到底是怎样题写在画上的？有几种形式？先简单给大家普及一下几种常见的中国传统书画作品的装裱形式。从右往左打开的长卷叫卷轴；从上往下打开的叫立轴；还有一种叫册页，也就是像装订成册的书那样可以一页一页翻开的。那古人的题跋写在哪里呢？

一是画面外的题跋。题跋写在画作的前面或后面，有个专门的术语叫诗塘，就是画作上专门留白的地方，供人题跋。

元代之前的画家多不用款，虽有大量的题画诗，但有的题于画外，有的与题跋一样，仅写于画卷的前面或后尾，并没有直接题于画上。如苏轼跋王诜《烟江叠嶂图》（如下图所示），苏轼在画作的后面写了一首长跋，这是中国绘画题跋很常见的一种形式。

二是隐藏起来的题跋。宋代题画诗虽因文人的介入而数量大增，但这时的题画诗跟题跋一样，仅题于画外，又或题于画卷的前面或后尾，并没有直接题于画面之上，如下图所示。

　　唐宋时期书画落款多不题，如有，亦多题于画面上的隐秘之处。落款能提供作者、创作时间等信息，但落款的位置多在画面的隐蔽之处。米芾在《画史》中曾记录了这样一件事："王诜尝以二画见送，题'勾龙爽图'。因重背入水，于左边石上有'洪谷子荆浩笔'，字在合绿色抹石之下，非后人作也。"意思是说，米芾曾收到王诜送他的两幅画，这两幅画上都有一个题跋——"勾龙爽图"，因此有人认为这两幅画皆为勾龙爽此人所作。后来米芾重新装裱这两幅画时，把这两幅画泡于水中，就发现左边石块的颜料掉落了，露出了一行小字，"洪谷子荆浩笔"，这说明此画不是勾龙爽所绘，而是荆浩的作品。

　　历史上还有一个例子证明这种情况是会发生的。如下图所示，宋代赵大亨的《荔院闲眠图》。荔院，就是种有荔枝树的庭院，画中树下屋子里有人在睡午觉。左下的石缝上，有画家的署款"赵大亨"，一般人都发现不了。原先用石绿掩盖，后因流传时间久远，部分石绿脱落，署款才得以见到。可见唐宋时期古人在绘画上的落款十分隐蔽，这样的例子在中国画史上还有很多。

　　宋代的绘画大多不落款，偶有落款，一般仅署名、记年月，而且大多题于画面上很不起眼的一小块地方，或者题于石隙、树腔等一些隐蔽的地方，若不细看，很难发现，甚至若非偶然，无人发现。再看一个例子，宋代画家崔白的《双喜图》（如下图所示），左

边这幅是《双喜图》的全图，崔白画了一只兔子在树下，几只飞禽于树上。你们能发现落款在哪里吗？估计很难。因为画家把落款写在了树干上，很不起眼，署为"嘉祐辛丑年崔白笔"，也就是右边这幅小图，这是《双喜图》中的署款截图。

还有王晓、李成的《读碑窠石图》（如下图所示）。画面中可以看到一个人骑着马，来到石碑前，正在读碑上的文字。那么，这幅画的作者之落款写在哪里了呢？要很仔细看，你们会发现在画中石碑的侧面，有一行很小的字，写着"王晓人物　李成树石"。这是一个很有意思也很重要的发现，之前人们惯称这幅画是李成的《读碑窠石图》，通过这个落款才知道，此画并非由李成一人所作，李成只画了树木和石碑，而王晓画了人物，这幅画是两人共同完成的。落款提供了很重要的信息，但宋人落款的位置很不显眼。

再看郭熙的《早春图》（如下图所示）。从形制上看，这幅画很大，上面有题跋、印章，那是清代乾隆皇帝的御笔和收藏

印。那我们如何得知这是宋代郭熙的画作，而画作的内容是早春
的景色呢？有人在画作的边缘处发现了一行很小的文字，落款为
"早春 壬子年郭熙画"，这就提供了绘画的作者、内容及时间
方面的信息。同样，下图左侧为此画的全貌，右侧为此画落款的
截图。

接着看范宽的《雪景寒林图》（如下图所示），现藏于天津博
物馆，虽然学界对其款识还存在一定的争议，但主流认为其为范
宽所作。如下图左侧所示，整幅画的构图十分饱满，也很难发现
落款在何处。我曾经在网上找到高清原画扫描本仔细去找，依然
发现不了落款在哪，只好向这方面专业的朋友求助。最终发现此
画作者的落款在一处树干上，题为"臣范宽制"，不仅字体小，
并且由于流传年代久远，字迹已经有点模糊不清了。同样，范宽
的另外一幅传世名作《溪山行旅图》，现藏于台北故宫博物院，
也存在同样的现象，在画面很隐秘的地方藏着作者的署名。这个

落款是怎么被发现的呢？原来台北故宫博物院里的一位老研究人员，在重新装裱这幅画的时候，用放大镜仔细地清理和看过这幅画的每一处，最后在树叶之间发现了作者范宽的署名。历史材料都没记载过范宽画中有这么一个落款题名，所以这个发现很让人惊喜。

再看李唐的《万壑松风图》，如下图左侧所示，整个构图饱满，只在画作上部有些留白，作者的款识就题在一座远峰上（如下图右侧所示）——"皇宋宣和甲辰春河阳李唐笔"，由此我们就知道了画作的创作时间及作者。

　　还有萧照的《山腰楼观图》（如下图所示）。此画虽然留白的空间很大，但我们在留白处没有看到任何作者的款识。只有很仔细地去找，才能发现作者的署名在岩壁的边上，只有简单的两字"萧照"。

　　综上所述，中国唐宋时期绘画作者的落款，常常题署在非常隐蔽之处，更遑论直接题诗于画上了。为什么会这样呢？根据上述的情况，我们可以做一些推测。以上所列举的画家，主要是当时朝廷画院的画工，画工们通常文化修养不高，只是以绘画为生，如郭熙、崔白、李唐等，他们虽然画技精湛，但很可能书法水平有限，因为怕破坏画局，所以绘画多不落款。而李成、范宽等虽非画院画家，但他们的画也跟画院画家一样，布局考究，构图饱满，多不留落款的位置，所以也很少在画面上署具名款，纵有落款，亦隐而不宣。唐宋时期绘画中大多无诗直接题于画上，大概是这两方面的原因。

　　那画上题诗到底是什么时候出现的呢？根据目前流传下来的历史实物资料，有画迹可考、在画上题诗的，首推宋徽宗赵佶。周积寅、王凤珠编著的《中国历代画目大典》（战国至宋代卷）记载，赵佶名下的画作有六十五件，其中赝品及"非赵佶手笔"的共有四十三件，另二十二件则是相对能体现赵佶绘画水平和绘画思想的画作。在这二十二幅画中，题款最引人注目的有六幅：《祥龙石图》、《芙蓉锦鸡图》、《瑞鹤图》、《五色鹦鹉图》、《腊梅山禽图》和《文会图》。也就是说，这六幅画上都有题跋、题诗和落款，并且是比较确切可信的宋徽宗赵佶之作品真迹。

例如下图这幅《祥龙石图》，宋徽宗赵佶直接在画上题诗、题跋和署名。

又如《五色鹦鹉图》（如下图所示），赵佶直接在画上先题跋，再题诗。

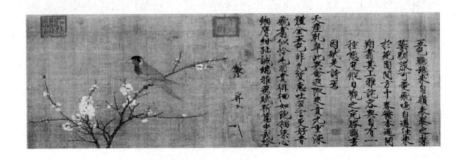

《瑞鹤图》（如下图所示）是今人熟悉的一幅宋徽宗的名作，经常被用来做各种装饰物。这幅画画得很好，画卷右边是绘画，左边是题诗和题跋，最后还有宋徽宗的署名和落款。

这三幅赵佶作品的画面布局相对普通，中规中矩，接下来所展示的他的另外三幅名作，画面布局就体现了作者相当高超的书画艺术水平。

比方说《芙蓉锦鸡图》（如下图所示），画面当中有一只锦鸡，栖息在芙蓉花枝上，还有一枝菊花、两只粉蝶。画面基本偏左，在右边留出了空白的地方，赵佶在此处题了一首诗："秋劲拒霜盛，峨冠锦羽鸡。已知全五德，安逸胜凫鹥。"整幅诗画大概表达的就是富贵闲逸之意，锦鸡因毛色艳丽被豢养在宫廷里，比起野外的水鸟，生活安逸舒适得多。这样的诗情画意对宋徽宗赵佶而言，是很好理解的，毕竟他是一代帝王，并且酷爱文艺，天分又高，有文人雅士的闲逸浪漫情调。此画上有赵佶的落款"宣和殿御制并书"，后面还有一个花押——"天下一人"，很有意思。哪里看得出来呢？画面上只看见 ，并没有"天下一人"四个字。花押，即画一个独特的签名或记号。中国古代的花押，从唐代就已经有了。宋代时，签名花押的风气非常流行，不少文人墨客都有自己独特的花押，而宋徽宗的花押可以说是最特别的。它的外形，别出心裁，有点像写得结构松散的"天"字，又像一个简写的"开"字，而实际上就是由所谓"天下一人"四个字组成，四笔写成四个字。我认为，宋徽宗赵佶通过这个落款、花押，传达了一种强烈的天下唯我独尊的权力意志，同时又充满了文人的情趣和游戏心态。从这幅画的构图，以及诗意和画面内容的结合，我们可以感受到，他的艺术造诣已经相当高了。

　　与之相似的还有他的《腊梅山禽图》（如下图所示），画的是两只白头翁，栖息在腊梅枝头。赵佶直接题诗于画上："山禽矜逸态，梅粉弄轻柔。已有丹青约，千秋指白头。"白头翁这种鸟在中国传统绘画中也有寓意，经常出现，代表忠贞不渝，相守到白头，所以这幅诗画是在讴歌白头到老的浪漫爱情。赵佶在左下角空白处题诗，在右下角边缘处落款和画押"天下一人"，这幅画的布局以及诗画的融合，同样能够说明宋徽宗的艺术水平已经相当高了。

在赵佶的传世名作中还有一幅《听琴图》(如下图所示),这幅作品的构图与前面几幅的左右构图不同,它是上下结合。主流意见认为,画中弹琴的道人正是宋徽宗赵佶本人。因为赵佶十分信奉道教,曾经在皇宫附近兴建道观,请道士讲道,而道士们也乘此机会,尊称赵佶为"教主道君皇帝",所以宋徽宗把自己装扮成一个道士,在宫中弹琴,旁边有两位身着官服的大臣在听琴,也不足为怪。据说其中一位就是权臣蔡京。画面右上角是赵佶自题"听琴图"三字,画面上部正中间有题诗一首:"吟徵调商灶下桐,松间疑有入松风。仰窥低审含情客,似听无弦一弄中。"落款为"臣京谨题",也就是说,题诗者为大臣蔡京,因为宋徽宗颇欣赏蔡京的书法,故让其在御画上直接题诗。但这种于御画顶端题诗的行为,清代胡敬斥之为"无忌惮之甚矣"。而宋徽宗赵佶常在自己的作品上画押"天下一人",如此唯我独尊之帝王竟允许这个臣子在其画上题诗，这恰恰说明他真的十分欣赏蔡京的书法，又或者这是他拉拢、纵容宠臣的一种方式。后人评价蔡京是当时的一大奸臣，却深得宋徽宗的宠信，这样的君臣关系、政治腐败，后人认为是北宋王朝最终走向灭亡的重要原因。

那为什么赵佶会直接题诗于画上呢？在北宋画上题款尚未成熟的情况下，宋徽宗能开画上题诗之先河，我认为，其行为的背后，更多是一种权力意志的体现，正如其画押"天下一人"一样，所表露的是天下唯我独尊的意志，书画之成规又岂为君王所守？但凭喜爱，不为所拘。宋徽宗不但自己在画上直接题诗，亦令宠臣在画上题诗，如《文会图》和《听琴图》上就有蔡京的题诗。总的来说，后人评价宋徽宗赵佶的文学艺术综合水平非常之高，有人说他更适合做一个艺术家，而不是皇帝，最终断送了王朝。这与我们对中国文学史上的李煜（李后主）的看法一致。他们身为君王，却热爱文学艺术，并且水平比当时的文人还要高，而两人都是亡国之君，艺术天分远远超过其政治才能。

虽说宋徽宗赵佶成为直接题诗于画的第一人，但北宋期间直接题诗于画的作品还是很少的，这一传统在南宋皇室得到了延续。宋徽宗之后，画上题诗依然仅见于南宋皇室内的孝宗赵昚、宁宗赵扩和宁宗皇后杨妹子，他们在画院画家作品上题写诗词。这反映了南宋画坛的风气，画上题诗并非常态，南宋皇室的画上题诗，实属殊例。

如马麟的《层叠冰绡图》（如下图所示），画上有宁宗皇后杨妹子的题诗："浑如冷蝶宿花房，拥抱檀心忆旧香。开到寒梢尤可爱，此般必是汉宫妆。"

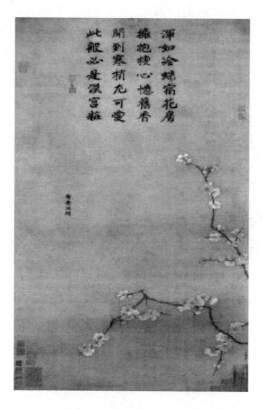

又如宋高宗赵构的《蓬窗睡起图》（如下图所示），画上有其子孝宗赵眘的一首题词："谁云渔父是愚公，一叶为家万虑空。轻破浪，细迎风，睡起蓬窗日正中。"

又如马远的《山径春行图》（如下图所示），上有宋宁宗的两句题诗"触袖野花多自舞，避人幽鸟不成啼"。这两句诗写得非常好，诗意与画意的结合已经相当成熟了。

诸上所见，有宋一代，于画上直接题诗的只有皇室中人，从北宋徽宗赵佶开始，到南宋诸位君王与皇后，于画上题诗的风气仅限于宋皇室，并没有广泛流传开来。直到元代，情况发生了极大的变化。

　　宋末元初，越来越多的书画家如赵孟坚、郑思肖、龚开、钱选、赵孟頫等人逐渐开始在画上题诗。画上题诗、诗书画一体化的发展趋势终不可抵挡。这种风气得以流行，与当时的社会背景有很大的关系。宋元易代，蒙古族开始统治中原，发源于中原地区的华夏文化一直有华夷之别的思想，因此面对异族的统治，中原人会有一种亡国之痛、易代之悲。文人士子对国家世事充满了怨恨和悲愤，他们纷纷转向艺术创作，以绘画和诗歌遣兴抒怀、写愁记恨、抒情达意、逸笔草草、聊以自娱，又或于翰墨之余，以墨戏之作，适一时之兴趣。这种游戏笔墨以游心寄兴的创作心理，使元代文人画家打破了常规而敢于在画上题诗。由此，元代题画诗的数量越来越多，成为一种不可逆的趋势和潮流。

　　例如赵孟坚的《墨兰图》，如下图所示。

　　又如钱选的《瓜茄图》，如下图所示。

　　又有赵孟頫的《洞庭东山图》，如下图所示。

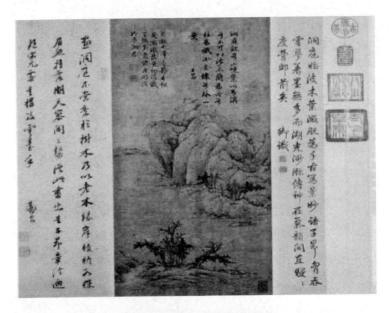

又如高克恭的《墨竹坡石图》，如下图所示。

　　从以上诸画可知，有元一代，画上题诗的风气越来越兴盛了，文人士子不仅喜欢于自己的画作上题诗，也会给别人的画作题诗。可以说，画上题诗、诗书画一体、诗画从内容到形式上的融合在元代终于完成，文人画也至此成熟。元代成熟的文人画代表是元四家，即黄公望、吴镇、倪瓒和王蒙，他们的绘画也体现了元代画坛诗画融合的艺术成就。综观元四家传世画作，黄公望、王蒙多题款而少题诗，吴镇、倪瓒则多题诗，几乎每画必题。

　　先看黄公望的《丹崖玉树图》（如下图所示），本幅画作无作者款印和题跋，那怎么知道此画为黄公望之作？只因此图上有元代张翥、陆行直、王国器、徐霖、无名氏等五跋。裱边有明董其昌二跋、清潘亦隽一跋。时人张翥的题诗中云："一峰居士精神健，此笔前生应画师。"点明此图为黄公望所作。

　　再看王蒙的《桃源春晓图》（如下图所示），上面有王蒙自己的题诗，是诗画的融合。

　　再看吴镇的《野竹图》（如下图所示），诗书画合一，画传诗意，诗写画情，吴镇自题草书《野竹诗》一首于画上："野竹野竹绝可爱，枝叶扶疏有真态。生平素守远荆榛，走壁悬崖穿石罅。虚心抱节山之阿，清风白雨聊婆娑。寒梢千尺将如何，渭川淇澳风烟多。"表达了自己愿成为一丛野竹，倔强傲然挺立于外界压迫之下的节操。

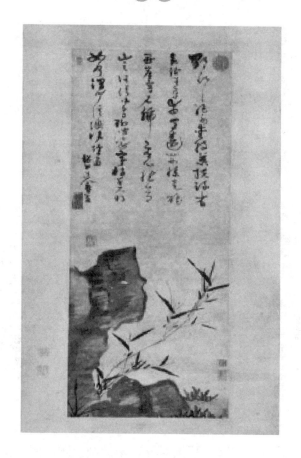

　　再看倪瓒的《幽涧寒松图》（如下图所示），此图是他为友人周
逊学所画，并自题五言诗于画上："秋暑多病暍，征夫怨行路。瑟
瑟幽涧松，清荫满庭户。寒泉溜崖石，白云集朝暮。怀哉如金玉，
周子美无度。息景以桥对，笑言思与晤。"倪瓒清高持节，一生不
仕，他不仅自己抱守出世的生活态度，而且对朋友们入世为官也坚
决反对。此幅诗画就传达了这样的心意：为友人赠别，更是劝友人
"罢"征路、"息"仕思，含有强烈的"招隐之意"。《幽涧寒松图》
是倪瓒晚年的一幅作品，晚年的倪瓒，经历了元代末年纷至沓来的
天灾人祸，也经历了生活从富裕悠闲到穷困潦倒的大起大落，形成
这样的个人心境和简单超逸、意境深幽的艺术表现风格，可谓自然
而然。

　　画上题诗、诗书画一体化的文人画的艺术形式，最终在元四家手中发展、成熟、定型。后人对元四家的画上题诗的艺术水平非常推崇，例如姜绍书很推崇吴镇的诗画题跋，他评价道："梅道人画秀劲拓落，运斤成风，款则墨沈淋漓，龙蛇飞动，即缀以篇什，亦摩空独运，旁无赘词。正如狮子跳踯，威震林壑，百兽敛迹，尤足称尊。"又如，吴升赞赏倪瓒题款为："纸质光洁，诗歌长题短咏参差书于画首，如花舞空中，鸿翩天外，岚峰秀峭神清，树石老苍气润。"从这些言辞优美的赞誉和评价中，我们可以看出后人对元四家画上题诗艺术成就的肯定和推崇。

　　元代，画家于自己的画上题诗，已成为常态，并引导了明清画坛的发展潮流。刘继才曾做过统计："六朝及隋共有题画诗三十四首；唐有题画诗一百七十五首；宋有题画诗一千零八十五首；而元代的题画诗竟达三千七百九十八首；到了明代，题画诗稍有减少，有三千七百五十二首；清代因《全清诗》尚无人编辑，题画诗的数量难以做出准确的统计。"但是，根据实际发展情况可以推测，清代题画诗数量应比元代还多。虽然刘继才所统计的历代题画诗的数目不一定精准，但学界普遍认为此数据真实反映了题画诗的历代发展状况。可以说，从元明清以后，文人画成为中国画坛的主流，而中国传统绘画最具有代表性的艺术形式就是文人画。

综上所述，中国题画诗的发展史，简单来说，就是由题诗于画外，发展为题诗于画上，再逐渐发展为中国绘画形式的主流，由此，题画诗这种艺术形式逐渐发展、成熟、定型。

那么，画上题诗会带来怎样的艺术效果呢？

诗歌与绘画分属不同的艺术门类，各有所长，亦各有所短。画上题诗，是将诗与画融合于同一白缣素纸之上，可弥补两者之短，而兼得两者之长。但实际上题画诗对画作本身的艺术效果而言，有好有坏。一幅绘画作品，画面布局已定，题写诗跋，自有"天然候款处"。什么意思呢？就是说一幅画的构图已定，那么该在画面上的哪个地方题跋、题诗才恰当，其实是有讲究的，有其定数。若有不当，则有伤画局，题跋遂成污迹。所以画上题诗，题得好，有画龙点睛之妙，令画身价大增；题得不好，损污画面，则有佛头着粪之嫌。换言之，题画诗对画作本身所起的作用，存在两种截然相反的结果：画龙点睛或佛头着粪。

何谓"画龙点睛"？诗歌属于语言艺术，绘画属于造型艺术，画中难以表现的事物或意境，通过画上题诗可以文字的形式表现，故"以题语位置画境者"，画亦因题而益妙，此即"画龙点睛"。元代倪瓒、吴镇、王冕等，明代沈周、文徵明、唐寅、陈淳、徐渭、陈洪绶等，清代画坛之六家、四僧、扬州八怪等，都是当中好手。

例如，宋末元初画家郑思肖的《墨兰图》（如下图所示），画的是无根兰花，并于画上题诗："向来俯首问羲皇，汝是何人到此乡，未有画前开鼻孔，满天浮动古馨香。"由此诗表述了个人对朝代更替的孤怀怅恨。为什么这么说呢？他是宋末元初的画家，所画的兰花既无根也无泥土，所要借喻的是南宋国土已被蒙古族夺去了的亡国之恨，而自己也成了无根之人。也许对时代背景不了解的人，只看郑思肖的这幅画和题诗仍然不能确定他在表达这样的家国怅恨。那么，我们看另外一首没有题于画上而是收录在作品集中的诗——倪瓒亦为此图题诗："秋风兰蕙化为茅，南国凄凉气已消，只有所南心不改，泪泉和墨写离骚。"——就可以明确了。"所南"是郑思肖的字，意思是改朝换代了，只有郑思肖热爱故国的心没有改变。《离骚》是屈原的代表性作品，是屈原忠言被谗后遭受流放，流浪于楚地汨罗一带时的作品，抒发的是屈原忠君爱国的情怀。所以郑思肖"泪泉和墨写离骚"，同样也是要表达自己的忠君爱国之情。在这幅画上，作者的题诗就对画意起到了点拨的作用，这就是画上题诗"画龙点睛"的艺术效果。绘画本来是作为一种装饰品而出现的，它要表达什么含义呢？我们可以通过题画诗进行探讨。所以题画诗做得好，确实能增强绘画的意境。

再看唐寅的《秋风纨扇图》（如下图所示）。唐寅一生经历坎坷，他身为江南第一才子，科举金榜题名，一时间春风得意，但又

因卷入科举案而下狱，中榜的资格马上被取消了，可以说唐寅经历了一场人生的大起大落。他所作的这幅《秋风纨扇图》，很有意思。画中是一女子手持纨扇，按照惯常的理解，这就是一幅仕女图，仅此而已，但唐寅于自己画上写了这首题诗："秋来纨扇合收藏，何事佳人重感伤。请把世情详细看，大都谁不逐炎凉。"把画意提升、拔高了。夏天炎热，人们把扇子拿出来用，秋凉了就把扇子收起来，不再管它了，扇子经历的是一番"世态炎凉"。唐寅出狱后感受到世情冷暖，故借纨扇的命运来鞭挞趋炎附势的社会风气，抒发对世态炎凉的愤慨之意。这幅书画作品也体现了画上题诗的妙用。

又如徐渭的《墨葡萄图》（如下图所示），这是一幅艺术水平非常高的作品。画面中下部分是泼墨大写意的葡萄图，画面上部是歪歪斜斜的一首草书题画诗："半生落魄已成翁，独立书斋啸晚风。笔底明珠无处卖，闲抛闲掷野藤中。"这全然映照了徐渭的人生遭

遇。他是有名的才子，但其人生遭遇很坎坷，仕途一直不如意，最
终精神病发，后来还因杀妻入狱，在狱中过了很长时间，病情更
重。"半生落魄已成翁，独立书斋啸晚风"，说的是自己年华已去，
人生仍困苦落魄，而"笔底明珠无处卖"比喻自己的一腔才华从未
得到重用、施展，只能"闲抛闲掷野藤中"。这样失意落魄的人生
经历，令徐渭内心充满了悲苦焦灼与抑郁狂躁之情，恣肆疾速的草
书和泼墨大写意画，无疑是最适合的宣泄方式。书与画二者在这幅
作品上得到了高度的融合，取得了高水平的艺术成就。

再看清代"扬州八怪"之首金农的《冷香图》（如下图所示），
此图用一堵白墙将画面分为院内、院外两个空间，院内有数株梅

花，繁花密枝，其中一枝伸出墙外，已有点点梅瓣，零落在地面之上。整幅画简洁清幽，意境非常优美，画上题诗一首，"数树梅花破俗，冷香恰称清贫。旧家门庭不改，莫道此中无人"，抒发了画家金农自甘贫寒、不随俗流的情操。如果这幅画上没有题诗，那我们看到的只是一幅梅花图而已，正是有了作者的画上题诗，我们才得以明白他作此画想要传达的意思，这就是画上题诗的妙用。

于画上题诗的画家很多，石涛值得一提。石涛号称"苦瓜和尚"，他的绘画艺术水平非常高，而他于画上题诗的艺术水准在《花卉图册》中也得到了充分展现。先看下面一幅，左下角画了一株桃树，构图及用笔都十分工整，他在画面右上角的题诗的字体亦十分工整。

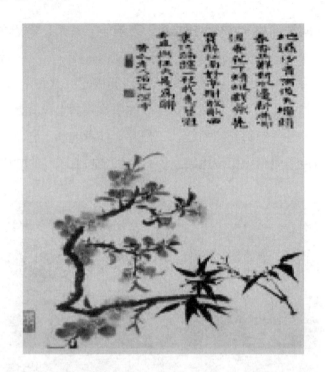

　　同样，下图是石涛的一幅《兰花图》，用工笔画兰花，因此他用楷书题跋，这就是一种书与画的呼应与统一，令整个画面布局工整，端丽清雅。

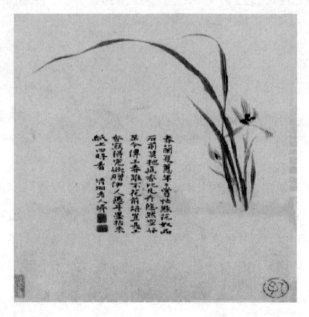

　　再看石涛的《碧桃图》（如下图所示），他用重墨来勾勒桃枝和桃叶，重墨就是墨色浓郁，因此他在画上题诗的字用了笔画较粗的字体，用墨色浓淡变化明显的书体来题诗。

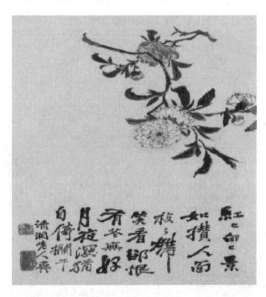

　　具有同样艺术效果的还有石涛的《墨菊图》（如下图所示），通过墨色的浓淡变化描绘菊花，因此画上题诗所用的字体也是浓墨重笔的风格。

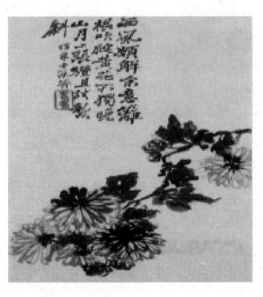

还有这幅蜀葵图（如下图所示），蜀葵的枝叶用重墨勾勒，而花朵墨色很淡，花型硕大，因此石涛的题跋字体也很大，线条较粗，墨色饱满。

还有一幅比较特别的画上题诗，石涛不把诗题在画面的空白处，而是直接题在了荷叶上，这种做法很奇怪，是错误的吗？实际上，艺术很难用对错来判断，只看艺术效果如何。中国画史对画幅上的题跋有一种说法，如清代王概在《芥子园画传》中说："每侵画位，翻多奇趣。"也就是说，石涛直接把诗题在了画中景物上，反而多了一些奇特的趣味。这幅石涛的《墨荷图》（如下图所示），是这方面的代表。

由此可见，石涛的花卉图不仅在画面布局上有所考虑，同时其对绘画与书法二者风格的选择，也是经过深思熟虑的结果。他巧妙地运用各种艺术技巧，有意识地使书法与绘画的风格彼此呼应、相互统一，从而在整体艺术效果上使题诗与画面实现了布局平衡、和

谐统一。所以说，石涛的《花卉图册》是体现了画上题诗对绘画本身起到画龙点睛之妙用的典型作品，非常具有代表性。

当然，随着绘画题款的普遍，由于诗人、画家水平的参差不齐，画上题诗的效果难以避免地有好有坏。题得好，则是画龙点睛；题得不好，则是佛头着粪。正如沈颢所言："一幅中有天然候款处，失之则伤局。"①随着绘画上题款风气的发展和盛行，画界逐渐产生了不少鄙俚近俗。

有的是书法不佳仍多题款："或画颇得意味而书法不佳，亦当写一名号足矣，不必字多，翻成不美。每有画虽佳而款失宜者，俨然白玉之瑕，终非全璧。"②书法不好的画家，落款只写自己名号即可，字多反而会自曝己短、损害画作。但就是有人会跟随彼时盛行的题款风气，不懂回避自己书法的短处，而令自己的绘画佳作受到

① 俞剑华编著《中国画论类编》，人民美术出版社，2016，第775页。
② 俞剑华编著《中国画论类编》，第973页。

拖累，整体艺术效果大打折扣。

或是书、画不相称："有画细幼而款字过大者，有画雄壮而款字太细者，有作意笔画而款字端楷者，有画向面处宜留空旷以见精神而乃款字逼压者，或有抄录旧句，或自长吟，一于贪多书伤画局者。"①正如前面的分析，石涛的《花卉图册》在这方面为我们做了很好的示范，其题款的文字大小、风格、位置等，都经过了深思熟虑，使书法与绘画达到了和谐统一、互相增益的效果，体现高超的艺术水平。

或是款、画不相衬："不知一幅画自有一幅应款之处，一定不移。如空天书空，壁立题壁，人皆知之，……如写峭壁参天，古松挺立，画偏一边，留空一边，则在一边空处直书长行以助画势。如平沙远荻，平水横山，则平款横题……"②意思是说，关于画上题款的位置，其实有审美上约定俗成的一些规矩和讲究。如在天空中题款、峭壁旁题款。如果画面是峭壁、古树直立在一边，题款就应该落在画面留白的另一边，并且是从上而下书写的竖跋，以使书与画呼应与统一。如果画面中的景物舒展平缓地横向展开，就应该在画面留白处作平款横题。如果题款不是落在"应款之处"，基本会造成书画不相宜的"佛头着粪"的后果。

我们看明代宋旭的这幅《雪居图》（如下图所示）。此幅雪景图，通过烘染的方法画雪景，用淡墨满天烘染，也就是说用墨色涂染画纸，画出乌云密布，那阴郁寒冷、大雪将至的背景就跃然纸上了。而以留白表现松针、丛竹、茅草屋顶、湖石和地面，以示万物落满积雪。这样的画法技巧是非常高明的。另外，画中雪境萧瑟，寒气逼人，而屋内文士围炉煮茶清谈，更见怡情雅意，充满诗意，这样的反差映衬可说十分巧妙，这真是一幅绘画佳作。非常遗憾的是，正如我们所见，此画甚佳，然而画上的题诗，密密麻麻地侵占

---

① 俞剑华编著《中国画论类编》，第973页。

② 俞剑华编著《中国画论类编》，第973—974页。

画位，破坏了画面原有的意境。在这幅画的留白处，如湖石、树干、屋墙、户牖及屋内屏风，长长短短地题满了二十一首诗歌，其中松干上题了九首，湖石上四首，雪地上二首，屋墙、户牖及屏风上共六首，诗后还有款印，点点殷红，在雪景中尤为刺眼。这些都对画面造成了污染，是对绘画本身极大的破坏，是题款不当对绘画本身造成了"佛头着粪"的后果。

回看前文我们所说的石涛《花卉图册》中的那幅《墨荷图》，画家在荷叶上题诗，颇多奇趣，而宋旭这幅《雪居图》的题诗，过多过滥，对画境造成了破坏。因为画作本身构图已十分饱满，留予题诗的位置已不多，并且此画又是以烘染法来表现雪景的，也就是说，可以题诗的位置已用墨涂抹，无法题诗。本来，画家只在湖石突出的一角上题诗："雪居图并题 积素满庭除，浮光足映书，更看供沦茗，幽兴复何如？石门宋旭。"实际上，画家题诗到此为止就可以了，与画面还是相宜的，诗意也符合画境。只可惜其不加节制地题诗、落款，对画面造成了极大的破坏，甚至诗作因数量过多而言之无物，连诗歌的价值都不存在了，非常可惜。有人因此嘲笑他，说茅屋顶上还是一片空白，为何不题诗铺满？

除了画家本人题款不当会造成"佛头着粪"的后果外，还有一种情况相当普遍。传世的古画，在鉴藏家手中辗转，几经流传，最怕俗手题坏："近人诗曰：'画好时防俗手题。'古人佳画往往被俗手题坏，真大恨事。"[1]如张丑对黄公望《沙碛图》大为赞赏，对钱霓的题款却大为痛恶："一峰道人《沙碛图》……行笔细润，布景清嘉，是袖卷中之不易得者。"而后用小字注道："惜本身空处，钱霓以恶札污之，每阅未尝不痛心也。"[2]也就是说，古画收藏家热衷于在收藏品上题款，以表明自

---

① 俞剑华编著《中国画论类编》，第286页。
② 张丑：《清河书画舫》，徐德明校点，上海古籍出版社，2011，第535页。

己曾拥有此传世佳作，这时候最怕的事情就是收藏家本身是个俗手，往往会因题款不当，对传世画作产生"佛头着粪"的后果。

在中国画史上，因题画而有玷污画面之嫌的应数清代乾隆帝。乾隆不但爱舞文弄墨，而且爱题字，举凡名胜古迹、建筑牌匾、文房摆设、书画珍玩，无不有其"御题"的字迹，而且乾隆还喜欢命文臣联句、唱句，好些文物古玩被题得密密麻麻。简单来说，乾隆所题的诗歌水平一般，书法亦不佳，落款印章又大，经常对古画佳作造成不可逆转的破坏。偏偏他贵为帝王，收藏品量非常人能比，其对中国书画、古玩的破坏亦尤为严重。

举例，书法大家王羲之被后人尊为"书圣"，他有一幅传世名作《快雪时晴帖》（如下图所示），书法真迹已被密密麻麻的红印所覆盖，谁干的呢？乾隆帝。而这幅书法作品的上端有一首长跋，为赵孟頫所作。众所周知，赵孟頫本人亦是书法大家，但他并没有直接题跋于王羲之的作品之上，而是另外加在卷首，没有对原作品造成破坏，并且因为其书法亦是佳作，所以其题跋与原作交相辉映，十分有价值。不像乾隆，其对书法原作造成了极大的污染与破坏。

又如王羲之的《姨母帖》。如下图所示，乾隆帝又把一方大红印章直接盖在书法真迹上，这是对原作极大的污损。

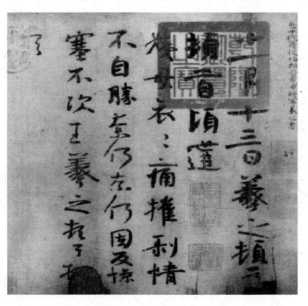

还有赵孟頫的《二羊图》（如下图所示），也是被乾隆皇帝密密麻麻的红印图章与"御题"破坏了原作本来的面目。

后来有人用电脑技术将图章、题跋去除。例如下图所示的赵孟頫《鹊华秋色图》：第一张图是被乾隆帝密密麻麻的图章和题款所破坏的传世真迹，第二张图是今人用电脑技术把乾隆帝这些图章和题跋去除之后所显示的原作的本来面目，画面中只留下了作者本人的一首题诗和印章。大家的第一观感是不是觉得整个画面顿时清爽了很多？画境也出来了。由此可见，乾隆帝的图章和题跋的确对古人书画作品造成了极大的污染和破坏。

说到乾隆帝对传世书画破坏的例子，必须提到黄公望的《富春山居图》。此画作被后人誉为中国画史上的"十大传世名画"之一，

有"子明卷"（赝品）和"无用师卷"（真迹）两种传世，这两件作品都被清皇室收藏了。在这两卷画中，"子明卷"被乾隆帝鉴为真迹而备受珍爱，乾隆帝每每于画上题字、赋诗、钤印，空白的地方乃至山石、水面无一幸免，均被填满，后来实在无处可题，又在前后隔水题了两条跋语，红印黑墨，使"子明卷"如乌云蔽日，已是面目全非。真迹"无用师卷"因被认为是"赝鼎"，反而逃过一劫，免于玷污。黄公望《富春山居图》（子明卷）如下图所示。

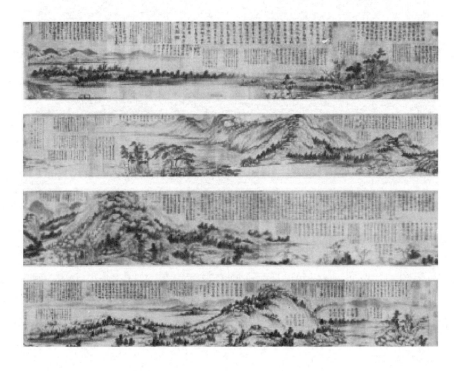

黄公望《富春山居图》（无用师卷）如下图所示。这个故事十分有趣，我们后人还真得感谢乾隆帝对艺术品真伪的鉴定水平。如此阴差阳错，这幅真迹才得以完好保存下来。前文提到，乾隆帝对此画爱不释手，极为珍视。他外出巡游时，也会携此卷随行，每有与画境相印处，辄题跋以记。众所周知，乾隆帝曾四下江南巡游出访，而黄公望的《富春山居图》所描绘的正是如今浙江省杭州市桐庐县富春江那一带的景色，可想而知，乾隆帝因此会触景生情。此

处摘录数则题跋如下，大家感受一下。

"辛亥春，携卷至田盘，与名境相印，又一胜事。"

"淀池舟行，见梁笱，印之图中，益知渔家生计。"

"辛未南巡，登灵岩山，南眺具区，一望平远无际，仿佛此段景色。"

"水营一律淀池风景，宛如江乡，惟欠佳山耳。船窗展卷，如对富春。"

也就是说，乾隆帝每到一处，看到眼前风景与画中景色相似，就会在画上题跋一则，记录下行迹。如此这般，五十年间，乾隆帝在此画卷中御识、题跋共有五十六则，大多为题诗和乘兴题跋。他的这种行为类似于今日有些人外出旅游时的恶习，每到一处，就要题上"某某到此一游"，有损名迹。后来，画卷上实在没有地方可题跋了，乾隆帝终于在隔水处题道："以后展玩，亦不复题识矣。"从这些题诗和乘兴题跋的内容看，实在平淡无味，对画境无所增益。另外，正如我们今日所见到的《富春山居图》（子明卷），上面密密麻麻的题跋与款识可谓遮天蔽日，极大地污染和损害了这幅古画。因此，这引发了今人对乾隆帝的指责，讥讽其诗为"打油诗"，并指责其爱题字、盖印的行为。

综上所述，画上题诗，既可画龙点睛，又易佛头着粪，那么题画就当用心，要经过深思熟虑。而画无定法，画上题诗亦无铁则，如徐渭、石涛、郑板桥等人，每有打破陈规之处，反而另得奇趣。不过，经过历代的发展，及至清代，绘画已经到了一个总结的阶段。所以，清代有多本画谱，总结绘画技法，用以指导学画者。这些画谱，就总结了不少画上题款的规则及避忌，值得我们后人学习。

时间有限，今天关于题画诗的介绍就简单讲述到此，谢谢大家！

图书在版编目（CIP）数据

城市国学讲坛 . 第十辑 / 宋婕主编 . -- 北京：社
会科学文献出版社，2024.8. -- ISBN 978-7-5228-3988-
2

I . Z126.27-53

中国国家版本馆 CIP 数据核字第 20244EC426 号

城市国学讲坛（第十辑）

主　编 / 宋　婕

出 版 人 / 冀祥德
组稿编辑 / 宋月华
责任编辑 / 杨春花
文稿编辑 / 李铁龙
责任印制 / 王京美

出　　版 / 社会科学文献出版社·人文分社（010）59367215
　　　　　 地址：北京市北三环中路甲 29 号院华龙大厦　邮编：100029
　　　　　 网址：www.ssap.com.cn
发　　行 / 社会科学文献出版社（010）59367028
印　　装 / 三河市龙林印务有限公司

规　　格 / 开　本：787mm×1092mm　1/16
　　　　　 印　张：20.5　字　数：259 千字
版　　次 / 2024 年 8 月第 1 版　2024 年 8 月第 1 次印刷
书　　号 / ISBN 978-7-5228-3988-2
定　　价 / 128.00 元

读者服务电话：4008918866